Hanns-Josef Ortheil
Mozart
im Innern seiner
Sprachen

Hanns-Josef Ortheil

Mozart im Innern seiner Sprachen

Sammlung Luchterhand

Sollte diese Publikation Links auf Webseiten Dritter enthalten, so übernehmen wir für deren Inhalte keine Haftung, da wir uns diese nicht zu eigen machen, sondern lediglich auf deren Stand zum Zeitpunkt der Erstveröffentlichung verweisen.

Penguin Random House Verlagsgruppe FSC® N001967

7. Auflage

Neumarkter Straße 28, 81673 München
Druck und Einband: GGP Media GmbH, Pößneck
Printed in Germany
ISBN 978-3-630-62029-9

www.luchterhand-literaturverlag.de

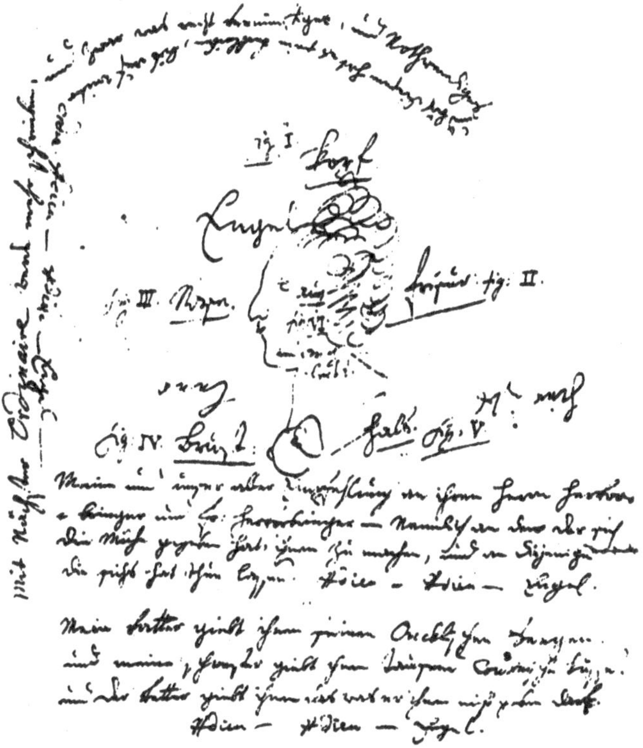

Mit nächster Ordinaire werd ich ihnen schreiben Adieu – Adieu – Engel.

und zwar recht was vernünftiges, und nothwendiges ... [illegible]

fig. I Kopf

Augen

Ohren fig. II

fig. III Nasen

Mund

fig. IV Brust

Hals fig. V

Meine und unser aller Empfehlung an ihren Herrn Vattern und Frau Mutter ... – Namlich an das aber sich die Mühe gegeben hat, ihnen sie zu machen, und an diejenigen die nichts hat thun können. Adieu – Adieu – Engel.

Mein Vatter giebt ihnen seinen Onckelischen Seegen, und meine Schwester giebt ihnen tausend Cousinische küsse; und der Vetter giebt ihnen das was er ihnen nicht geben darf.
Adieu – Adieu – Engel.

Erich Forneberg (1903–1972)
zum Gedächtnis

I

MOZART, DAS KIND: Musik schafft die einzige Kulisse, in die sein Bild gehört. Nichts darüber hinaus, an Takten wird seine Kindheit gemessen, an eingeübten Stücken und Proben, an Stunden am Klavier und mit der Violine.

Im Notenbuch der Schwester fixiert Leopold die Leistungen, die Stunden, die erworbenen Fertigkeiten. Das Kind erhält Aufgaben, die es spielend bewältigt. Spielend – das meint: willig, scheinbar ohne Anstrengung, nicht Opfer einer Erziehung, sondern einer Affektion.

Diese breitet sich aus, und ihr Panorama bilden die Reisen, mit denen der Vater schrittweise beginnt. Zuerst, zur Probe, nach München, dann nach Wien, zum Kaiserhof, dann nach Paris.

Auf diesen Reisen entlädt sich die Affektion wie eine Krankheit, eine Seuche. Die Reisen hinterlassen die sichtbarsten Spuren, setzen Menschen, die das Kind spielen hören, in Verzückung. Wolfgang, infiziert von den Tönen und angezogen von den Instrumenten – den Orgeln, Klavieren und Violinen –, plötzlich gestaltend, was die von überallher zusammenlaufenden Menschen erwarten: das Heilige als Schrecken, das Unantastbare als Gewalt, nicht frei von Dämonie.

Der junge Mozart erscheint wie ein Gerufener, wie einer, den alle Orgeln des Landes anhalten, bis er sie gespielt hat, und er kommt durch kaum eine größere Stadt, in der es nicht den obligatorischen Volksauflauf gibt. In Ybbs an der Donau spielt er so, daß die an der Mittagstafel sitzenden Franziskaner aufspringen und in den Kirchenchor laufen. An einer Zollstation packt er Klavier und Violine aus, dadurch lenkt er die Zollbeamten ab, die ihn wiedersehen wollen und sich seine Adresse notieren.

Das Kind erreicht alles durch Musik. Das Auspacken der Instrumente – ein ›Sesam öffne dich!‹, und der Vater vermerkt stolz, wieviel Geld es wieder gebracht hat.

Seine Briefe an den Salzburger Handelsherrn Lorenz Hagenauer sind voll von Verrechnungen: was kommt herein, was gibt man aus? So rechnet er es dem Freund, dem Vermieter und Spezereiwarenhändler, vor. Aber die Briefe sollen noch weiter dringen; sie gehen auch an die befreundete, Leopold nahestehende Welt in Salzburg. Sie dokumentieren den Verlauf einer Reise, sie berichten von der Annäherung der ›höheren Welt‹, an die Kinder, die »übrigens alles in Verwunderung« setzen (I,49).* In diesem Sinn halten sie der Salzburgischen Welt die Erfolge vor Augen. Der Bub soll als ein anderer zurückkommen, und Salzburg soll sich nach seiner Rückkehr vor ihm auftun. Daher verwendet Leopold einige Sorgfalt auf diese Briefe. Schreibend entwickelt er einen Blick aus Lebensaufsicht und Gewinnmaximierung. Später läßt er sich die Briefe kopieren, Abschriften fertigte er oft schon kurz nach einem Entwurf an. Diese Briefsorgfalt hatte für ihn mehr als nur den einen Sinn, Freunden und Nachbarn zu berichten. Leopold wußte immer, daß die Ereignisse und Gegenstände in mehrere Zusammenhänge gehörten, den der »Verwunderung« zunächst, aus dem sich Erfolg, Geld, am Ende ein Amt schlagen lassen sollten.

So hängen für ihn alle Linien zusammen, und er zieht die Fäden, indem er darauf achtet, daß er alle Ereignisse und Zufälle

* Zitate in diesem Text folgen der *Gesamtausgabe der Briefe und Aufzeichnungen,* hrsg. von der Internationalen Stiftung Mozarteum, gesammelt und erläutert von Wilhelm A. Bauer und Otto Erich Deutsch. Kassel u. a. 1962 ff. (Römische Ziffer = Bandzahl; arabische Ziffer = Seitenzahl).

im Blick und in den Händen behält. Daher erziehen ihn die Briefbotschaften auch in gewissem Sinn zu einem Programm: man achte darauf, wie sich Erfolg und Zukunft miteinander verknüpfen lassen, man gebe sich nie dem Augenblick hin, man bleibe nie länger als notwendig an einem Ort. Solche Appelle gehen nicht zuletzt an ihn selbst. Gleichzeitig aber beweist er dem Geschäftsmann Hagenauer, der für die Finanzierung der Reisen zuständig ist, sein Geschick als geschäftlich denkender, überzeugender Verwalter. Denn er verwaltet die Angelegenheiten des Sohnes, und die Briefe werden dabei zu Abrechnungen.

Was kommt herein, was gibt man aus? Und Wolfgang, Woferl, ist die Maschine, die den Zwischenraum ausfüllt. Es ist etwas Eiliges, Klappriges in Leopolds Briefen. Namen als Signale für Auftritte, Visiten als Finanzierungslücken. Ansonsten kommt gar keine Sprache in ihnen zum Vorschein, keine plötzliche, den Augenblick fixierende Rede, kein Durchqueren oder Aufatmen.

Und die Kinder? Den Kindern gefällt das Reisen. Sie nehmen es als Abwechslung wahr, und sie unterscheiden noch nicht zwischen Heimat und Fremde. Auch später wird dieser Gegensatz für Mozart nicht existieren. Im Gegenteil: Salzburg verwandelt sich während seiner langen Abwesenheiten in eine Stadt, in der es sich nur schwer leben läßt, in der alles Anstrengungen kostet und in der man seinen Namen gegen alle Neider bewahren muß. Salzburg – ein Ort der Langeweile und der Gefahr, seinen Ruf zu verlieren und unterzugehen im Nachbarngetuschel oder im Hohngelächter der Bekannten. Salzburg wird also mit der Zeit immer enger, und diese Enge macht keine Heimat. Mit jedem Tag, den Mozart auf Reisen – in einer beträchtlichen, bestürmenden Unruhe – verbringt, werden die Gassen schmaler für ihn und die Zimmer niedriger im dritten Stock des Hagenauerschen Hauses. Kommt überhaupt noch Licht hinein, ist der Arkadenhof nicht viel zu klein? Mozart entwöhnt sich, später wird er sich auf diese Entwöhnung oft beziehen und sich vor der Vorstellung winden, nach Hause gekommen zu sein. In Salzburg nämlich nimmt das Zirkulierende, das ihm auf den Reisen gefällt, das Ungefähre von Ort und zeitlichem Aufenthalt, das man jederzeit tauschen kann, einen unerträglichen Stillstand an. In Salzburg verfestigt es sich – das Gefühl, der eigenen Bewegung, dem eigenen Vorwärtsdrang treu zu sein.

Doch machen die Reisen aus Mozart keinen Vertriebenen, sie entwickeln in ihm vielmehr ein Empfinden für mühelose Erneuerung, für Zwischenspiele, für ein andauerndes, leicht durchführbares Wechseln zwischen Anstrengung und Vergnügen, Konzentration und Verschwendung. Das hält sich die Waage, geht unmerklich ineinander über. Die Proben, die Auftritte, das Spiel – so wird ein rascher Wandel in Bewegung gehalten, der unterhaltend ist und vorausdrängt. Die Reisen unterminieren das Gefühl für Stabilität, Festigkeit, bürgerliche Ausdauer – sie bezahlen diesen Verlust mit unumschränkter Anerkennung. Auf Reisen wird alles leicht, und Leopold kann bestätigen: »Der Bub ist mit allen Leuten, sonderheits mit den Offizieren so vertraulich, als wenn er sie schon seine Lebenszeit hindurch gekannt hätte.« Und: »Die Kinder sind lustig, und überall so, als wären sie zu Hause.« (1,49)
So verläuft in Leopolds Augen alles nach Plan, und in seinem Hirn kreuzen sich die Strategien, den Knaben aufs Vorteilhafteste in Szene zu setzen. Das ist eine Kunst, eine Kunst des Ankündigens, Wartens, Probierens. Ein Aufenthalt wie der in Wien (1762) kann nur über beinahe drei Monate hinausgezögert werden, weil man fast täglich Konzerte gibt. Wenn Wolfgang krank wird, stockt die Mühle, die Pläne geraten

durcheinander. Leopold überschlägt: die Trinkgelder für die Kutscher, die Trinkgelder für die Lakaien – lohnt sich das Bleiben noch? Wolfgang sichert in dieser Zeit der Familie den materiellen Boden. Allein durch sein Auftreten garantiert er für die Dauer des Aufenthalts. Schon dadurch ist der Woferl »Meister«, vollkommen in der Beherrschung der irdischen Materialität, die auf sein Spielen hin in Bewegung gerät. Geschenke und Gelder kommen ins Haus, und der Vater versucht, die Dukaten in sicheren Schuldbriefen anzulegen.

Die Reise aber ist eine Jagd, immer hinter den Gelegenheiten her, die Musik zu Gehör zu bringen, ein Hasten über Stock und Stein, wo ein defektes Rad einen weit zurückwirft, wo die Günstlinge des Hofes einem schon immer voraus sind, wo man die Launen der Fürsten erahnen muß und zuweilen gar gezwungen ist, schnelle Nachtfahrten einzulegen.

Es dreht sich um die Mozartsche Kutsche, die da unterwegs ist, es dreht sich fortwährend dieses Spiel der Launen und Zufälle, der Gelegenheiten und verpaßten oder genutzten Chancen. Die Pläne Leopolds sind Wunder an Voraussicht, in Gedanken tastet er Wege, Verbindungen, Städte, Schlösser, Aufenthaltsorte der Herrscher ab. Es kommt auf alles an, auf die Jahreszeit, eine Heirat, einen Krieg, eine Erbangelegenheit – denn alles könnte einen Plan zunichte machen, und am Ende könnte man vergeblich einen Umweg gemacht haben, einen Umweg von Tagen, die nicht mehr aufzuholen wären.

Man muß die passenden Gelegenheiten und Stunden aufspüren, die der Adel sich erlaubt. Es gibt ja keinen Vorrat an Musik, wie für uns heute, es gibt nur die glückliche, die passende Stunde. Eine Kutsche wird vorbeigeschickt, ein Auftritt wird erlaubt, die Musikanten werden entlassen. Ein Fürst kann diesen Ablauf aber auch verschieben, vom Nachmittag auf den Abend, die Nacht, den nächsten Tag. Leopold stellt seine

Uhren nach diesem Belieben. Er ordert die Termine – ein Spiel am kaiserlichen Hof sichert Auftritte für die nächsten Wochen. Die Welt erscheint als ein Karussell auf den Empfängen und in den Jagdschlössern, zu denen die Fürsten, wenn es ihnen eben gefällt, noch in der Nacht aufbrechen. Ein Karussell – auf dem man nie sitzt, das einen antreibt, nur für einige Minuten aufzuspringen, um mitmachen zu dürfen, die launigen Melodien des Vergnügens zu fabrizieren, für eine Stunde vielleicht, bei der Kaiserin sogar für drei. Aufspringen und mitmachen – man wird bezahlt, man fliegt, von der Geschwindigkeit getrieben, wieder herunter, und – kein Wunder! – so aus der Ferne betrachtet, ist dieses Karussell dann nur noch eine Maschine, die einen in Atem hält, ein Intrigantengeschöpf, ein Monstrum, das einen treibt, bis man krank wird dabei.
Leopold studiert die Bewegungen dieses Karussells, als ließen sie sich am Ende doch aufschlüsseln. Er will den Anteil des Zufälligen soweit wie möglich beschränken. So verfolgt er mit Ausdauer die Herkunft der Einladungen. Wo ist die Ursache, der Ursprung, der alles entscheidende Anfang? Schrittweise verfolgt er das Geäder des Getuschels. Er bescheidet sich nicht damit, Initiator zu sein, er will auch Empfänger der Wirkungen sein, die er hervorbrachte. Wenn sich alles fügt, wenn seine Inszenierungen umschlagen in Einladungen, dann will er darüber hinaus noch wissen, wie ihm das gelungen ist, welche Räder in der Tat ineinandergegriffen haben. Er denkt es nach, er spielt die Wege durch, er läßt nichts beiseite, alles soll ins Netzwerk eingepaßt werden.
Ein junger Graf hört auf der Durchreise den jungen Mozart in Linz. In Wien angekommen, erzählt er dem Erzherzog Joseph davon, der wiederum der Kaiserin berichtet. Ein Zufall – denn der junge Graf hatte einen Aufenthalt in Linz nicht vorgesehen, nur auf eine Empfehlung hin hatte er sich hineinziehen lassen. Die Kunde, der Blick, die Ausbreitung des

Ruhms! Leopold weiß aus solchen Fällen, daß er weit ausstreuen muß, damit sich etwas ereignet. Die Bewegungen ereignen sich an den Peripherien, es arbeitet in der Ferne um ihn herum, und die Früchte der Einladungen sind Ergebnisse einer kaum durchschaubaren, aber dennoch erfolgreichen Mischung aus Gelegenheit und Versuch.

Ein Höhepunkt – wenn man unbeobachteter Zeuge der Verbindungen ist! So in Wien, als Leopold am 10. Oktober 1762 Glucks »Orfeo ed Euridice« hört. Da wird er zum Zeugen des höchsten Getuschels, von Loge zu Loge – er hört es genau, die geheime Botschaft, und die innere Freude steigt in ihm hoch. Da berichtet der Erzherzog Leopold (später Leopold II.) vom Wolfgang, der so vortrefflich Klavier spiele; noch am Abend desselben Tages liegt eine Einladung nach Schönbrunn vor. Aus einer derartigen Zeugenschaft bezieht Leopold Verstärkungen für seine Unternehmungen. Hinhörend, lauschend ist er Teil seiner eigenen Aktionen, ein Genuß, den man sich nicht verlockend genug vorstellen kann. Wien, 16. Oktober 1762: »Nun sind wir schon aller Orten im Ruff.« (1,51)

Auf diese Weise verringert sich die Entfernung zu den Zentren der Macht, den Herrschern, diese zunächst abgewandt erscheinenden Innenhöfe, die umgeben sind von konzentrischen Ringen, auf denen die Trabanten, die Hofleute und Zubringer, kreisen. Man bedarf der Augen und Ohren dieser Trabanten, man muß ihre Bewegungen studieren und vorausahnen – ganz aus der Ferne zuerst. Einer kommt vielleicht in einer Kutsche vorbei, dem anderen geht man unauffällig hinterher. Schon ein Stallmeister vermag etwas, ein »Obriststallmeister« kann die rechte Hand des Fürsten sein, man muß es nur wissen. Die Gerüchte zirkulieren, und man muß sich entsprechend diesem Geflüster bewegen, all tempo oder alla zoppa, auf hinkende Art.

Denn es können auch störende Kreise und Zirkel in diese Bewegungen hineinwirken, sie können verzögern, den gerade erscheinenden Anlauf aufs Zentrum zum Schlingern bringen. Zu diesen störenden Kreisen zählen die Spektakelmeister, die andere Musikanten protegieren, dazu zählen aber auch die Komponisten (wie die des Wiener Hofes), die neidisch sind auf das Treiben, die Gegengifte und Gegengerüchte ausstreuen, um den Weg des Kindes zu stoppen. Dann heißt es, er sei ein Scharlatan (Kehrseite seiner göttlichen Sendung: der Teufel, der Betrüger), und es gehe nicht an, daß so einer das Orchester dirigiere.

Leopold muß sehen, wie er diese Gegengifte unschädlich macht. Er hat keinen direkten Einfluß darauf, er muß den Knaben herumschicken, damit man ihn sieht, antastet, küßt, damit man ihn hört, in diese Musik hineinhört, die der Verzückung dient. Dann muß Wolfgang seine Künste vor einem ausgewählten Publikum demonstrieren, und am Ende kann er froh sein, die Gegengifte unschädlich gemacht zu haben, wenn auch der Erfolg sich nach soviel Intrigen nicht mehr auf den ersten Blick hin einstellt. Jetzt *muß* er spielen, nicht nur um zu überzeugen, sondern auch, um seine Feinde zu überwinden. Aber auch das fällt ihm leicht, denn auch das macht Spaß, und er mag von den Gefahren, denen er ausgesetzt war, noch wenig geahnt haben, während es um ihn tuschelte. Um so naiver die Grazie des Auftritts und um so siegesgewisser das Spiel! Die Sprache der Musik – ein Wundermittel, das die Welt – die steife, spröde, unsinnliche – aufschließt, und das selbst diesen Menschen, die er mit Blicken überfliegt, solange sie ihm wohlgesonnen sind, Seufzer abnötigt. Wenn sie ihm nur nicht so nahe kämen! Er, Wolfgang, kennt die Gesetze. Benimmt er sich nicht, wie man es von einem Kind kaum erwarten könnte? Lachend, lebendig, charmant, wie einer, der den Zeremonien mit lässiger Geste schon beinahe entflohen ist? Und – ist er am Ende nicht schon über sie hinaus?

Spielt er nicht sich selbst am ehesten zu, der Schwester noch, der er applaudiert? Was wollen sie aber dann von ihm, wenn sie sich ihm so aufdringlich nähern, ihn berühren, ihn küssen? Da wischt er sich das Gesicht, als könne er so ihre Nähe abstreifen. Aber – Gott sei Dank – das bemerken sie nicht, sie verstehen es nicht. Seltener Fall, wenn einer wie Zinzendorf, ein skeptischer, aufmerksamer, weitsichtiger Beobachter daherkommt, um den ganzen Fall in sein Tagebuch zu notieren, wo er freilich besser aufgehoben ist als im öffentlichen Gespräch.

Zinzendorf, am 17. Oktober 1762: »Le pauvre petit joue a merveille, c'est un Enfant Spirituel, vif, charmant, sa Sœur joue en maitre, et il lui applaudit. Mlle de Gudenus qui joue bien du clavecin, lui donna un baiser, il s'essuya le visage.« (Dok 18)*

Zum Teufel mit den Küssen! Können sie nicht aus der Ferne genießen?

Sie können nicht – und das rührt an das Geheimnis der Auftritte des Kindes. Die Musik wurde häufig nicht hoch eingeschätzt, ein Orchester oft nur als ein musikalischer Apparat, abseits von der gesellschaftlichen Sprache aufgebaut, die Leier neben der höfischen Sprache, unaufmerksam gehört. Bereits Leopold jedoch erkennt, daß die Kinder mehr sind.

Sie überschreiten durch ihr Spiel das Weghören, sie durchbrechen gleichsam Schallmauern – und sie *zwingen* zum Schauen. Das ist das Wichtigste. Die Kinder geben der Musik plötzlich einen kreatürlichen Charakter. Sie sind wie die Töne und Klänge – unauffindbar im Gespräch, aber geeignet zum Anschauen und Staunen, zum Hinterdreinsummen und Nach-

* Dok = *Mozart. Die Dokumente seines Lebens.* Gesammelt und erläutert von Otto Erich Deutsch. Kassel u.a. 1961. Seitenangaben mit dem Vermerk ›Dok‹ richten sich immer nach dieser Ausgabe.

blicken. Dadurch setzen sie, wie Leopold notiert, alles in Bewegung;sie kehren die Konventionen um, denn *sie* sind der Mittelpunkt, nicht mehr nur der Hof, obwohl sie ihm zutragen. »Alles gerieth in Erstaunen! Gott giebt uns die Gnade, daß wir, Gott Lob, gesund sind, und aller Orten bewundert werden.« (1,89) So deutet es der Vater, und das ist in doppeltem Sinn notiert: pragmatisch, denn Gesundheit ist Geld, dankbar, denn die Gnade kann nur von dem kommen, der das Geheimnis der Auftritte zuläßt. Die Musik reicht also durchaus bis zu dem, der die Ursache der Zufriedenheit zu sein scheint. Sie entlockt ein Staunen, sie wirkt wie eine Offenbarung, sie entwickelt ein Transzendieren, über die Sphäre des Hofes und am Ende auch über die sichtbare Welt hinaus. Alle sagen es ja, »göttlich!«, eine Einmaligkeit, das Besondere. Dieses Transzendieren muß gereicht haben, damit auch der Knabe etwas davon hatte. Es mag ihn gefreut, befriedigt haben, und es mag ihm den später verhängnisvollen Irrtum eingeredet haben, man brauche nur zu spielen (was für ihn heißt: Spaß treiben, Freude machen, jenen unaufhörlichen Kreislauf gegenseitiger Affektion in Bewegung setzen), man brauche sich nur in diesen abberufenen Stunden zu erhöhen, um leben zu können.

Denn in der Tat lebte die Familie ja von diesen Kunststücken. Die Musik aber und die Kunst, die Instrumente zu beherrschen, könnten dem jungen Mozart vorgegaukelt haben, man brauche es mit der Welt nicht ernst zu nehmen, wenn diese nur ihren Spaß an der Musik habe. Jedenfalls begegnete diese Welt dem Knaben mit Freundlichkeit, mit Bewunderung, mit angedichteter Verehrung, freilich nur, solange er spielte. Er interessierte *sprachlos,* nur mit der Gewalt der Musik ausgestattet, während der Vater die Sprachen des Hofes und die Sprachen der Macht studierte.

Paradoxität des Empfindens: Wolfgang interessierte, wenn er spielte, und gerade in diesen Stunden, in denen er gefordert

wurde und zur Verfügung stand, entspannte er sich, entspannte sich das Gefühl, nur hin- und hergerissen zu werden. Ein Zwiespalt, der sich daraus ergab, daß er gerade dort, wo er am meisten geordert, bestellt, beengt wurde, daß er gerade dort und dann am ehesten er selbst war? Ein Zwiespalt vielleicht – aber mit Sicherheit hat er es noch nicht so empfunden, eher vielleicht als Gelegenheit, ganz ins Musikalische zu geraten, in die Sprache der Musik, um das »Leben«, die Stunden dazwischen, zu den weniger bedeutsamen zu rechnen, aus denen man erst einen Spaß herauszaubern und herausinszenieren mußte. Vielleicht auch die allmählich stärker werdende Empfindung, diese Stunden »dazwischen« seien höchstens noch als Kopien zu ertragen. Kopien wovon? – Davon weiß der junge Mozart noch nichts, und um so deutlicher strafen seine späteren Briefe die Unwissenheit, an die der sonst im Menschenverständnis so geübte Vater ebenfalls nicht dachte, bis er klarer sah, zu einer Zeit, als diese Entdeckung ihm einen Schleier von den Augen riß, alles aber schon zu spät war.
Vorläufig hält auch Leopold die Auftritte des Sohnes für unbegreiflich. Darin weiß er sich mit anderen Beobachtern einig: »und ich habe noch niemanden gehört, der nicht sagt, daß es unbegreiflich seye.« (1,52) Also, vorerst: Mozart, das Wunder! In Mozarts kindlicher Gestalt erhält die Musik einen besonderen Rang, in seinem Transzendieren stellt sie sich als ein solches Wunder vor. Nicht daß die Gestalt nur ihr Werkzeug wäre. Im Gegenteil: erst Mozart bringt die Musik zum Leben, erst in seiner Aktion werden Publikum und Musikant eins in einem Medium, das keiner begreift und von dem doch die begeisterten Rufe und Bravostürme handeln. Die Musik – was ist das, was hat sie aus einem gemacht?
Denn Mozart *ist* Musik, nicht nur ihr Diener, ihr Geschöpf. Auf ihn projizieren die Zuhörer das Erlebnis der magischen Annäherung. Mozarts Spiel ist so sehr eins mit dem Medium,

in dem er allmählich (für den Vater kaum sichtbar) lebt, daß er beginnt, seine Umgebung durch die Optik des musikalischen Vergnügens zu betrachten. Auch die Welt um ihn soll sich in seine Späße finden, sie soll Freude werden für ihn, und erst in diesem Wunsch mag sich seine Hoffnung ausgesprochen haben, die Stunden »dazwischen« könnten etwas von ihrer Langeweile verlieren.

»Bewundrungswerthes Kind!« – so beginnen die Huldigungsgedichte, wie etwa das eines gewissen Pufendorf, das sein Virtuosenlob in die Nähe des Herrscherlobs rückt. Mehr können sie nicht sagen, die Zuhörer und Bewunderer, mehr weiß auch Leopold noch nicht. Was kann man mit solchen Zeilen machen? Sie genauer studieren, versuchen, dahinter zu schauen? Das am wenigsten! Leopold will, daß man Gebrauch von diesen Gedichten macht, man soll sie abschreiben und herumzeigen. Ihm schlagen die Verse sofort in mögliche Wirkungen und Effekte um. Sie könnten weitere Erfolge einläuten! Um eine Vizekapellmeisterstelle in Salzburg bemüht, begreift Leopold ein Gedicht als Hebel, alte Vorbehalte zu lockern, neue Bande zu flechten. Er weiß nie, was dabei herauskommt, es ist nicht abzuwägen, aber man muß derartige Steine in den Fluß werfen, damit sich an den Ufern etwas tut. Diese Unwägbarkeiten machen seinem Übersichtssinn heftig zu schaffen. Er will alles auf den Punkt hin berechnen und konzentrieren, und er sieht mit jedem Schritt, daß nichts sich in dieser Form berechnen läßt. Daraus zieht er einen einzigen Schluß: man muß Signale setzen, unaufhörlich. Aber im stillen graut es ihm vor allem Ungefähren. Salzburg und Wien? – Er darf sie nicht zusammen-, er darf sie nicht gegeneinanderhalten, es käme nichts als Verwirrung heraus, und Verwirrung ist ihm das Unangenehmste. Also lieber: stille, stille – stille, stille – stille, stille!

Auch andere Beobachter kommen nicht hinter das Geheimnis des Kindes. So erscheint in dem »Augsburger Intelligenz-Zettel« vom 19. Mai 1763 eine längere Nachricht über die beiden Kinder, die Ratlosigkeit zugibt. Man deckt die Tastatur mit einem Schnupftuch zu – und Mozart spielt. Man setzt ihn in ein anderes Zimmer – und Mozart nennt die Töne, die man ihm vorspielt. Er hört eine Glocke, eine Uhr, eine Sackuhr – und wieder nennt er den Ton. Man spielt ihm eine Oberstimme vor - und er accompagniert auf der Stelle. Mozart scheint keine Übung zu brauchen, er findet nicht den Weg zur Musik, er lebt in ihr, sie ist das Element, in dem er sich bewegt und mit dem er sich verständigt. Die Töne sind die Namen seiner ersten Sprache. So kann Leopold später nur erstaunt berichten, daß er dem Kind das Pedalspiel an der Orgel erklärt und Wolfgang ohne weitere Übung sofort mit dem Spiel begonnen habe. Die Musik hat ihm das Recht gegeben, sie zu besitzen. So fragt der Berichterstatter im Intelligenzblättchen, als er die Nachricht erhält, der Knabe beherrsche nicht nur den Violinschlüssel, sondern auch den Sopran-, den Baßschlüssel: »Muß er diss also seit dem Neuenjahre gelernet haben?« (Dok 23)
Nein, wir beobachten Mozart nicht (wie der Berichterstatter) als Lernenden. Er übersetzt nicht Anweisungen in Übungen, er ist nicht *einmal* außerhalb der Musik. Wenn man ihm etwas erklärt, ist es nur so, als sagte man ihm, was er schon immer gewußt hat. Ohne Verzögerung übt er es aus. Mozart lernt nicht, er herrscht.

So skizziert ihn ein Ölbild aus dem Jahr 1763. Neben einem Klavier, im Galakleid, das der Wiener Hof ihm geschenkt hat und das eigentlich für den Prinzen Maximilian bestimmt war. Mit Hut und Degen, der junge Herrscher – nicht über das Volk, sondern über das Instrument. Breite Goldborten, das Tuch in lila.

2

DIE REISE NACH WIEN war ein gelungener Test, ein Studium am Ort. Nun kann Leopold weiter planen: die europäische Reise, den europäischen Triumphzug. Diesmal komplizieren sich die Planungen erheblich. Man muß noch umfassender berechnen, was geschehen könnte, man muß noch genauer informiert sein. Vor allem: man muß sich zeigen, daherstolzieren, etwa im Nymphenburger Schloßgarten, wo ein Prinz die Familie sieht. Daraus wird sofort eine Nachricht an den Kurfürsten, schon ist man eingeladen. Aber all die Eile kann das Ziel auch verfehlen.

1763: am 6. Juli Abreise von Augsburg, abends in Ulm, aufgehalten wegen der Pferde, weiter nach Plochingen, wo man erfährt, daß der Herzog ins Jagdschloß Grafenegg will, Änderung der Reiseroute – statt nach Stuttgart gleich nach Ludwigsburg, Ankunft am 9. Juli, abends, spät – zu spät für diesen Herzog, Karl II. Eugen von Württemberg, von dem Leopold schon weiß, daß er einer von denen ist, die einen noch länger warten lassen, bis sie einen beschenken.

Man braucht Fürsprecher, Angehörige des Adels, die sich um die Familie kümmern, nach Kräften in die Wege leiten, was ihrer Bekanntheit dient. In Paris hat man großes Glück.

Dort wird Friedrich Melchior Grimm, der Sekretär des Duc d'Orleans, der eifrigste und wichtigste Agent der Mozarts. Kaum ein anderer ist so wie er über die Schwankungen des europäischen Geschmacks informiert. In seinen Händen laufen die Nachrichten zusammen, er sammelt sie, schickt die Meldungen an die Höfe Europas. Sein Organ: die »Correspondance litteraire, philosophique et critique adressée à un souverain d'Allemagne«. Dort erscheint schon bald ein Artikel über Mozart. Die Veröffentlichung ist von besonderer Bedeutung: sie reicht die Kunde an die deutschen Höfe weiter, sie ist eine zentrale Quelle des Ruhms. Grimm zählt den Knaben zu den »vrais prodiges«, den ›wahren Wundern‹. Er ist ein »phénomène si extraordinaire qu'on a de la peine à croire ce qu'on voit de ses yeux et ce qu'on entend de ses oreilles«. (Dok 27)

Hier ist es festgehalten, vor den Augen der um Aufklärung bemühten Welt: Die Sinne versagen gegenüber diesem musikalischen Wunder, die Sinne wie die Vergleiche. Das verwirrt, wie kann man sich gegen dieses Mißverhältnis schützen? Das Gesehene, das Gehörte läßt sich auf keine Erfahrung, keine Vernunft mehr beziehen. Mozart, das Kind, rüttelt derart an den Grundlagen aufgeklärter Denkungsart, daß man erschrecken mag. Grimm gehört zum Kreis der Enzyklopädisten. Er ist von Mozart fasziniert, von diesem ›Phänomen‹, einer Erscheinung, die die Lehre der neuen Wissenschaften übersteigt. Ein Wunder? Ja, aber wie ordnet man Wunder in einer Enzyklopädie? Eine Ausnahme? Ja, aber sucht man nicht in allem gerade die Regel, das Maß von Vernunft und Beherrschung der Sinne?

Grimm ist in einer Notlage. Mozarts Erscheinung treibt ihn aus dem Paradies der Aufklärung, er wacht auf bei Betrachtung dieses Wunders, es rüttelt ihn durch und durch. Wo ist Gewißheit und wie läßt sich dieses Phänomen analysieren? Grimm faßt es nicht:

> Je ne désespère pas que cet enfant ne me fasse tourner la tete, si je l'entends encore souvent; il me fait concevoir qu'il est difficile de se garantir de la folie en voyant des prodiges. Je ne suis plus étonné que saint Paul ait eu la tête perdue après son étrange vision. (Dok 28)

Grimm, der Freund Diderots, der Bekehrte! Das Kind verdreht ihm den Kopf, es ist schwierig, sich gegen den Eindruck zu wehren, nein, es ist unmöglich! Mozarts Erscheinung gleicht einer Vision, der man nicht auf den Grund kommt. So tut er alles, um dieser Erscheinung Zugang zu verschaffen, bei den Botschaftern, dem französischen Adel, den Freunden und Freundinnen (wie Madame d'Epinay), in deren Kreisen Werke wie der »Contrat social« oder »La Nouvelle Héloïse« entstanden sind.

Am Neujahrstag 1764 ist die höchste Stufe der Leiter genommen. Da nimmt die Familie an der Hoftafel zu Versailles teil, und Wolfgang ist, wieder deutlich sichtbar und im höfischen Zeremoniell hervorgehoben, die Schaltfigur. Er erhält den besten Platz, er spricht mit der Königin, und sie reicht ihm die Speisen. Auch bei diesen Verrichtungen ist der junge Mozart anschaubarer Ausdruck eines Elements, das ansonsten nicht zum Schauen und erst recht nicht zum Anfassen taugt. Das erhebt ihn in einen kaum angreifbaren Rang. Selbst Leopold, ein wenig zur Euphorie neigender Vater, gibt sein Erstaunen jetzt laut zu; er nennt den Sohn »unüberwindlich«, »großmächtig«. Andere Texte feiern ihn, wie es sich ja zum Vergleich anbietet, als Orpheus, der die Umgebung zum Verstummen bringt und aus der grobschlächtigen Schar von Zuhörern eine Gemeinde von Andächtigen hervorzaubert. In Paris, Neujahr 1764, soll auch für die entfernte Welt ganz deutlich werden, was dieser Knabe im Europa der Zeit bedeutet. Seine ersten Kompositionen werden gestochen, die Sonaten für Klavier und Violine, das op. I, das, wie es sich gehört, einer Tochter des französischen Königs gewidmet wird.

Treu seinem Programm meldet Leopold nach Salzburg, daß man diese Sonaten das Stück für 45 Kreuzer zu verkaufen, daß man dies in die Zeitungen zu setzen und dabei daran zu erinnern habe, daß eine Sonate in Paris (umgerechnet)

84 Kreuzer koste. Daran ließ sich Wolfgangs gestiegener Kurs ablesen.

Aber selbst Leopold hat nicht nur über den Geldwert der Sonaten spekuliert. Er hat genauer hingehört und dabei ein »Andante von einem sonderbaren goût« entdeckt, das noch heute als Adagio der Sonate KV 7 auffällt:

> Nun sind 4 Sonaten von Mr: Wolfgang Mozart beym stechen, stellen sie sich den Lermen für, den diese Sonaten in der Welt machen werden, wann am Titlblat stehet daß es ein Werk eines Kindes von 7 Jahren ist, und wann man die unglaubigen herausfordert eine Probe diessfals zu unternehmen, wie es bereits geschehen ist, wo er jemand einen Menuet, oder sonst etwas niederschreiben lässt, und dann gleich ohne das Ciavier zu berühren den Bass, und wenn man will auch das 2te Violin darunter setzet. Sie werden seiner Zeit hören wie gut diese Sonaten sind; ein Andante ist dabey von einem ganz sonderbaren goût. (I, 126)

Der »ganz sonderbare goût« – Leopolds Verwunderung ist hier als Aufmerken eines kundigen Hörers zu beachten. Diese Sonaten – es sind nicht nur Fleißarbeiten, die den ungläubigen Thomassen vorgelegt werden, damit sie ihre Finger an die Wunde legen. Mehr als dieses Probenangebot steckt in ihnen, ein schon hier sich andeutender einmaliger, noch nie gehörter Ton, der mit nichts zu vergleichen ist. Leopold gesteht mit seinem beinahe ehrfürchtigen »ganz sonderbar« schon die Schwierigkeiten eines Hörers, der *diese* Musik beschreiben soll. Sie entzieht sich, mit Worten kommt man nicht hinterher – eine Erfahrung, die später beinahe allen Kommentatoren das Leben schwer macht. Dabei ist es doch so, als könnte man reden – nach dieser Musik. Man tut den Mund auf – und schon ist alles verflogen. Soll man am Ende nur schweigen, nur nachsummen, den Kopf wiegen, die Hände schwingen?

Zahllose Hörer werden sich dann in der Tat damit bescheiden und ihr Unvermögen eingestehen, dieser Musik mit ein paar Worten beizukommen. Mozarts »ganz sonderbarer goût«, das Stigma seiner Überraschungskünste, wird zur Andacht zwingen, einer Haltung, die eher eine spirituelle Nähe zum Klang einnimmt als eine vordergründig deutende.

Monsieur Grimm hat die französische Widmung dieser Sonaten verfaßt. So kann er wenigstens auf einem Umweg diesem ›Phänomen‹ seine Worte leihen. Er versetzt es in die Tonlage höfischer Devotion: »Je voudrois, Madame, que la langue de la Musique fût celle de la reconnoissance ...« Das muß Leopold gefallen haben: die Sprache der Musik als die Sprache der Gönner. Die Musik, heißt es weiter, habe ihn, den jungen Mozart, geschaffen, wie sie die Nachtigallen schaffe. Das soll die Mühelosigkeit seiner Kunst, die alle Suche nach ihren Ursprüngen provoziert, treffen. Denn die gesamte Pariser Gesellschaft vertieft sich in die Bodenlosigkeit dieses Phänomens. Das regt alle Phantasien an, löst jenen Schwanz von Gedichten, Widmungen, Berichten aus, die von einer Epiphanie handeln. Unterschiedslos berichten diese Texte die *eine* Geschichte: das ›geburtslose‹ Wunder. Scheinwunder mag es ja immer gegeben haben, und man rühmt sich, in aufgeklärter Attitüde, diese Wunder begriffen und ihren Nimbus zerstört zu haben. Diesmal ist es anders, und da greifen die Beobachter und Berichterstatter zu den ausschweifendsten Wendungen, um die Authentizität des Eindrucks festzuhalten: Ich, der Beobachter, habe es gesehen, ich habe es gehört, ich versichere es, mit eigenen Augen und Ohren.

Mozarts Aufenthalt in der französischen Hauptstadt dient dem einen Ziel, ihn herumzuzeigen und zugleich die Neugierde der ausländischen Botschafter zu erregen. Hier wächst sein Ruhm zu den Proportionen eines europäischen Ereignisses. Die Stadt, ihre Menschen, ihre Straßen und Plätze – das alles kommt dabei wenig in Betracht. Lohnt es sich überhaupt, derart flüchtigen Eindrücken nachzugeben? Geht es hier nicht um die Dauerhaftigkeit des Ruhms, der einmal gute Früchte tragen soll, wenn es nach Leopolds Ideen ginge? Allein – auch er kann nicht verhindern, daß Irritationen den Aufenthalt belasten, daß sich ein wenig Leben der fremden Welt einmischt in die geschlossenen Kreise der Familie. Leopold bemerkt es ja selbst: diese Stadt ist anders, ganz anders, und obwohl man ihren Menschen einigen Ruhm verdankt, graut es einem doch am Ende vor soviel fremder Lebensart. Diese offenbart sich vor allem darin, daß alle Menschen sich ans »Pläsier« gebunden zu haben scheinen. Die Fastentage zählen nichts, wie überhaupt die religiösen Elemente des Volkslebens keinen Einfluß mehr haben. Das irritiert, es nimmt dem Leben viel von seiner Ordnung. Die Messen, die Leopold in der Umgebung Salzburgs lesen läßt, bezeichnen den Tribut, den er für die Nachlässigkeiten, die er in Paris erdulden muß, zu zahlen bereit ist. Auch seine Frau scheint sich in Paris nie wohlgefühlt zu haben. Dies geht bis ins Leibliche: Salzburger Speisen (Mehlspeisen) sind hier nicht zu bekommen, das Essen ist teuer, denn man bezieht es vom Wirt, und man kann es nicht so zurichten, daß es dem geistlichen Kalender entspräche.

Aufgeklärt, vernünftig geben sich die Menschen – aber bereits eine Sonnenfinsternis läßt diesen Glauben zusammenstürzen. Weitere Irritation! Und wie reagieren sie hier auf den Tod? Denken diese scheinbar Aufgeklärten über ihre nächsten Tage hinaus? Leopold erkennt: sie tun es nicht. Als eine Freundin der Familie, die Gräfin van Eyck, stirbt, überkommt es ihn: in dieser Stadt läßt sich nicht sterben. Ein Toter ist für diese Menschen eine Art Daseinsschrecken, er paßt nicht mehr in ihre Umgebung, und es gibt keine Zeremonien, die das Leben des

Toten in ein bewahrendes Gedächtnis rücken würden. Im Gegenteil: man beeilt sich, den Toten unter die Erde zu bringen. Leopold notiert: »Man stirbt nirgends gerne, allein hier sieht es für einen ehrlichen Deutschen, wenn er erkrancket, oder gar stirbt, gedoppelt traurig aus.« (1,129)

Solche Beobachtungen, mögen sie auch hervorstechen, werden nur am Rande gemacht. Die Hauptsache ist die Musik, das Arrangement der Gemeinde um den Sohn. So folgt man der Einladung nach London (wo Leopold bereits überschlägt: nach Holland? nach Hamburg? nach Dänemark? an den russischen Hof?). Auch im »Public Advertiser« wird am 31. Mai 1764 der Siegeszug des Wunders gemeldet: »It surmounts all Fantastic and Imagination . . .« (Dok 35). »The greatest Prodigy that Europe or that Human Nature has to boast of« tritt schon am fünften Tag nach seiner Ankunft am Hof auf. Hier kann Mozart bereits an den Ruhm anknüpfen, dessen Fundamente er in Paris gelegt hat. Er vermehrt ihn, und die Violinsonaten KV 10–15 entstehen. Mehr noch: der Ruhm wird dokumentiert, hinterlegt. Zusammen mit den Kindern besucht Leopold das Britische Museum. Die Handschriftenabteilung erhält eine Motette, die Wolfgang geschrieben hat. Es ist gut, solche Zeugnisse an den wichtigen Plätzen zu hinterlassen. Sie bewahren nicht nur den Ruhm, sie sichern ihn auch vor allen Angriffen und vor den Attacken der Mißtrauischen, die nicht glauben wollen, was sich mit diesem Kind ereignet.

Doch das ist die Minderheit. Die anderen wollen ihn feiern, wollen sich überraschen lassen – wenn auch immer mit Maß und dem Ziel, an ein letztes Wunder glauben zu können. Das junge Genie tritt in diese Kreise der Aufgeklärten, um ihren reichen Beifall zu ernten und sie für Momente zu überfor-

dern. Nicht mehr – diese Zuhörer fordern Klarheit, Deutlichkeit, Proben des Könnens, die oft genug Züge eines wissenschaftlichen Experiments annehmen. Man ist überrascht, man schüttelt den Kopf, man denkt sich neue Examina aus. Doch so groß die Verwunderung auch sein mag, nichts daran ist exaltiert. Wie Mozart nie die Rolle ›hoher Berufung‹ spielt, so denkt auch sein Publikum nie daran, ihm diese Berufung zuzumuten. Sie wollen ihn testen und nicken, wenn sie ihn glaubhaft finden. Die Auftritte sind Zeremonien der Erprobung eines um Faßlichkeit bemühten Blicks. Das sichert die Distanz zwischen dem Knaben und seinen Zuhörern. Bei allem Enthusiasmus verläßt dieses Publikum nie der Verstand. Die Musik ist kein Mittel der Betäubung, vielmehr prägt sich ihr das Maß des aufgeklärten Gegenübers ein, im Gegensatz etwa zu den Auftritten Beethovens, die ein musikalisches Zeitalter später jene Erschütterung von den Zuhörern verlangten, die diese dann in seiner Gestalt auch zu finden meinten und die jeden von beiden Seiten akzeptierten Ausdruck der Distanz weit übersprang.
Der junge Mozart gibt daher der Gesellschaft, die sich neugierig um ihn schart, ein Thema. Indem er da mit sich selbst spielt, wird die Musik für *ihn* akut, für die anderen aber bleibt sie Ereignis im höfischen Zeremoniell, das alle Verwunderung, aber keine Erschütterung verdient. Wenige Jahre später wird er zugeben, daß er zufrieden ist, wenn sie ihm zuhören, wenn sie ›stille, stille‹ sind und die Köpfe zu den Virtuosen drehen. Ein interessiertes Wort, ein Seufzer, eine kleine Geste eines Hörers übersteigen schon seine Erwartungen. Und wie weit ist es von da noch bis zu den Kennern, die etwas zu sagen haben!
Das Kind mag etwas davon gespürt haben. Jedenfalls hat Mozart ungewöhnlich schnell zwischen ›Liebhabern‹ und Kennern, zwischen Zuhörern und Hinzuhörern unterscheiden

gelernt. Aber diese Grenzen blieben ihm selbstverständlich, und er dachte nie darüber nach, wie sie zu überwinden wären, selbst in seinen letzten Lebensjahren nicht, als er bemerkte, daß seine Kompositionen fast alle Zuhörer überforderten. Statt dessen entwickelte er allmählich einen selbständigen, geheim gehaltenen Stolz, den er auf der Achtung vor dem eigenen Können und dem Wissen um die musikalische Meisterschaft aufbaute.

In London plant Leopold die Rückreise. Er weiß: es wird beschwerlich werden wie immer. Der Hausstand ist aufzulösen, manche Kuriosität ist zu erwerben. Leopold denkt sich allmählich zurück nach Salzburg. So bittet er den Freund Hagenauer, sich um die Kamine im Haus zu kümmern, die Türschlösser zu überprüfen. Leopold besitzt dieses exakte Gedächtnis für das kleinste Detail, er erinnert sich noch an das Türschloß des Kinderzimmers, das besonders mangelhaft sein soll. Mit diesem Gedächtnis hält er gleichsam seinen Gesichtskreis zusammen. Er klammert sich immer wieder an die Salzburger Welt, den Ursprung und endlich auch das Ziel aller Aktivitäten. Nie wird sich Leopold daran gewöhnen, von diesem heimatlichen Umkreis ganz abzusehen. Er ist auf ihn fixiert, seine Überschreitung empfindet er häufig genug als eine Versuchung. So beginnt er bereits in London, sich in Gedanken wieder zu Hause einzurichten. Andere Möbel sollen her, solche, die seinem neuen Geschmack, dem »englischen«, entsprechen. Hagenauer soll sich beim Kauf einer Kommode an diesen Geschmack halten, dem selbst die Schubladenhandgriffe noch entsprechen sollen: »daß alles schön flach, nieder und glattweg gearbeitet seye, ohne daß es etwa von getriebener Arbeit oder sonst mit vielen Einschnitten und Fugen gemacht, sondern flach und nieder gearbeitet folglich leicht zu butzen seye« (1,213). Das Einfache, das Nützliche! Solche

Wendungen beleuchten Leopolds Verhältnis zu den Dingen. Er dringt auf Übersichtlichkeit, wo sich doch auf den langjährigen Reisen vieles zu verwirren scheint. Die Salzburger Wohnung stellt er sich als den Hort der Ordnung vor. Je näher er der Heimat kommt, desto präziser werden seine Überlegungen. In Den Haag bedenkt er: wo soll die neue Kommode stehen, wo sollen die Kinder schlafen, wo kann der Wolfgang genug Platz für die Arbeit finden?

Nannerls schwere Erkrankung in Den Haag wirft dagegen ein Licht auf die Anforderungen, denen die Kinder ausgesetzt waren. Auch Wolfgang erkrankte häufig nach den Strapazen der Reisen. Nannerl spricht, ohne bei Bewußtsein zu sein, in ihren Fieberträumen die verschiedensten Sprachen, sie hat, wie Leopold einsieht, »von unsern Reisen materie genug im Kopfe« (1,208). Diese ›Reisematerie‹ spannt die Nerven an, sie reibt die Einheit der Eindrücke auf und setzt an ihre Stelle eine kaum zu bewältigende Fülle unterschiedlichster Reize. Wie sollen die Kinder das fassen, fern von aller Heimat, nur monatelang an den verschiedensten Orten? Leopold verordnet als Arznei nur Arbeit. Die Stunden müssen eine Ordnung haben, wenn schon die Orte wechseln. Er hält die Kinder fern von anderen Zerstreuungen, er versucht, ihre Launen auf die Musik zu konzentrieren. Wolfgang antwortet auf diese Versuche nicht. Man braucht ihm gar nicht zu zeigen oder zu sagen, was er zu tun hat. Es ergibt sich von selbst aus dem Verhältnis, das er zur Musik einnimmt. Er nähert sich ihr nicht von außen, eher kann man sagen, daß er mit ihr umgeht, so selbstverständlich, als gäbe es in diesem Umgang keinen Führenden, keinen Geführten.

Nannerl ist krank – und die Eltern sitzen an ihrem Bett, in lange Gespräche mit der Fiebernden verwickelt. Und Wolfgang? Leopold vermerkt, daß er »im ändern Zimmer sich mit seiner Musique unterhielt« (1,206). Nein, er ist nicht ohne Gefühl gegenüber den Leiden der schwer erkrankten Schwester. Er amüsiert sich nicht, sondern er setzt lediglich seine Tätigkeit fort, die einzige, die ihm etwas wert erscheint. So erhält er sich – im anderen Zimmer – am Leben, musikalisch, mit der Ausdauer des Infizierten, der nicht mehr ohne das Element leben kann, das so tief in ihn eingedrungen ist. Hier, bei der Arbeit, spricht es aus ihm; er gibt sich diesem Element nicht hin, es verlangt keine Opfer, keine Überforderung. Vielmehr erreicht er bei seiner Arbeit eine Art von Gleichklang, der – abseits von den verwirrenden Reiseeindrücken – den Gang einer kontinuierlichen Entwicklung annimmt.

Nach der Erholung der Tochter denkt Leopold vom Nächsten ans Ferne. Er bittet Hagenauer, einen Glasschrank anfertigen zu lassen, in dem die Reisesouvenirs Platz haben. Ein Glasschrank soll es sein, damit die Besucher sehen, wer man inzwischen geworden ist. Die Salzburger Wohnungseinrichtung soll das Andenken an die Reise bewahren. Die große Welt soll sich in die kleine finden. Daher die Aufstellung der Erinnerungsstücke. Mahnen sie aber nicht auch daran, Salzburg bald wieder zu verlassen?
Leopolds letzte Briefe, die er von der großen Reise an Hagenauer schickt, enthalten, zusammenfassend und zukunftsbewußt, die Essenz seiner Erfahrungen. Hagenauer soll diese vertraulichen Wendungen niemandem zeigen, sie gehen nur ihn etwas an; denn in ihnen wagt sich Leopold weit vor. Er konzipiert nichts anderes als den Entwurf der Zukunft. Nach den Erfahrungen dieser erfolgreichen Reise hat Leopold den bedeutsamen Entschluß gefaßt, sein Leben der Ausbildung der Kinder zu *opfern:*

> Gott ... hat meinen Kindern solche Talente gegeben, die, ohne an die Schuldigkeit eines Vatters zu gedenken, mich reitzen würde, alles der guten Erziehung

> derselben aufzu*opfern*, jeder augenblick, den ich verliehre, ist auf ewig verlohren. und wenn ich jemahls gewust habe, wie kostbar die Zeit für die Jugend ist, so weis ich es itzt. (1,232)

Hier deuten sich die Linien des neuen Lebensplanes an. Das Opfer – die Ausbildung – die »kostbare Zeit«. All diese Momente wird Leopold von nun an zusammendenken. Dabei gründen diese Gedanken auf einer Art von Vertrag: wie Leopold sein Leben an das der Kinder bindet, so sollen auch sie sich seinen Ratschlägen und Grundsätzen unterwerfen. Deshalb hat der neue Lebensplan die Gestalt eines Bündnisses, das sofort zerstört wäre, wenn eines der Kinder sich aus ihm entfernte. Leopold erkennt auch das mit aller notwendigen Scharfsicht:

> Sie wissen daß meine Kinder zur arbeit gewohnt sind: sollten sie aus Entschuldigung daß eines das andre verhindert sich an müssige Stunden gewöhnen, so würde mein ganzes gebäude über den Haufen fallen; die gewohnheit ist eine eyserne *Pfoad*. (1,232)

Sein »ganzes Gebäude« – hier, mit der Rückkehr von der europäischen Tour, erhält es seine verpflichtenden Konturen. Von nun an wird Leopold gereizt reagieren, wenn er nur die entferntesten Züge des Müßiggangs an den Kindern entdeckt. Sie werden ein Tagebuch führen, er wird ihre Ausbildung überwachen und ihre Fertigkeiten erweitern. Schritt für Schritt soll der neue, bindende Vertrag seine Kraft entfalten. Jede Art von Ungehorsam ist darin nicht mitgedacht.

Diese Briefe Leopolds werden im Leben Mozarts von größter Bedeutung sein, legen sie ihn doch auf die gemeinschaftliche Zukunft mit dem Vater fest. In ihrem Lebensprogramm enthalten sie alle Voraussetzungen für eine gegenseitige Verpflichtung, der jeder Partner nur mit der aufs Äußerste zielenden, abrupten Abkehr wird entgehen können.

Gleichzeitig werden Leopold die Ideale seines »Gebäudes« dazu dienen, seine Urteile zu sprechen. Mit ihnen hat er unverzichtbare Maßstäbe vorgegeben, auf die sich die Zukunft beziehen läßt. Daher haben diese Überlegungen einen bindenden, schwerwiegenden Charakter. Leopold äußert sie in einem testamentarischen Ton, denn er ist sich bewußt, daß sie von nun an Gültigkeit erhalten sollen, nicht nur vor den Menschen, sondern auch vor Gott. Die göttliche Gnade spielt die oberste Rolle in diesem Pakt; sie hat ihm Kinder zugeteilt, von denen Dankbarkeit zu erwarten ist. Dankbarkeit – Gott gegenüber, aber auch ihm, Leopold, gegenüber, der dazu bestimmt ist, den göttlichen Auftrag auszuführen.

Leopolds Ideen schießen zu einem kaum noch auflösbaren Amalgam aus religiöser Einsicht und pädagogischem Verständnis zusammen. Das verleiht ihnen gerade jene Festigkeit, an der schwer zu rütteln sein wird. Man übertreibt nicht, wenn man behauptet, daß es von nun an um Leben und Tod geht. Leopold und die Kinder – die Kinder oder Leopold?

So sind die Linien des Zukunftsgebäudes gezogen. Vor der Außenwelt geheim gehalten, markieren sie den Tagesablauf im Mozartschen Haus. Am 29. November 1766 kommt die Familie nach Salzburg zurück. Die Saiten des Flügels sind gestimmt, Hagenauer hat neue Möbel angeschafft, Leopold denkt allmählich an einen Umzug in ein geräumigeres Quartier. Die Erinnerungsstücke werden eingeordnet, aber die Reise wirkt noch lange nach.

Man zieht ins alte Haus – man will ins neue; man füllt die Schränke mit den Souvenirs – und sie stehen da als lebendiger Ausdruck der Ferne. So duckt sich die Weite ins Enge. Und da schaut dann, ein erster Neugieriger, der Stiftsbibliothekar Hübner herein und meldet die Rückkehr der »Weltberühmten«, an die sich bereits die tollsten Vermutungen und Legenden heften:

> Man sagt sehr stark, diese Mozartische Familie werde wiederumen nicht lang alhier verbleiben, sondern in Bälde gar das ganze Scandinavien, und das ganze Russland, und vielleicht gar in das China reisen, welches noch eine weit größere Reise, und höheres Unternehmen wäre: de facto glaube ich gewiß, daß niemand in ganz Europa so berühmt ist, als der Herr Mozart mit seinen zweyen Kindern … (DOK 65)

3

ARBEIT, ARBEIT – DIE ZEIT AUSFÜLLEN! Die Zeit ist, wir wissen es von Leopold, kostbar, man darf keine Minute vertun, gerade einmal etwas zur Ruhe kommen in Salzburg, damit es weitergehen kann, der nächste Schritt, die größere Aufgabe.

Nach Wien! Am 11. September 1767 bricht man auf. Doch anders als zuvor ist diese Reise gleich zu Beginn von Rückschlägen bestimmt. Es geht nicht vorwärts, man sitzt fest in Wien, und es gibt zunächst nicht einmal eine Gelegenheit für einen öffentlichen Auftritt. Die Erzherzogin Josepha, zu deren Vermählung mit dem König von Neapel man nach Wien aufgebrochen war, stirbt an den Blattern. Leopold beklagt es, denn es macht »einen Strich in etwas in unsre Rechnung«. (I,240)

Vor den Blattern flieht man nach Olmütz. Dort befällt jedoch auch Wolfgang diese Krankheit. Er übersteht sie, und diese Genesung nimmt in Leopolds Schicksalsplan eine besondere Rolle ein. Sie bestärkt ihn in seinen Vorhaben. Den Brief, der von Wolfgangs Heilung berichtet, beginnt er mit den Worten des Ambrosianischen Lobgesangs: »Te Deum laudamus!« Damit feiert Leopold die Beständigkeit der göttlichen Gnade, die an seinem Sohn nicht zu versagen scheint. Er skizziert die Ereignisse vor der Erkrankung so, daß sie ihm mit einem Mal als göttliche Fügung erscheinen: die Flucht aus Wien nach Brunn, der kurze Aufenthalt dort, die Weiterreise nach Olmütz, wo der Graf Podstatsky die Familie aufnimmt, ohne Furcht vor der Krankheit zu zeigen. Diesen merkwürdigen Fluchtweg und die besonderen Umstände, die eine schnelle Genesung und eine behutsame Pflege des Sohnes erlaubten, bezieht Leopold auf seinen Lebensplan. Was kommt dabei heraus?

Gott hat Gefallen an seinem jungen Diener, er bewahrt ihn vor jedem Übel – solange er sich an seine Aufgaben hält. Der Ambrosianische Lobgesang gibt das Motto aus: ›in te Domine speravi, non confundar in aeternum‹. Leopold aber versteht es so, daß sein Lebensplan mit den Absichten Gottes auf unergründliche Weise übereinzustimmen scheint.

Von nun an rechnet er anders, in noch größerem Rahmen. Wolfgangs Genesung weckt seinen Entschluß, eine Biographie des Sohnes zu schreiben – wenn alles sich so entwickelt, wie es sich abzuzeichnen scheint. Deutlich genug vermerkt er in der Nachfreude über die bewältigte Krankheit, durchsetzt mit hymnischem Preis der Gnade Gottes, über Wolfgangs Leben: »denn hier fängt sich, auf eine gewisse Art, eine neue Zeitrechnung seines Lebens an« (1,247).

Ja, »auf eine gewisse Art« geht Wolfgang aus der Krankheit als der Begnadete hervor, dem Gott eine höhere Prüfung hat zuteil werden lassen. Das konsolidiert Leopolds Ansichten, es erweitert sie zum Bewußtsein, an dieser Sendung mit allen Kräften fortarbeiten zu müssen. Er hat nun kaum noch etwas anderes im Kopf; der Sohn soll ins rechte Licht gestellt werden. Warum lassen sie ihn aber nach seiner Rückkehr nach Wien nicht zum Zuge kommen? Warum geht es nicht vorwärts?

Die Schwierigkeiten häufen sich, und Leopold wird ungeduldig. Der ungewollt lange Aufenthalt entspricht nicht seinen Vorstellungen, und erst recht entspricht er nicht dem Tempo der vorangegangenen Reisen, ihrer Abwechslung und dem erlebten Zustrom von Menschen. Das fordert Leopolds Rechtfertigungssinn heraus. Er muß begründen, warum man sich so lange in Wien aufhält; schon die Kredite, die er von einem Geschäftsfreund Hagenauers bezieht, machen diese Begründungen dringend notwendig.

Zunächst: die Reise hat ihm eine Erfahrung geschenkt, die sie aller Rechtfertigung enthebt. Die Genesung der an Blattern erkrankten Kinder hat ihm die besondere Gnade Gottes, die große führende Hand über dem Schicksal des Sohnes bewiesen. Daher: »Sehen Sie, daß wir doch nicht umsonst gereist sind!« (1,248)

Doch damit darf es nicht sein Bewenden haben. Man muß das Schicksal auch zwingen, es wird einem nicht geschenkt.

So arbeitet er weiter an der Propaganda für die Kinder. Am 19. Januar 1768 werden die Mozarts nach langem Warten endlich von Maria Theresia und Joseph II. empfangen. Dieser Empfang ist herzlich, doch ergeben sich aus ihm keine neuen Perspektiven. Leopolds Maschinerie gerät wieder ins Stocken, und er überlegt: »Ich wenigst kann mir aus allen, was hier sehe, und aus allem den dermahligen Wienerischen Umständen nichts günstiges vorstellen.« (1,253/254)

Er kann sich nichts vorstellen, das ist das Schlimmste. So wird er auf sich selbst zurückgeworfen, und sein analytischer Spürsinn ist herausgefordert. In einem ausführlichen Brief (vom 30. Januar 1768) reiht er die wichtigsten Faktoren aneinander. Sie sollen die Lückenlosigkeit seiner Analysen beweisen. Die Wiener – heißt es zunächst – mögen das ernsthafte Genre nicht; die Kaiserin – heißt es dann – findet nach dem Tod des Gemahls keinen Gefallen mehr an der Musik; der Kaiser – fährt er fort – ist sparsam in diesen Zeiten, und die anderen am Hofe tun es ihm nach; die Wiener Komponisten und Virtuosen – schließt er ab – neiden dem Jungen jeden Erfolg, sie werfen ihm die Knüppel zwischen die Beine. So scheint sich alles zu einem unangreifbaren Panzer des Widerstands verfestigt zu haben. Die Hürden sind zu hoch, und aus dieser Erkenntnis greift Leopold zu einem letzten Mittel. Der Sprung! Ein unbedingtes Wagnis: »Es muß gehen oder brechen!« (1,258)

Leopold stellt dem Sohn die Aufgabe, eine Oper zu komponieren. An diesem großen Projekt orientiert er eine Strategie der Überflügelung aller kleinlichen Hindernisse. Kann man dabei nicht auf den Kaiser rechnen, auch wenn er sich vorläufig noch in Ungarn aufhält? Vielleicht, vielleicht nicht – es ist nicht anders zu machen. Man dringt nicht durch bei diesem Wiener Aufenthalt, so muß man es zwingen, ansetzen zum hohen Sprung über die Barrikaden hinweg, geradewegs auf den kaiserlichen Hof zu, wo allein noch Verständnis zu erwarten ist.

So Leopolds Antwort. Doch darf sie nicht darüber hinwegtäuschen, daß er nun zum ersten Mal verunsichert wird. Die Ereignisse gehen nicht spurlos an ihm vorüber. Sie machen ihm zu schaffen, denn sie setzen sein höchstes Gebot, die kostbare Zeit zu nutzen, außer Kraft. So treten denn in seinem Verhalten die ersten Symptome äußersten Zeitdrucks auf. Er sorgt sich um die Fortführung des doch in der Vergangenheit »breit gebahnten« Wegs, er erkennt, daß dieser Weg schmaler zu werden beginnt, und er zieht daraus den trotzigen Schluß, daß man auch in Zukunft »mit starken Schritten« forteilen müsse (I,264).

Forteilen! Das Stichwort! Aber wohin – in welche Richtung, zu welchen Freunden? Leopold beginnt, mißtrauisch zu werden. Die Umgebung widersetzt sich seinen Plänen, und die Räder greifen nicht mehr wie früher ineinander.

Langsam, unauffällig zunächst, entsteht um den jungen Mozart ein Vakuum. Leopold reagiert auch darauf sensibel, er nimmt diese Herausforderung an. So drängt er den Knaben in eine neue Rolle: aus dem begeisternden Virtuosen soll der Komponist werden. An diesem Übergang arbeitet er seit dem Wiener Aufenthalt; dies ist die Lehre, die er aus ihm zieht.

Doch er bleibt erfolglos. Die erhoffte Aufführung der Oper (»La finta semplice«) kommt nicht zustande. Er beklagt sich darüber in auffällig kurzen, bitteren Briefen, wobei er konstatiert, daß der »Neid auf allen Seiten auf uns losstürmet«. Dagegen hat er vorerst nichts anderes zu setzen als die alte Weise der Erinnerung: ›In te Domine speravi‹. Die Umwelt – das ist für Leopold von nun an ein Gemäuer, die Menschen sind falsche Gesellen, Freundschaften lose Bündnisse, die man immer wieder auf ihren Wert hin überprüfen muß. Diktiert nicht alles der Eigensinn, und treibt dieser Egoismus nicht den Menschen den Blick für das Einzigartige, das Wunderbare, aus? Wohin mit dem Sohn? Zurück – nach Salzburg? Nein, das wäre – Leopold empfindet es genau – das frühe Eingeständnis einer Niederlage. So faßt er noch einmal, mit großer, zorniger Geste, mit allem Schwung des Gekränkten, seine Überlegungen zusammen. In einem langen Brief an Hagenauer (30. Juni 1768) bündelt er sie. Warum er nicht endlich abreise und der Wiener Posse ein Ende mache? Um die Ehre zu retten! Das ist eine vorläufige Antwort, und sie mag Leopold selbst sehr seicht vorgekommen sein. Um die Ehre des Salzburger Landesherrn zu retten – eine zweite Antwort, kaum überzeugender. Erst die dritte Antwort auf die peinliche Frage trifft ins Zentrum, nur sie zieht Leopolds Wiener Erfahrungen zu seinem erweiterten Credo zusammen. Denn die erlittenen Angriffe auf das Talent des Sohnes, die Abweisungen, das Versteckspiel, die Schmähungen, sie erscheinen ihm, Leopold, der noch immer die glückliche, von Gott geschenkte Genesung der Kinder vor Augen hat, als Angriffe auf die göttliche Sendung. Das tiefste Geheimnis der musikalischen Genialität des Sohnes, so wie es Leopold erscheint, wird von diesen Neidern und argwöhnischen Beobachtern angetastet. Warum man also so lange in Wien geblieben ist, warum man all das auf sich genommen hat?

> Ich bin diese Handlung dem allmächtigen Gott schuldig, sonst wäre ich die undanckbarste Creatur: und wenn ich iemals schuldig bin die Welt dieses wundershalben zu überzeugen, so ist es eben ietzt, da man alles, was nur ein Wunder heist lächerlich machet und alle Wunder widerspricht. (1,271/272)

Leopold wehrt sich, aber diese Sätze, die vom Vergangenheitsblick auf die Erfolge geleitet sind, beinhalten doch schon das Empfinden für die drohende Gefahr einer Wende. Alles steht auf dem Spiel. Die Kränkungen, denen der Sohn ausgesetzt ist – das Wegschauen, das Beiseitetreten, das Verschweigen –, untergraben den Ruhm. Leopold zieht streng seine Schlüsse. Die Zeit scheint sich zu verkehren, und da meldet sich zum ersten Mal seine Angst, die Angst vor einer Zukunft, die mit der Vergangenheit nicht mehr Schritt halten könnte.

> man denckt: es kommt nur noch auf einige Jahre an, alsdann verfällt es (das Wunder) ins natürliche und hört auf ein Wunder Gottes zu seyn. (1,272)

Forteilen, Drängen, Behaupten! Das sind seine Schlüsse. Leopold scheint zu ahnen, was dem Sohn bevorsteht. Er teilt in seinen Befürchtungen viel von dem mit, was sich später noch deutlicher abzeichnen wird. Prophetisch wie vieles bei ihm sind die Worte, die auf das Vakuum deuten, das allmählich in der Nähe des Sohnes entsteht: »Man will es (das Wunder) den Augen der Welt entziehen.« (1,272)

Vor den Augen der Welt, im Sichtbaren, Anfaßbaren, Hörbaren, vollzog sich der Siegeszug des Kindes. Leopold bemerkt, daß der geschlossene Kreis der Bewunderer, der den Innenraum der Affektion umgab, zurückweicht. Eine Gefahr! Und er flucht (was er selten tut) nach Kräften, deutlich, im Zustand höchster Erregung, die durch diese Gefahr ausgelöst ist: »Ich möchte vor Verdruß Pomeranschen sch:–!« (1,275)

So greift er zur letzten Gegenwehr. Er setzt einen Beschwerdebrief auf, der dem Kaiser übergeben wird. Auf diese Weise will er alle Ungerechtigkeiten, all die falsche Behandlung, einklagen. Doch er erreicht dadurch nichts. Die Schrift wird angenommen und weitergereicht. Wen geht sie denn überhaupt etwas an? Wer ist zuständig?

Leopold wartet noch immer, und er entschließt sich zur Abreise erst, als sich Wolfgang vor der Kaiserin hat produzieren dürfen. Ja – so meldet er es Hagenauer – der Kaiserliche Hof war zugegen, Wolfgang durfte das Orchester dirigieren, eine Messe kam zur Aufführung. Und das »Wiener Diarium« notiert am 10. Dezember 1768, als könnte mit den folgenden Sätzen etwas klargestellt, bewiesen und bezeugt werden:

> Mittwochs den 7 tn geruheten Ihre kais. königl. Majest., in das Waisenhaus auf dem Rennweg sich zu erheben, um allda in der neu erbauten Kirche der ersten feyerlichen Einsegnung, und Gottesdienste beyzuwohnen ... Die ganze Musik des Waisenchor bey dem Hochamte wurde von dem wegen seinen besonderen Talenten bekannten Wolfgang Mozart 12.jährigen Söhnlein des in fürstlich salzburgischen Diensten stehenden Kapellmeisters Hr. Leopold Mozart, zu dieser Feyerlichkeit ganz neu verfasset, mit allgemeinem Beyfalle und Bewunderung, von ihm selbst aufgeführet, mit der größten Richtigkeit dirigiret, und nebst deme auch die Motetten gesungen. (Dok 78)

War diese Reinwaschung vollständig? Man muß noch einmal – in aller Kürze – zurück, um den Wiener Aufenthalt ganz zu verstehen.

›Die Oper!‹ Das ist das Stichwort, das der Kaiser bei der ersten Audienz ausgegeben hat. Hat er den Wolfgang nicht gefragt, ob er Lust habe, eine Oper zu komponieren? Wie aber weiter? Das Thema ist angeschlagen, die Frage ist gestellt, und der übermäßig lange hinausgezögerte Wiener Aufenthalt wird zu einer einzigen Reprise der Suche nach einer Antwort. Mozart beginnt mit der Komposition. Eine Absprache mit dem Spektakelmeister wird getroffen, die Sänger werden für das Werk eingenommen. Es rührt sich, aber geht es voran? Bei anderer Gelegenheit kommt der Kaiser auf seine Frage zurück. Drängt also alles in die richtige Richtung?

Es dreht sich im Kreis – das muß Leopold erkennen. Man steht auf der Stelle, als gingen die Geschäfte über den Sohn hinweg, als sei er Luft für die Wiener Gesellschaft. Läßt man ihn nicht allein, zieht man sich nicht zurück? Erfindet der Spektakelmeister nicht immer neue Lügen, um ihn sich vom Leibe zu halten, den aufdringlichen Knaben, der sich zuviel vorgenommen hat?

Leopolds letzte Antwort darauf ist der Beschwerdebrief. Doch kann er dadurch nicht verheimlichen, daß der Wiener Aufenthalt dem Kreisgang einer Erniedrigung glich. Eine Verhöhnung des Wunders! Erst im letzten Monat seiner Wartezeit tritt der Sohn ins rechte Licht: er dirigiert seine geistlichen Werke, aber es ist Kirchenmusik, und – in strengem Sinn – verfehlt sie das Thema (›die Oper‹). Diese wird erst in Salzburg aufgeführt und nachgereicht.

Jetzt kreist alles um das Stichwort. Der Wiener Aufenthalt hat deutlich gemacht, wie die Zeit voraneilt. Wolfgang soll sie einholen. Leopold faßt seine Entschlüsse, indem er sich die möglichen Kontraste zu diesem Aufenthalt ausmalt. Es steht fest: Italien, Italien! Nur hier kann das Stichwort, das vorgegebene Thema des Opernauftrags, erfüllt und beantwortet werden. Von Wien nach Salzburg zurückgekehrt, denkt er sofort an diese Reise. Die nach Wien war die letzte gemeinsame der Familie. Von nun an wird alles anders sein, ganz anders.

4

›ITALIEN‹ UND ›DIE OPER‹ gehören zusammen. Wolfgang ist vorbereitet auf eine äußerste Anspannung. Er ist längst nicht mehr der Virtuose, er ist der Kompositeur. Noch in Wien hatte ein damals bekannter Opernkomponist, Johann Adolph Hasse, seine Fähigkeiten geprüft und ohne Zögern ein Empfehlungsschreiben aufgesetzt.

Diesmal reisen nur Vater und Sohn, Mutter und Tochter bleiben zurück. Schließlich geht es nicht mehr darum, eine Familie zu präsentieren, ein derartiger Aufwand ist nicht mehr notwendig. Konzentration soll alle weitschweifigen Umtriebe ablösen.

In den Briefen aus Italien, die Leopold, der den Gedanken an eine Biographie des Sohnes noch nicht aufgegeben hat, schreibt, erscheinen nun auch kurze Meldungen Wolfgangs, Nachschriften, den Berichten des Vaters angehängt. In ihnen meldet sich Mozart, nicht mehr, er grüßt, er macht Scherze. Worauf kommt es ihm überhaupt an, was will er auf diesen nachgereichten Zetteln sagen? Nichts – er will dokumentieren, daß er gesund ist, und wenn er es besonders betonen will, gehört zu dieser Betonung der Hinweis darauf, daß er lustig, daß er fröhlich ist. In den seltenen Nachschriften an seine Schwester erhebt er diese Lustigkeit zum hohen Lebensziel, darauf, flüstert er der Schwester zu, komme alles an, sie solle alles daransetzen, diese Freude zu erreichen, sei es auch nur bei einer Schlittenfahrt.

Schon der erste Brief der Reise (14. Dezember 1769), einen Tag nach der Abreise verfaßt, enthält eine derart betont freudige Anrede, eine an die Mutter gerichtet, die andere, in italienischer Sprache, an die Schwester. An die Mutter:

> Allerliebste mama.
> Mein herz ist völig entzücket, aus lauter vergnügen, weil mir auf dieser reise so lustig ist, weil es so warm ist in den wagen ... (1,292)

Das ist eine der ersten gesicherten und bekannten Briefpassagen Mozarts. Sie berichtet vom hohen Vergnügen des Reisenden. Alles kommt ihm entgegen, fliegt vorüber, leicht, man braucht ihm nicht hinterher zu schauen. Die Reise ist so eine Lust, selbst das Klima erhöht die aufgeregte Lebensverfassung, aber auch das gute Tempo, das der Kutscher einschlägt. Mozart genießt diese Freiheiten, daß alles so geschwind geht, ohne Steinschlagen und Holpern auf krummen Wegen. Er macht aus dieser Laune heraus Komplimente, kleine Verbeugungen, und er spielt ein wenig mit den galanten Redensarten.

Auch der erste eigenständige Brief an die Schwester setzt diese Redensarten fort. Aber noch mehr: Mozart beginnt mit der sprachlichen Vertonung seiner Stimmungen. Er schreibt bald deutsch, bald italienisch, er karikiert die Sänger, denen er begegnet, und er erzählt den Inhalt einer Oper in komödiantischer Manier. Nichts in diesen Sätzen ist gezügelt; jede Wendung deutet auf Bewegung und hilft ihm, ein sprachliches Spiel auf mehreren Ebenen zu inszenieren. Wie singt ein Sänger, welche Rolle spielt er, und wie sieht er hinter der Bühne aus? Wolfgang kontrastiert: das Leben – das Spiel, einen Ton – einen Rülpser, eine Melodie – ein Foltergejammer. Das Deutsche tritt neben das Italienische, die Umgangssprache neben die des galanten Ausdrucks. Jede Erzählung hebt an, um abgebrochen zu werden, abgebrochen, unterbrochen, damit er wieder ausschweifen kann, die Materien wechseln, hoch und niedrig, schnell und langsam, damit es das Gesicht der vergnüglichen Reise bekommt. So entwirft er seine Stimmlagen, seine Stimmschwankungen wie wechselnde Temperaturen, und wer weiß, welche ihn gerade bestimmt? Keine wohl ganz, nicht die kalte, nicht die warme, es ist ein dauerndes Steigen und Fallen in ihm, und wie soll er dem mit Worten begegnen? Er weiß es: die Worte sind steif, die Worte machen eigentlich nicht so mit, wie er will. Sie tanzen nämlich nicht mit, sie hüpfen nur einmal kurz auf der Stelle, so wie es ein einfältiger Tänzer macht. Wie er schreibt? »wie die säü brunzen«, ausdruckssatt, aber schwerfällig, denn die Worte sind keine Musik, und nur in ihr kommt alles zusammen, das Steigen und Fallen, die Bäder aller Temperaturen.

So herrscht in diesen Briefen ein Spiel. Der Vater beendet seine Berichte – und Mozart läuft hinzu, um seine Nachschrift beizufügen: »Wen man die Sau nennt so kommt sie gerent ...« (I,314). Er weiß, er spielt den Hanswurst; aber diese Rolle ist ein Ausdruck seines Vergnügens, seiner italienischen Replik auf den Wiener Aufenthalt. In Italien gefällt es ihm, die Menschen bemühen sich um ihn, alles nimmt einen leichten Gang.

Wenn er das in komischer Manier bedenkt, gibt er sich den Namen des Hanswurst. Wenn er ernster (nicht ernst) wird, erfindet er aber einen neuen Namen, einen, der an Italien gebunden ist: »Amadeo«. Der »Amadeo« ist der, den Gott wieder in seine Rechte eingesetzt hat. Er macht die trüben Wiener Tage so vergessen, daß auch der Vater zufrieden sein kann.

Mag also der Vater seinen Ernst behalten und noch immer zweifelnd und grüblerisch dreinschauen, Mozart kontrastiert seiner Laune, und das Mittel dieses Kontrastes werden seine kurzen Anhängsel, die er den Briefen des Vaters beigibt. Bei genauerem Hinschauen wirken viele dieser Nachschriften wie Parodien auf den väterlichen Ernst. Kein Zweifel – Mozart parodiert nicht mit vollem Bewußtsein; die Parodie ist ihm eher von Natur her angemessen. Er entzieht sich der Konvention, indem er sich die Freiheiten zum Spaß nimmt. Es ist, wie er meint, von allem Notwendigen ja schon genug getan. Mit seinen sprachwandlerischen Späßen nimmt er sich in gewisser Weise aus, wird er dann doch (in seinen Grenzen) privat – das aber unaufdringlich, manchmal kosend.

Mozart mag die Differenzen zwischen den Berichten des Vaters und dem, was die Daheimgebliebenen doch auch hören wollten (die Sprachmusik der Reise), empfunden haben. Also schreibt er nicht wie der Vater – gesetzt, eins nach dem anderen, in jenem Stil, der einer bürgerlichen Haushaltungsökonomik abgeschaut ist, sondern so, daß man ihn, lautmalerisch, die Sprachen wechselnd, abschweifend, hören kann. Man soll ihn *hören,* dann wird man ihn auch sehen. Das Gewurstel seiner Briefchen hält gleichsam die Intimität der Familientonleitern in Gang, die Zisch- und Krachlaute, das Stocken, Anheben und Absetzen, das Atemholen und Ausspucken:

> Cara sorella mia.
> Heunt raucht der Vesuvius starck, poz bliz und ka nent aini. haid homma gfresn beym H: Doll, des is a deutscha Compositeur, und a brawa mo. anjezo beginne ich meinen lebenslauf zu beschreiben, alle 9 ore, qualche volta anche alle Dieci mi sveglio, e poi andiamo. fuor di casa, e poi pransiamo d'un tratore e Dopo pranzo scriviamo et di poi sortiamo e indi ceniamo, ma che cosa? – – Al giono di graßo, un mezzo pullo, overo un piccolo boccone d'un arosto, al giorno di magro, un piccolo pesce, e di poi andiamo à Dormire. est ce que vous avez compris? redma dofia Soisburgarisch don as is geschaida. wia sand got lob gsund, do Voda und i, ich hoffe du wirst dich wohl auch wohl befinden, wie auch die mama. se viene un altra volta la sig.: alouisia de scitenhofen fatte da parte mia il

mio complimento. neapel und Rom sind zwey schlaf=stätte, a scheni schrift, net wor? schreibe mir, und seye nicht so faul, altrimenti averete qualche bastonate di me. quel plaisir! Je te caßerei la tête. (1,357/358)

In solchen Passagen kreuzen sich nicht nur die fremden Sprachen, ihre Wirkung geht vielmehr insgesamt darauf aus, die Sprache fremd zu machen. Mozart zitiert sie, die Formeln, die Plaisirreden, er verformt sie zu Litaneien, so daß sich die immer in Eile hingetupften Meldungen dabei verflüchtigen. Denn auf das, *was* gemeldet werden soll, kommt es nicht an. Mozart meldet sich selbst, und er entwirft in solchen Briefen den Klangraum seiner Umgebung, er sammelt Partikel, ohne sie wieder zusammenzusetzen, und am Ende ist ihm das alles ein Beweis für seine Kunst, vergnügt zu sein.

Er kann sich ja nicht fassen, denn es geschieht zuviel, ganz Italien wird ihm zu Klängen, beinahe täglich besucht man ein Konzert, hört man eine Oper. Soviel gibt es zu schauen, daß es ihm manchmal die Wort fortnimmt: »... ich bin völig verwirt vor lauter affairen, ich kan ohnmöglich mehr schreiben.« (1,317)

Mit Worten kann man sowieso diesen Klängen kaum Angemessenes erwidern. Eher im Gesang, jenem »Tralaliera, Tralaliera«, das er mehrmals nach Salzburg meldet (lange bevor er es einmal ausschmücken wird, in der »Entführung aus dem Serail«).

»Tralaliera! Tralaliera« – ja, das ist Schall, diese Silben kann man ausschmecken, zerschmatzen, vor sich hinsingen, so daß all die fremden Klänge auf diesem natürlichen Weg in einen hineinschlüpfen, um dort in der innerlichen Hitze zerträumt zu werden.

Und die Arbeit? Auf dieser Reise nach Italien kann Mozart nicht mehr nur das Kind sein, das durch sein Spiel begeistert, er soll zum jungen Kompositeur werden, eine Veränderung, die man sich kaum einschneidend genug vorstellen kann. Sicher, auch auf dieser Reise musiziert er noch, und auch hier antwortet ihm eine große Begeisterung. Beinahe ein Jahrzehnt später wird er sich an diesen Jubel erinnern, den er dann mit wacheren Sinnen genießt; zu dieser italienischen Kunst des Feierns und des Lobes wird er sich zurücksehnen.

Wer jedoch seine kurzen Briefchen aufmerksam studiert, entdeckt auch hier schon mehr. Denn beides hängt auf dieser italienischen Reise auf unmerkliche Weise zusammen: die Lust, an den Sachgehalten vorbei zu sprechen (einen Spaß zu machen), und die Lust, sich als Kind vorzustellen, dem all der ihm aufgedrängte Ernst nichts anhaben kann.

Das musizierende Kind wollten sie anfassen und umarmen – dem komponierenden Knaben kommt das nicht mehr zu. Der Kompositeur ist ein Arbeiter, einer, den der Vater den Menschen entzieht. Mozart arbeitet in einem geschlossenen Raum, dorthin ist er verbannt, und in diesem Raum erhält sich sein Empfinden der Unantastbarkeit. Es ist ein abgegrenzter Raum, eine Kammer, um die es echoartig von anderen musikalischen Stimmen klingt und als seltsames Gewirr dem Komponieren kontrapunktiert:

> oben unser ist ein Violinist, unter unser auch einer, neben unser ein singmeister der lection gibt, in dem lezten Zimmer gegen uns ist ein hautboist. daß ist lustig zum Componiern! giebt einen viell gedancken. (I,432)

Viel Gedanken? Man hätte das Gegenteil erwartet. Doch die kreuz und quer laufenden Stimmen imitieren Mozarts Sprachgefühl, und er betont das, indem er es (wie meist) »lustig« findet.

Er hält sich an alles, was klingt, schmaucht oder quarkt. Seine Küsse sind bladernade Busel, Schmazerl, und als ›Kindsmensch‹ begrüßt er jede Sängerin. Singt sie schön, hoch, unglaublich hoch, mit galanter Gurgel? Im Vorzimmer macht ein Kanarienvogel sein Gseis, daß man die Töne fortspucken möchte. Schlafen, viel Schlafen ist eine Rettung gegen dieses Toben von allen Seiten; aber er beschwert sich ja nicht, es ist »lustig«, und damit ignoriert er, wie es ihm zusetzt.

So verwandeln sich die Geräusche und Klänge, die Stimmen und Motive in Elemente seiner Arbeit. Schon im März 1770 hat Mozart die erwünschte »Scrittura«, den Auftrag zur Komposition einer Oper für das Mailänder Theater, erhalten. Das gibt der Reise einen Rahmen und ein Ziel, Leopolds Übersichtsinitiativen blühen. Er denkt daran, schon in einem Jahr wieder in Salzburg zu sein.
Auch Mozarts Konzentration richtet sich, indem sie die Umgebung in seine Anstrengungen einbezieht, auf das Stichwort (›die Oper‹). Seine Nachrichten an die Mutter und die Schwester handeln ausführlich von der »Oper«, er entwirft ein Inventar der Aufführungen. Das alles erzählt er, wie angedeutet, in jenem grotesken Ton, der den Sprüngen der Tänzer abgeschaut ist; so läßt er diese Beschreibungen nie zum vollen Ernst durchdringen. Es scheint, als beschäftigte er sich nur nebenbei damit. Doch sie beweisen: er studiert das Fach. Jeder Mitwirkende erhält seine Note, jede Stimme wird charakterisiert, jede Rolle von ihrem noch so äußerlichen Habitus her beschrieben. Diese Primadonna singt gut, aber still, jene hat eine starke Stimme, nicht übel, diese singt schön, aber ungleich, jene ist alt und gefällt nicht. So geht es durch die gesamte Phalanx eines Auftritts. Er läßt nichts aus. Während er den Salzburgischen seine Opernberichte aus Verena oder Mailand sendet, arbeitet er an Arien, bereitet er sich vor.

Unterdessen notiert Leopold die bedeutenden Erfolge in den Musikzentren des Landes, in Verona und Mantua, in Mailand und in Bologna. Hier scheint es keine Mißgunst zu geben wie in Wien. Hinzu kommt das Illustre der Umgebung, und Leopold, der sonst so Schweigsame, weiß von den Palästen, Bildern und architektonischen Merkwürdigkeiten nicht genug zu schwärmen. Es ist gleichsam ein neuer Geist in ihm, der ihn zunächst einmal von seinen Verdächtigungen und dem scheelen Blick auf seine Umgebung abbringt. Sein Lebensplan scheint Fortschritte zu machen. Wolfgang entwickelt seine Fertigkeiten – das kann Leopold voller Zufriedenheit nach Salzburg melden, und diese Sätze knüpfen an die bekannte Beobachtung an, daß man »forteile«, selbst im dichtesten Gedränge. Wolfgang kommt wieder ins Gespräch. Er verkehrt unter den Kennern, er wird weiterempfohlen. Die Nachricht von seinen großen Fähigkeiten geht ihm voraus, in Italien hat die Musik einen hohen Rang, ihre Kenner werden überall gehört und genießen die Hochachtung der Gesellschaft. Mozart besteht einen Test nach dem andern. Sie wollen sehen, ob er eine Fuge setzen und ein paar Stimmen über einem Cantus firmus bauen kann. Als eine der höchsten musikalischen Autoritäten Italiens, der Padre Martini, es sich nicht nehmen läßt, zu einem Konzert der Mozarts zu erscheinen, ist vieles gewonnen. Auch seine Prüfungen im Fugensatz besteht Mozart ohne Mühe.

Die Reise nach Wien und die nach Italien verhalten sich spiegelbildlich zueinander. Beide sind aufs engste miteinander verbunden, und beide kreisen um das Stichwort: die eine auf der Stelle, die andere gleichsam in einem fort. Dabei haben die Wiener Erfahrungen die Anstrengungen der Italienreise herausgefordert. Mozart nimmt von Wien Abschied, indem er sich »Amadeo« nennt. Dieser Kosename ist italienischer Herkunft, das Siegel auf die Bewunderung durch den italienischen Adel, die Geistlichkeit, die kenntnisreichen Musiker. Er enthält die leise Antwort auf Leopolds Einsicht, Gott habe mit diesem Knaben einiges vor. Unmerklich reiht sich Mozart in den Lebensplan des Vaters ein. Entsprechend reibungslos geht es vorwärts, die Reise wird zu einem neuen Siegeszug, freilich in anderem Sinn als früher. Denn jetzt sind die Bewegungen der Tage unter dem Dach eines Ziels vereint. Alle Beobachtung, alle Mühe, alle Auftritte dienen nur der Aufgabe, die Oper vorzubereiten, sich einzustimmen, zu proben. Leopold erkennt, daß der Sohn sich jetzt als Komponist, nicht nur als Virtuose beweisen muß. Dazu muß er das Bild seines Al-ters überspringen. In seinem fortgeschrittenen Alter geraten die Auftritte vor den Augen der Experten zu Prüfungen. Beherrscht er die Künste der Improvisation, des Tonsatzes, des Kontrapunkts? Mozart bewältigt eine Aufgabe nach der anderen, darunter solche, die ihm von Akademiemitgliedern gestellt werden. Er hat sie in einem verschlossenen Raum zu lösen, aber er braucht nur Minuten dazu.

Als sich das Stichwort (›Oper‹) eindringlicher meldet und die Arbeit näher rückt, tauchen in seinen Briefen plötzlich sachlichere, nüchterne Töne auf. »Meine Oper« – darauf richtet sich nun alle Konzentration, sie ist auch für Mozart nicht zuletzt ein Geschäftsanliegen, für das man erfahrene Sänger und ein gutes Orchester braucht.

Wie geht es denn vorwärts? Wie entwickelt sich so ein Projekt? Noch am 30. Juli 1770 kennt Mozart das Libretto nicht genau, er hat es gerade erst erhalten: »Mitridate Re di Ponto« soll das Werk heißen. Am 29. September 1770 meldet Leopold den Beginn der Komposition der Rezitative. Am 20. Oktober schmerzen Mozart die Finger, und er schreibt: »Ich bitte bette die mama für mich daß die opera gut geht, und daß wir dan glücklich wieder beysamm seyn können.« (1,397) Man bemerkt in solchen Sätzen einen gewissen flehentlichen Unterton, der auf eine Überbeanspruchung reagiert und diese zu einem leichten Ernst versammelt.

Zu Hause bemerken sie diesen Ernst. Die Mutter fragt zurück: ob Wolfgang denn noch die Violine spiele, ob er noch singe wie früher. Ja, antwortet Leopold, er geige noch, aber nicht mehr öffentlich, er singe noch, aber nur, wenn man ihm etwas zum Singen vorlege. Es wird stiller um Mozart, und diese Stille ist die Voraussetzung seiner Konzentration, die der Arbeit zugute kommen soll. Unter den Augen des Vaters wird er zu einem solchen Arbeiter, einem, der zwar nicht völlig isoliert ist, die gestellte Aufgabe jedoch als lebenswichtigen Test mitbegreift. Die Zeit treibt ihn voran, jedes Jahr zählt – darin sind sich auch seine Förderer und die anderen, die oft schweigsamen Beobachter, einig.

Einer dieser Beobachter ist Charles Burney. Er reist damals durch Europa, um Material für eine Geschichte der Musik zu sammeln. In seinen Notizen vermerkt er über den jungen Mozart: »The little man is grown considerably but is still a little man.« (Dok 113) Seltsam: der junge Mensch ist also erheblich, beträchtlich größer geworden, aber er ist noch immer ein kleiner Mensch. An Körpergröße? In seinem Verhalten? Obwohl Burney am 30. August 1770 eine lange Unterredung mit Leopold hat, weiß er doch das Alter Mozarts nicht genau zu bestimmen. Er schreibt: »He is now at the age of 12, ingaged to compose an Opera for Milan« (Dok 113). Daran ist nur das letztere korrekt. In Wahrheit ist Mozart damals schon 14 Jahre alt. Burney ist sich nicht sicher, seine Beobachtungen zeigen, wie er vor diesem musikalischen Phänomen ins Schwanken gerät. Ein Kind? Ein Mann? Was denn? –

Noch ein anderer Zeuge hat dieses Schwanken notiert: der

Abbé Galiani, der Mozart in Neapel sieht und der Madame d'Epinay darüber berichtet. Galiani hatte sich lange in Paris aufgehalten, im Kreis des Monsieur Grimm und der Enzyklopädisten. Nach Italien verbannt, kommentiert er sich in seinem Briefwechsel mit der Pariser Freundin in die europäische Gesellschaft zurück. Er ist ein sehr aufmerksamer, scharfsinniger Beobachter, einer der interessantesten Charaktere des 18. Jahrhunderts, mit dem Nietzsche sich (über ein Jahrhundert später) zu messen vorgab. (Nietzsche bewunderte die essayistische Genauigkeit in den Schriften Galianis. Dessen Beobachtungskunst stellte für ihn »die sublimste Form des esprit Parisien« dar. Er vermutete in ihm den tiefsten, scharfsichtigsten Menschen des Jahrhunderts, einen frechen Geist, der verleugnen mochte, daß er ein zerbrochenes Herz habe.) Galiani also ist sich dieses Phänomens ebenfalls nicht gewiß. Er notiert: »Je crois vous avoir écrit que le petit Mosar est ici, et qu'il est moins miracle, quoiqu'il soit toujours le même miracle; mais il ne sera jamais qu'un miracle, et puis voilà tout.« (Dok 113)
Hinter dieser Boshaftigkeit verbirgt sich ein gewisses Zögern, auf den Punkt zu kommen. Was denn? Der »kleine Mozart«, weniger wunderbar als früher, aber noch immer ein Wunder, doch nie mehr als ein Wunder – und damit Schluß? Was vermißt Galiani? Ist Mozart nicht interessant genug? Jedenfalls übertrifft er eine gewisse Grenze der Bewunderung nicht. Galiani konstatiert seine Fertigkeiten, aber er wittert dahinter wohl das Mechanische, das ihn, Galiani, ein Leben lang gestört und zum Spotten herausgefordert hat. Mozart! Was für ein Ungetüm dieses Jahrhunderts, ein exzeptioneller Fall zum Hinschauen, aber doch eines leichten Anflugs von Ekel oder Abscheu wert! So einer – könnte Galiani vermutet haben – wird nie umfassender werden, nie weiter vordringen als bis zum Wunderbaren, zum Geschickten. Er gehört in diese Zeit, man lobt ihn und dreht sich nach ihm um. Aber – hat er Züge

des Subtilen, jener verstandesgesättigten und zugleich verstandesüberdrüssigen Kultur, die ihm in Galianis Augen eine größere Bedeutung verleihen könnte?

An diesen Zweifeln mag man erkennen, in welche Richtung ein geistreicher Beobachter die Entwicklung des jungen Mozart verlaufen sah. Man liest aus diesem harten Urteil den Tadel über einen Menschen heraus, der nicht frei genug sein soll, sein Schicksal zu übertrumpfen. Damit schließt Galiani ab mit seinem Objekt. So deutet er an, daß Mozarts Entwicklung an eine Grenze gestoßen ist. Sie könnte an dieser Grenze des Wunderbaren verweilen und würde sich gerade dadurch mit der Zeit immer mehr verflüchtigen. Die Arbeit an der Oper dient jedoch in diesen Sommer- und Herbstmonaten des Jahres 1770 keinem anderen Ziel als der Überschreitung dieser Grenze. Das konnte Galiani nicht wissen. Und: er hatte nicht mit Leopold gerechnet, der das alles, was Galiani so spitz notiert, auch empfunden und mit aller Bestimmtheit darauf reagiert haben mag.

In Mailand beginnen in den letzten Wochen vor Vollendung der Arbeit die Intrigen von neuem. Leopold wacht. Denn die Intriganten versuchen, die Sänger gegen Mozart einzunehmen. Leopold gerät wieder in den alten, in Wien gestauten Zorn. Es sind jetzt unruhige Tage – so meldet er seiner Frau –, unruhige Tage, so »daß man Pomeranzen scheißen möchte« (I,400). Das alte Schimpfwort, die alte Sorge!

Mozart selbst wird in seinen Nachschriften ernst, wenn es um die Oper geht. Die Arbeit nimmt ihn ganz gefangen, und er beginnt sich auszuschweigen. Teils hat ihm der Vater schon alles »von der Feder genommen«, teils ist er erschöpft, teils hat er nichts mehr zu sagen, denn es hat sich ausgesagt, und das meint: es hat sich auskomponiert. Seine Müdigkeit deutet er nur an; er gibt zu, über dem Briefeschreiben schläfrig geworden zu sein, und er unterschreibt »Müdhe Müdhe Müedes«, um dann diese Zeilen durchzustreichen. Sie sollen es lesen können, daheim, und sie sollen die Bedeutung seiner Arbeit erkennen. So mögen sie seinen Ernst heraushorchen, mag es auch außen, an der Oberfläche noch lustig dahergehen. So schreibt er auch oft nur, damit er schreibt und damit man ihn sieht. Das muß genügen, denn seine Sprache, die der Musik, verbraucht die Worte. Auf all die Erschöpfung kann er höchstens noch Reime von einer Art machen, die diese Erschöpfung nicht mehr verbirgt:

> du kanst hoffen, glauben, Meynen, der meynung seyn, in der stäten hofnung verharren, gut befinden, dir einbilden, dir vorstellen, in Zuversicht leben daß wir gesund sind, aber gewiß kan ich dir nachricht geben, ich muß eilen, addio. (1,430/431)

Dieses Eilen markiert die Entfernung von den Worten. Denn die indirekte Sprache sagt ja genug, sagt ›es ist genug‹. Die Musik nimmt Mozart im wahrsten Sinne des Wortes ganz in Anspruch, sie nimmt ihm die Welt. Nur auf den Proben und bei öffentlichen Auftritten begegnet er ihr noch, findet er sie in (musikalisch zubereiteten) Partikeln wieder, vom Vater inszeniert und aufnahmefähig gemacht.

Mozart beginnt, sich zu entfernen, und seine Briefchen melden es, ›Musik, Musik!‹ – und wehe, wenn es in den anderen Stunden nicht lustig dahergeht! Eine Briefpassage von einer späteren Reise meldet (symptomatisch für seine Anstrengungen):

> Nun hab ich noch 14 stuk zu machen, dann bin Ich fertig, freülich kan man daß Terzet und Duetto für 4 stück rechnen. Ich kan ohnmöglich viell schreiben, dan ich weiß nichts, und zweitens weiß ich nicht waß ich schreibe, indem ich nun immer die gedancken bey

meiner opera habe, und gefahr lauffe, dis, anstatt worte eine ganze Aria herzuschreiben. (1,465)

Mozart wird nicht aus Scheu oder Diskretion verschwiegen. Die Musik nimmt ihm die Sprache. Es gibt nichts mehr sonst, und wir erfahren von ihm nur noch durch die Teichoskopie in den Berichten des Vaters. Dabei wird es selbst diesem Vater manchmal unheimlich genug. Er bemerkt die Veränderung, und er bittet die Daheimgebliebenen um lustige Briefe, denn der Wolfgang sei gegenwärtig »sehr ernsthaft«.

Anfang Dezember ist die Arbeit noch nicht beendet. Eine Oper schreiben: das meint: eine große Apparatur in Bewegung setzen und in Bewegung halten. Die Arien müssen den Wünschen (und den Stimmen) der Sänger angepaßt werden, das Orchester muß zufrieden sein, den Kopisten muß der Gewinn aus diesem Geschäft vor Augen stehen. Am 8. Dezember beginnt man mit den Proben zu den Rezitativen, am 12. Dezember ist Probe mit einigen Instrumenten, am 17. Dezember mit dem ganzen Orchester. Der Apparat bewegt sich! Man muß korrigieren. Am 19. Dezember erste Probe auf dem Theater, am 22. Dezember die zweite, am 24. dann die Hauptprobe. Die feindlichen Stimmen verstummen allmählich, ihr Unken hält diesen Proben nicht stand. Schon am 15. Dezember waren alle zufrieden, die Sängerinnen und Sänger, das Orchester, die Kopisten.

Leopold weiß nun, daß er seinen Kampf, das jahrelange Niederbiegen der Verleumdungen, gewinnen könnte. Es stehen nur noch die Reaktionen des Publikums aus. Er erinnert sich an Wien, an die hinter ihm liegenden Reisetage. Und mit dieser Erinnerung beschwört er im alten Tonfall die Hilfe Gottes. Er weiß es, und er sagt es: man steht am Rand »dieses wegen einiger Umstände eben nicht so geringen Unternehmens« (1,409).

Am 29. Dezember kann er dann melden: »Gott sey gelobt die

erste Aufführung der Opera ist den 26ten mit allgemeinen Beyfall vorsich gegangen ...« (1,411) Nun ist das mißtrauische italienische Publikum, das den deutschen Komponisten wenig zutraute, für den Jungen eingenommen.

Leopold fühlt sich bestätigt. Der große Erfolg! Da – nach allen Unkereien und Widerwärtigkeiten – erneuert er seinen Wahlspruch: »Wir sehen also, was die Allmacht Gottes mit uns Menschen machet, wenn wir seine Talente, die er uns gnädigst mittheilet nicht vergraben.« (1,414) Das muß man sehr ernst nehmen. Leopold erneuert seinen Lebensplan, und er knüpft ihn an seine tiefsten Überzeugungen, denen er (wie er anderer Stelle, ohne jemals wehleidig zu werden, vermerkt) alles geopfert habe.

Das Verhältnis zwischen Vater und Sohn ist bis zu diesem Zeitpunkt – einem Höhepunkt der Beziehung – auf diesem Fundament gebaut, an ihm wird es sich auch in der Zukunft entscheiden. Die Linien der Anstrengungen, die beide nun auf sich nehmen, kreisen um dieses Zentrum. Schlüsselworte dringen nach außen, unauffällig, aber bindend: »Talent«, »Wunder«, »Gottes Gnade«. An diesen bindenden Worten wird sich einmal vielerlei entzünden, denn an ihrem Gerüst wird der junge Mozart seine Selbständigkeit erproben müssen. Sie bezeichnen ein Gesetz, und die Loslösung von ihm wird ein Kraftakt sein, der auf die Tilgung dieser bindenden Worte ausgehen muß.

Noch im letzten Monat der ersten italienischen Reise stellen sich weitere Erfolge ein: zwei Aufträge zur Komposition, darunter einer aus Wien, ein Auftrag Maria Theresias, eine Festoper (aus Anlaß der Vermählung ihres Sohnes Ferdinand) zu komponieren. Für den Karneval 1773 soll Mozart eine weitere Oper in Mailand schreiben.

Die Reise hat eine überraschende Wende herbeigeführt. Wolfgang kehrt mit dem Vater in jeder Hinsicht erfolgreich zurück. Die beiden Opernaufträge kann Leopold noch in einem seiner letzten Briefe andeuten. Die Ehre ist wiederhergestellt, ja sie ist (wie der Sohn an Leibesgröße) gewachsen.

Leopold wagt es – zum ersten Mal greift er zu einem hohen Begriff, der gleichsam alle Zukunft gefügig machen und alle Widerstände in den Wind schlagen soll. Es ist ein Begriff, der von nun an alles von dem Sohn fordert, allen Einsatz, alles Talent. Leopold glaubt an seine »Unsterblichkeit«.

Wie spricht man sonst von den beiden? Sicher, es gibt die zahlreichen Gedichte, die Briefe der Verehrer, die öffentlichen Erfolgsmeldungen, die der Vater sammelt. Um so seltener sind die meist unzugänglichen privaten Mitteilungen. Was redet man über Mozart – abseits der Bewunderung? Als Vater und Sohn auf dem Heimweg nach Salzburg sind, schreibt Hasse, der berühmte Hofkomponist des Wiener Hofes, an seinen italienischen Freund Ortes, einen venezianischen Schriftsteller. In diesem Brief tauchen die neidischen oder höhnischen Bemerkungen, die Leopold so sehr fürchtete, nicht auf. Im Gegenteil: Hasse betont, daß er den jungen Mozart unendlich liebe. Er hält ihn für ein Wunder der musikalischen Begabung, aber hinter diesem Wunder sieht er den Vater, einen nörglerischen, oft unzufriedenen Mann, dem nichts gut genug ist und der durch seine Klagen den Unmut der Umgebung heraufbeschwört. Hasse wirft Leopold vor, daß er den Sohn vergöttere und ihm dadurch vielleicht einmal schaden werde. Hoffentlich – denkt Hasse – behält der Junge seinen »naturale buon senso«, seine Ungezwungenheit also, seine Natürlichkeit, das Unbekümmerte.

Aus Hasses Blickwinkel betrachtet, nehmen Mozarts Briefzettelchen den Ausdruck einer geheimen Gegenwehr gegen den Vater an. Die Tollerei in diesen Briefen, die Wortspiele, all der Übermut – erwidern sie nicht der väterlichen Überwachung?

Man muß es sich nur deutlich genug vorstellen: kaum einer ist so geschult worden wie Mozart, kaum einer hat sich dieser Schulung derart gewachsen gezeigt. Leopold war gewiß ein strenger, aber kein unbarmherziger, herzloser Richter und Bewacher. Er tat alles in bestem Glauben, und er dachte vor allem daran, eine christliche Pflicht gegenüber dem göttlichen Schöpfer zu erfüllen. Dem Sohn ist wohl nicht bewußt gewesen, daß dieser Glaube und dieses Denken des Vaters ihm viel fortnahmen. Doch im Geheimen klagt er, still, flüsternd. Er betont dieses Flüstern mit Albernheiten, er behält sich eine »Natur« vor, eine Art Unbescholtenheit des Gemüts, das sich nicht herausreißen oder vertreiben lassen will.

Im März 1771 ist Mozart (nach der Rückkehr aus Italien) fünfzehn Jahre alt.

5

MAN DARF NICHT LANGE RASTEN, die Erfolge müssen wiederholt werden. Schon am 13. August 1771 brechen Vater und Sohn wieder nach Italien auf. Die Ordnung ihrer Briefe ist wie gewöhnlich: der Vater schildert den Ablauf der Reise, und der Sohn setzt seine kurzen Nachschriften darunter. Nur eine kleine, unmerkliche Veränderung fällt auf. In Mozarts Nachrichten an die Schwester tauchen kurze geheimnishafte Andeutungen auf, eine Liebschaft des Jungen mit einer Salzburgerin, deren Namen man nicht in Erfahrung bringen kann. Er läßt Grüße ausrichten, die Schwester soll sie gewissenhaft überbringen. Das muß er vor dem Vater geheimhalten, und so setzen diese Botschaften ein Zeichen, einen eigenen, persönlichen Strich. Der Vater soll keinen Blick mehr auf seine Zeilen werfen; indem er sie der Kontrolle entzieht, macht er sie zum Platz eines geheimen Dialogs mit der Schwester.

Leopold denkt jedoch bereits um einen entscheidenden Schritt weiter. Wolfgang soll eine Anstellung erhalten, am Mailänder Hof, am Wiener Hof, irgendwo an einem ehrenvollen Platz. Diesem Ziel dient der erneute Aufbruch, und für dieses Ziel stellt sich der Junge vor. Am 29. August hat Mozart das Textbuch zu »Ascanio in Alba«, der Mailänder Auftragsoper, erhalten. Ohne zu zögern, beginnt er mit der Komposition. Diesmal sind die Voraussetzungen besser: keine Gegenstimmen, keine Intrigen, »gröste Achtung für den Wolfg.«, wie Leopold notiert. Am 17. Oktober kommt die »Serenata« anläßlich der Vermählung des Erzherzogs Ferdinand mit der Prinzessin Maria Beatrice Ricciarda von Modena zur Aufführung. Sie übertrifft Hasses einen Tag zuvor gespielte Festoper bei weitem.

Leopold glaubt, daß dieses Werk den Durchbruch ermöglichen könnte. Eine Anstellung ist wohl nicht mehr fern.

Diese Überlegung hatte ihre Grundlagen, mochte auch Leopold von diesen nichts wissen. Denn schon bald fragt der Erzherzog Ferdinand bei seiner Mutter, Maria Theresia, an, ob er Mozart in seinen Dienst nehmen solle. Die Kaiserin antwortet:

> Sie erbitten von mir, daß Sie den jungen Salzburger in Ihren Dienst nehmen dürfen. Ich weiß nicht, als was, da ich nicht glaube, daß Sie einen Komponisten oder unnütze Leute nötig haben. Freilich, wenn Ihnen das dennoch Vergnügen macht, will ich kein Hindernis sein. Was ich sage, ist, daß Sie sich nicht mit unnützen Leuten beschweren, und niemals Titel an solche Leute, als ständen sie in Diensten. Das macht den Dienst verächtlich, wenn diese Leute dann wie Bettler in der Welt herumreisen, übrigens hat er eine große Familie. (Dok 124)*

Der Komponist: ein unnützer Mensch, der einen nur in Verruf bringen könnte! Wenn Leopold das gelesen hätte! Eine derartige Offenheit hätte seine Pläne wohl für immer begraben. Statt dessen muß er nun mutmaßen. Vielleicht ist der Sohn noch zu jung? Vielleicht hat er sich noch immer zu wenig Gehör verschafft?

Der Erzherzog lehnt eine Anstellung ab, und so sind die beiden am 15. Dezember 1771 wieder in Salzburg. Dort unterhält sich Mozart mit kammermusikalischen Arbeiten. Im März 1772 erhalten die Salzburger einen neuen Erzbischof, Hieronymus Graf Colloredo. Zu seiner Amtseinführung schreibt Wolfgang eine kleine Serenata.

* Deutsche Übersetzung nach: *Mozart, Dokumente seines Lebens.* Hrsg. von Otto Erich Deutsch u. Joseph Heinz Eibl, 2., revidierte Auflage, München, Kassel u. a. 1981 (= dtv dokumente 2927).

Doch – kein Zweifel! In Salzburg läßt sich nicht lange verweilen. Übergangsgeschäfte, alles verfahren! Daher gibt Leopold nicht lange Ruhe. Im Oktober reist er mit dem Sohn zum dritten Mal nach Italien. Diesmal muß es gelingen. Mozart arbeitet wieder an einer Oper, auf den Tag genau (26. Dezember) zwei Jahre nach der Aufführung von »Mitridate, Re di Ponto« kommt es in Mailand zur erfolgreichen Aufführung von »Lucio Silla«. Genügt das immer noch nicht?

Diesmal schickt Leopold ein Schreiben an den Großherzog nach Florenz. Man wartet, und die Antwort verzögert sich. Darf man noch länger in Mailand bleiben, ohne daß es auffallen würde? Leopold meldet seine Absichten in einer Geheimschrift, die nur seiner Frau berichten soll, was die anderen nicht wissen dürfen. Vor den Augen der Neider und Anfeinder muß alles verborgen bleiben. Er stellt sich krank, und er bittet seine Frau, die Nachricht von seiner Erkrankung überall auszustreuen, damit nirgends Mißtrauen aufkomme. Erst im Februar 1773 ist ihm klar, daß wieder einmal nichts zu machen ist. Leopold gibt seine Verwirrung zu: »es kommt mir schwer Italien zu verlassen.« (1,483) Er weiß: Italien bot am ehesten eine Möglichkeit, den Sohn an einem Hof unterzubringen. Hier wird er geliebt und geachtet. Ein Rückschlag war nicht vorauszusehen. Leopold kehrt zu seinen Grundsätzen zurück: »Gott wird was anders mit uns vorhaben.« (1,483)

Was anders! Aber was? Die Abreise wird jetzt mit Eile betrieben. Im März 1773 sind Vater und Sohn wieder in Salzburg.

Nun ist Leopold beunruhigt. Drei italienische Reisen haben den gewünschten Erfolg nicht gebracht. Im Juli reist er mit Wolfgang nach Wien. Es gibt für diese Reise keinen direkten Anlaß, keinen Opernauftrag, keinen Ruf. Was hat Leopold vor? Will er Wolfgang den Wienern vor Augen führen, ihn in

Erinnerung bringen? Es kommt zur Audienz bei der Kaiserin, aber Leopold meldet sofort, daß nichts gewesen sei. Die Zukunft bleibt unbelichtet, und die Zeit eilt davon. In Gesellschaft erkennt man den Sohn schon kaum noch, so sehr ist er gewachsen. Was soll werden?

Leopold munkelt in seinen Briefen nach Salzburg; von Empfehlungsschreiben ist die Rede, aber alles bleibt unter der Hand, es soll nichts ans Licht. Bald denkt er an Abreise. Seine Hauptsorge: man könnte etwas von seinen Absichten erfahren, man könnte ihm auf die Spur kommen. Daher hält er sich zurück, er verkehrt nicht (wie noch Jahre zuvor) in den adligen Kreisen Wiens. Er duckt sich gleichsam in eine wartende Stellung. Man muß, so schreibt er nach Hause, alles verhindern, was einiges Aufsehen machen könnte. Er hofft noch, obwohl sich in diese Hoffnungen Züge des Trotzes mischen. Alles *muß* sich ändern! – so notiert er, um dann gleich den alten Grundsatz der Bescheidenheit hinzuzufügen, als sei er selbst erschrocken über dieses Aufflackern des Temperaments: »Gott wird Helfen! – – – – – –« (1,491)

Doch: diese fünf Gedankenstriche sind Seufzer. Leopold wird verdrießlich, und die Nachrichten aus Salzburg lockern seine Verstimmtheit nicht. Er traut niemandem mehr, und er verläßt sich nur noch auf mündliche Mitteilungen.

Auch Mozart wird wortkarg. Nichts ist zu tun – er geht im Zimmer auf und ab!

Man ist versucht, diesen merkwürdigen Wiener Aufenthalt, der so deutlich aus der Reihe fällt, einen »medizinischen« zu nennen. Die Mozarts verkehren mit Ärzten, vor allem mit Ärzten – am Ende werden sie Zeugen einer Operation.

Schon kurz nach Eintreffen in der Stadt besuchen sie Franz Anton Mesmer, der die Lehre vom tierischen Magnetismus und den magnetischen Kräften entworfen hatte. Es scheint, als hätten sie sich mit ihm besonders gut verstanden. Er spielt ihnen auf der Glasharmonika vor, er führt sie in seinem Garten herum, zwischen Statuen, Vogelhäusern und Taubenschlägen gehen sie auf und ab. Es scheint aber auch, als hätten sie sich in sein Haus und diesen Garten besonders gern zurückgezogen. Immer wieder tauchen sie bei Mesmer auf, sie leben mit seinen Verwandten und Bekannten. Auch Joseph Leopold von Auenbrugger, der Stadtphysicus, wird besucht, das Spiel seiner Tochter auf dem Klavier ausführlich gewürdigt. Die Mesmerischen grüßen, schreibt Leopold nach Salzburg, und dazu die ganze Sippschaft (»alles Geschlamp«).

Daneben vergißt er einen Krankenbericht nicht. Eine Patientin Mesmers, die in dessen Wohnung untergebracht ist, kämpft gegen den Tod. Einmal gibt man sie verloren, dann geht es ihr wieder besser. Leopold beobachtet die Frau, beinahe in jedem Brief geht er auf ihren Zustand ein, kurz und bündig nur. Krank ist auch der Hofkapellmeister, Florian Leopold Gaßmann, den man in Salzburg mit dem Aufenthalt der Mozarts in Zusammenhang bringt. Es kommt einem vor, als ginge es in Wien nur um Krankenberichte. Sogar ein Freund aus Salzburg, der Arzt Joseph Niderl, kommt nach Wien nur, um sich operieren zu lassen. Leopold und Wolfgang gehen ihm entgegen, um ihn an der Zollstation zu begrüßen. Aber sie verfehlen ihn.

Was hat es mit diesem Verfehlen, diesem andauernden Vorbeigehen, das die beiden in Wien gefangenhält, auf sich? Jede Bewegung dieses Aufenthaltes scheint von einem »zu spät«, »vergeblich« diktiert. Dieses ›Vergebliche‹ nimmt zu, am Ende wird der Stillstand unerträglich, und gerade am Ende erhält er seinen bezeichnendsten Ausdruck.

Denn Niderl soll ja operiert werden. Zur Vorbereitung dieser Operation versammeln sich die Ärzte um den Kranken, als wolle sich die ganze medizinische Sphäre verdichten, »alles was nach Chyrugie, Medizin und Apotecken riecht«, wie Leopold, der an diesem Fall einen besonderen Anteil nimmt, schreibt. Der Patient übersteht die Operation gut, schon am Nachmittag ist Leopold zur Stelle, um ihm baldige Genesung zu wünschen. Auch am Morgen des darauffolgenden Tages sucht er ihn gleich wieder auf. Aber es ist »zu spät«, »vergeblich« – Niderl ist gestorben.

Merkwürdig: in dem Brief an die Daheimgebliebenen bekennt Leopold, daß er in den letzten Tagen wenig geschlafen habe, daß er häufig früh am Morgen erwacht sei, in dem Glauben, in der Aufregung, ihm selbst stehe eine Operation bevor. Vor der Operation Niderls hatte man doch alles so gut bedacht, um so schmerzlicher ist sein Tod!

Leopold ist davon schwer getroffen. Entspricht Niderls Ende auf irgendeine Weise einem Ende seiner Pläne und Vorstellungen? Dachte Leopold, ohne es genau zu wissen, in Parallelen: die gründliche Vorbereitung, der plötzliche Tod – die langen Reisen, das plötzliche Ende? Niderl und er? Die Operation und die Suche nach Anstellung?

Auf all diese Fragen gibt es keine deutliche Antwort. Sie mögen die Unruhe kennzeichnen, die Leopold nach diesem Tod überfiel und nicht verließ. Voll von Verwirrung sind seine Briefe. Er plant in Eile den Aufbruch. Ein kurzes Zögern noch, dann trennen sich Vater und Sohn von der »von schmerz fast rasenden Wittwe« (1,502).

Noch ein letztes Mal erhält Mozart dann einen Kompositionsauftrag für eine Oper, der alle Hoffnungen auf Anstellung entfacht. 1774 reist er nach München, wo man »La finta giardiniera« uraufführt. Aber es wird wieder nichts daraus, und er muß, ohne vollen Erfolg gehabt zu haben, nach Salzburg zurück.

6

1776 – MOZART WARTET IN SALZBURG. Er komponiert für den Hof, für den Salzburger Adel, für die Kirche. Er arbeitet – aber alles steht still. Er selbst klagt das ein; einmal wendet er sich in einem Brief an den Padre Martini und beschwört das Los eines Musikers, dem es an Sängern und Musikanten fehle. Italien ist seine liebste Erinnerung.

Im August 1777 geht es nicht mehr. Mozart sinnt endgültig auf Veränderung. Er wendet sich an den Fürsterzbischof, um seine Entlassung aus Hofdiensten zu bewirken. Im Entlassungsgesuch, das Leopold aufsetzte und mit eigener Hand schrieb, tauchen die Ideen des Vaters auf: man dürfe mit den Talenten, die Gott einem geschenkt habe, nicht spaßen, man müsse sie vielmehr entwickeln und Salzburg sei dafür nicht mehr der richtige Ort. Die musikalischen Fähigkeiten sollen daneben auch etwas einbringen, Leopold besteht auf dem »Talentenwucher«, er vergißt nicht, darauf hinzuweisen, daß er »alle seine Stunden ohnermüdet« auf die Erziehung des Sohnes verwendet habe. Soll alles umsonst gewesen sein?

Der Erzbischof reagiert kühl. Er entläßt Vater und Sohn aus seinen Diensten. Sie wollen auf den Worten des Evangeliums bestehen, sie appellieren an die göttliche Gnade, die sich an dem jungen Mozart so wunderbar offenbare? Gut, sollen sie also »nach dem Evangelium« ihrer Wege ziehen. Diese Reaktion erschreckt Leopold. Er erkrankt vor Kummer, noch niemals hat er sich so schlecht gefühlt, zurückgeworfen in eine Unbeständigkeit, die ihm immer als das größte Übel von allen erdenkbaren erschien. Anders Mozart! Er ist ja froh, daß er nun fortreisen kann. Bloß fort von dieser Stadt, bloß fort von allem Stillstand, Bewegung, Bewegung!

Doch alles ist anders. Zum ersten Mal soll er ohne den Vater aufbrechen, soll er allein sein Glück machen. Nur die Mutter wird er mitnehmen auf seine Reise, weil man ihm denn doch nicht zutraut, mit seinen Angelegenheiten allein fertig zu werden. Das Glück machen: so lautet der väterliche Auftrag. Geld erwerben! Eine Anstellung in Ehren finden!
Mozart soll übertreffen und einholen, was mit den früheren Reisen begann. Er soll sein Talent vor Gott und den Menschen einklagen und fordern, was ihm zusteht. Dies sind die vielfältigen Aufgaben, die ihm mit der großen Reise, die am 23. September 1777 beginnt, gestellt werden.
Mutter und Sohn nehmen den alten Reisewagen. Leopold hatte schon oft daran gedacht, ihn verkaufen zu lassen. Aber er steht noch bereit (er hat eine Geschichte). Früh gegen 6 Uhr morgens steigen Mutter und Sohn in das alte Gefährt, das in besseren Tagen erworben worden war. Leopold ist erschöpft, noch immer kann er sich über die Willkür des Erzbischofs und seine Entlassung nicht hinwegsetzen. Er nimmt diesen Abschied nicht recht wahr, obwohl er lange beim Einpacken hilft. Aber er tut es in Trance, am Ende vergißt er sogar, den Sohn mit seinem Segen zu verabschieden. Matt und gedämpft kehrt er ins Haus zurück, wo er auf die weinende Tochter trifft. Nannerl bleibt fast den ganzen Tag der Abreise im Bett. Sie muß sich erbrechen, es geht ihr nicht gut. Man schließt die Fensterläden, damit sie nichts sieht vom Licht da draußen. Auch Leopold legt sich ins Bett und schläft ein.
Ergriffenheit, Erschöpfung – das sind die deutlichen Anzeichen für den schmerzhaft empfundenen Abschied. Er reißt die Familie auseinander, und ihre Mitglieder reagieren mit Entsetzen, mit Erbrechen und Mattigkeit. Es ist ein ganz und gar ungewöhnlicher Abschied, denn Leopolds gewohnte Gefaßtheit – seine Übersicht, seine ruhige Denkungsart – scheint nicht mehr auszureichen. Man ist entlassen, man kann gehen,

der Spott wird einem hinterdreingerufen, denn alle glauben, die Mozarts hätten zu hoch gegriffen. So versteht Leopold diesen Fall. Sein Bericht über den Tag des Abschieds gehört zum Exaltiertesten, was er je geschrieben hat.
Er empfindet diesen Abschied mit allen Nerven nach, und er wird von nun an an den Bewegungen, die die Reisenden machen, mit allen Nervenspitzen hängen: »an euerem Leben hängt das meinige ...« (II,16). – Leopold befindet sich in einem Zustand höchster Erregung, alles in ihm ist gespannt, sein Wahrnehmungssinn geschärft. Er wittert; überall könnten Neider verborgen sein, jede Stadt könnte sich in eine Lumpenburg der Betrüger verwandeln. Daher entwickelt er einen eminenten Spürsinn. Er liest Wolfgangs Briefe mehrmals, er wendet die Worte nach allen Seiten. Selten hat ein Leser *so* gelesen, so bedacht auf alle Valenzen, so aufmerksam, mit der Vorsicht des Gekränkten. Das verleitet ihn zu Übertreibungen – aber tragen diese nicht seine Einsamkeit hinüber zu den Fortgereisten? Leopold wird sich nicht mehr beruhigen, es wird höchstens noch Stadien ergebener Spannung geben. Denn jedes Wort, das der Sohn ihm schreibt, verwandelt sich in seinem Körper in glühende, lebendige Materie, bewegt ihn, läßt ihn sofort zur Feder greifen, seufzen, am Ende gar schreien. Eine Spannung ist aufgebaut, die jeden Satz überstrapaziert, ihn auf seinen Ertrag zurückstößt. Nichts mehr zu überbrücken, nichts mehr zu verschieben! Diese Reise ist ein letzter Kraftakt.

Leopold schläft am Tag des Abschieds bis zum Mittag, der Hund weckt ihn, und beide gehen dann doch hinaus. Jede Bewegung voller Schwere, jede Geste eine Zurückhaltung. Jetzt keine lauten Gebärden mehr, alle Intensität richtet sich nun nach innen, um dort alles zu verbrauchen. Gespräche mit der Tochter – Kartenspiel – Gebete! Und die Briefe Wolfgangs, abgeklopft auf den verborgensten Inhalt, gewendet gegen den schnöden Schein. »So vergieng dieser traurige Tag, den ich in meinem Leben nicht zu erleben glaubte.« (II,8)

Und Mozart? Wie soll er es beginnen? Wohin soll er gehen? Es gibt keinen sorgfältig ausgetüftelten Reiseplan wie früher. Wer will ihn also hören und wo kann er etwas ausrichten? Alles ist offen, als müsse er von vorne beginnen. Kann er sich noch auf seine Freunde verlassen? Ist er schon zu alt, um noch aufzufallen, und noch zu jung, um als beständig zu gelten? Diese Offenheit kommt ihm recht. Sein erstes Schreiben, mit dem er nun auch sichtbar die Verantwortung übernimmt, ist voller Zuversicht, seine Heiterkeit antwortet der Befreiung von Salzburg. Das wienerische »je nun« (das in Schuberts »Winterreise« einmal eine unnachahmliche Passage der Entsagung markieren wird) setzt den Gleichmut fest. Mozart weiß noch nichts von einer Zukunft, und er fürchtet sie nicht. Die Heiterkeit übersäumt alle Vergangenheit und auch die schweren Gedanken.

> Viviamo come i Principi. uns gehet nichts ab als der Papa, je nu, gott wills so haben, es wird noch alles gut gehen, ich hoffe der Papa wird wohl auf seyn, und so vergnügt wie ich, ich gebe mich ganz gut drein, ich bin der anderte Papa, ich gieb auf alles acht, ich habe mir auch gleich ausgebeten die Postilionen auszuzahlen, denn ich kan doch mit die kerls besser sprechen als die Mama. zu Wasserburg beym stern ist man unvergleichlich bedienet, ich sitze da wie ein Prinz. vor einer halben stund, Meine Mama war just auf dem h = l, klopfte der hausknecht an, und fragte sich um allerley Sachen an, und ich antwortete ihm mit aller meiner Ernsthaftigkeit, wie ich im Portrait bin; ich muß schliessen, Meine mama ist schon völlig ausgezogen, wir bitten alle zwey, der Papa möchte achtung

geben auf seine gesundheit; nicht zu früh ausgehen; sich nicht selbst verdruß machen, braf lachen und lustig seyn ... (II,7)

Die Dispositionen sind also klar, und sie scheinen auch Mozart deutlich genug gewesen zu sein: »ich bin der anderte Papa.« Das drückt sich aufs deutlichste darin aus, daß *er* jetzt die Briefe nach Salzburg schreibt. Mozart beginnt zu schreiben, und das ist für ihn kein selbstverständlicher Akt. Sein Schreiben soll sein Sprechen ablösen, und gerade das fällt ihm nicht leicht. Sprechen, Sprache und Schrift gehören für ihn nicht schon immer zusammen. Sprechen ist Gegenwart, klingender Laut, Akustik der Umgebung, alles Gestanze und Geseise. Die Sprache aber ist ein Maulkorb, aus dem man herausbellen muß, wenn man am Ende gar schreiben muß. Das Schreiben verleugnet die Gegenwart, denn es tut nur so, als sei es gegenwärtiges Sprechen. In Wahrheit verfällt jeder Laut aber der Stille. Man beugt sich über einen Briefbogen, man rückt die Kerze zurecht – rasen die Worte noch? Nein, man drückt sie mit einer ungelenken Feder auf ein Papier, man ordnet die Worte in Zeilen, und schon verschwinden sie in einer imaginären Ferne, die er sich dazu nicht recht vorzustellen bereit ist. Lustig soll diese Ferne Salzburgs sein, dann mag sie noch mit ihm zu tun haben. Vor der Schrift ist die Sprache, vor der Sprache das Sprechen, vor dem Sprechen aber die Musik.

So entfällt ihm im buchstäblichen Sinn immer wieder der Zusammenhang. Warum tut das Schreiben so, als habe es einen Zusammenhang? Kann es sich nicht dem Sprechen anpassen? Mozart stürzt sich in seine Rolle, die der des Vaters angepaßt und abgeschaut sein soll. Doch er ist nun allein, und er soll eine Reise (mit noch größerem Erfolg) wiederholen, die die Eltern mit dem Kind machten. Wenn es nur immer lustig wäre!

Schreibend, mit der Absicht zu sprechen, gerät er ins Schwadronieren. In seinem ersten Brief entwickelt er bereits alle

Elemente der Klaviatur, auf denen er bei dieser Reise spielen wird. Vom gemimten Ernst, mit dem Mozart sich in Positur setzt, bis zur gespielten Gründlichkeit bei der Abfertigung der Dienstleute und der nicht unterdrückten Nachricht, daß die Mama auf dem Häusel gesessen habe, verfügt sie über alle Anklänge an eine *Sprache,* die er sich *vornimmt,* um dann doch anders zu *sprechen.* Anders, damit alles gegenwärtig bleibt, luftigste Freiheit der Gegenwart, und damit der Vater brav lacht (denn diesen Vater kann man sich wahrhaftig nicht lauthals lachend denken).

Im ersten längeren Bericht Mozarts über die Aufnahme in München wiederholt sich das Spiel: »Ich bin immer in meinen schönsten Humor, mir ist so feder leicht ums herz seit dem ich von dieser Chicane weg bin! – – ich bin auch schon fetter.« (II,13) Ja, gut – aber er muß zu den Münchenern doch von der »Chicane« reden, er muß von den Gründen, die seine Abreise bewirkt haben, berichten. Das alles aber lentamente, den rechten Herren, damit es nicht ins Gespräch kommt und kein schlechtes Licht auf ihn fällt.

Auch Leopold versucht, sich zu fassen. Ende September hat der Erzbischof seine Entlassung zurückgenommen. Das beruhigt. Der Husten läßt nach, Leopold geht wieder mit dem Hund vors Tor, er zeigt sich in der Stadt. Aber diese Beruhigung ist an Wolfgangs Nachrichten gekoppelt. Wenn es Wolfgang gut geht, lebt auch Leopold auf. Er mißt seinen Zustand an den Briefen wie an einem Thermometer, und er beginnt mit ersten Ermahnungen, durch die er deutlich macht, daß er auch vom Sohn Ruhe und Gefaßtheit verlangt. Wieviel doch auf dem Spiel steht! Keine Exzesse also, kein starker Wein, der alles »in Wallung« bringen könnte! Kein Unglück, keine Betrübnis, davon hat man genug gehabt. Noch ist nichts im Lot. Das Dekret des Erzbischofs, das Leopold seine Stelle in den

Diensten des Landesherrn wieder zuweist, ist nichts als ein Kauderwelsch, eine empörende Zurechtweisung, die Leopold spüren läßt, daß er gerade noch geduldet, kaum aber geschützt wird. Er soll sich, wie es heißt, »ruhig und friedlich« betragen, dann werde man mit ihm zurechtkommen.

In München schleichen sich Verstimmungen ein. Der Kurfürst soll bedeutet haben, daß es für eine Anstellung Mozarts noch zu früh sei. Er möchte ihn bekannter, berühmter sehen, will, daß er sich in Italien einen Namen mache. Mozart wird unwillig. Weiß dieser Kurfürst nicht genug von ihm? Zu früh? Es ist spät genug! Anfangs hat man ihm noch die volle Freude angemerkt, sich umsehen zu dürfen. Freilich gehen dabei die Grundsätze des Vaters allmählich verloren, die Grundsätze also, niemanden ins Haus zu lassen, den Kontakt nur mit höher gestellten, adligen Personen zu suchen, jede Minute der Protektion zu opfern, sich ansonsten aber zurückzuziehen, um für den richtigen Augenblick vorbereitet zu sein.

Mozart beachtet diese Gesetze immer weniger, und er betreibt die Mißachtung mit Genuß. Sie wollen ihn nicht – am Hofe? Dann wird er zu denen gehen, die ihn wollen. Der Wirt des Münchener Gasthofes gibt ein Zeichen; er beabsichtigt, Musikfreunde zusammenbringen, die den jungen Komponisten mit einer monatlichen Unterstützung in München halten sollen. Vom Kurfürsten erhält Mozart nur abweisende Worte. Es gibt keine freie Stelle für ihn, man kann ihn nirgendwo unterbringen.

Mozart verlangt nicht viel. Er beteuert, daß er nur wenig zum Leben brauche, wenig zum Essen, am Abend nur ein Glas Wein. So macht er sich klein, tut gering, als komme es auf Lob und Verdienst nicht an. Er ist zufrieden, nicht mehr in Salzburg eingesperrt zu sein.

Der Vater reagiert anders. Er nimmt seine Vorstellungen sofort als Untertreibungen wahr, er ermahnt, sich nicht klein zu machen, noch sei keine Not. Er hat den Abschied des Sohnes noch nicht verschmerzt. Er hört ihn nicht mehr spielen – das ist das Ärgste! Um so mehr dringt er darauf, daß dieser Abschied nicht umsonst gewesen sein dürfe. Mozart soll ihn verklären, die Mühen vergessen machen, die Sorgen, die Melancholie. Das wird er mit einem bescheidenen Auskommen nicht erreichen. Nicht betteln gehen – sich beweisen! Leopold wiederholt seine Aufträge.

Mozart erinnert sich. In München trifft er Joseph Mysliveček, einen komponierenden Freund, dem er in Italien mehrmals begegnet war. Mit einem Schlag regt sich die Erinnerung. Mozart denkt an eine Oper, und dabei denkt er vor allem an Italien, das Land, in dem er die meisten Ehrungen erhalten hatte. Er will wieder komponieren, weil dies, wie er mit einem Anflug von Enthusiasmus schreibt, seine »einzige freüde und Paßion« sei (II,46). Das kann man ihm glauben. Die Heiterkeit, der Humor, den er in seiner Umgebung braucht, überdecken nur die weiter gespannte Heiterkeit der Musik, in der seine Lebenslust erst ihr volles Genügen findet. In dem italienseligen Brief, der von dem Zusammentreffen mit Mysliveček berichtet, sagt er darüber mehr als sonst. Es ist ein schwärmerischer Brief, den er sich da erlaubt. Erinnerung und Atmosphäre kommen zusammen, Mozart zeigt sich gerührt, und die Kehrseite dieser Rührung ist ein Sprechen übers Ziel hinaus. Mozart entwirft einen Zukunftsplan: eine Oper in Neapel schreiben, dort, wo keine Feinde lauern. Er tischt den Plan dem Vater im vollen Überschwang des Eindrucks auf, den die Begegnung mit Mysliveček ausgelöst hat.

Er redet nur so dahin, und da erschrickt er auch ein wenig – angesichts des Adressaten. Er hält inne, denn er sieht plötzlich den Vater, den Prüfer, den Leser seines Briefs. Also – halt, ein

Ruck: »doch, ich rede nur; ich rede so wie es mir ums herz ist – – – wenn ich vom Papa durch gründe überzeiget werde, daß ich unrecht habe, Nu, so werde ich mich, obwohlen ungern, drein geben.« (II,46)

Das als Ergebenheitsadresse, doch er fährt fort, indem er auf seiner Schwärmerei und ihren »Gründen« besteht. »... ich darf nur von einer opera reden hören, ich darf nur im theater seyn, stimmen hören – – o, so bin ich schon ganz ausser mir.« (II,46)

Das reicht, es gibt ihm die unumstößliche Gewißheit, sich nur in der Musik ganz wiederzufinden. Diese Augenblicke der Emphase – sie tragen ihn über die Widerwärtigkeiten hinweg, sie spielen wie in einem Nachspiel die andauernde Musik aus, der er am liebsten nachhorchen würde. Das Mißverhältnis gibt sein Brief wieder, im stockenden, auf Gehorsam ausgerichteten Ton, diesem »nun«, »je nun«, »sich drein geben«. Der Vater ist nah genug, nicht einmal eine Tagereise entfernt. Erst mit größerer Entfernung wird Mozart zu einer freieren, beherzteren Tonart greifen.

In München geht nämlich nichts voran. Der Hof reist ab – schon denkt Leopold an eine Weiterreise nach Augsburg, Würzburg, nach Heidelberg und Mannheim. Darmstadt, Frankfurt, Mainz und Koblenz sollen die nächsten Stationen sein (man sieht: er orientiert sich an der früheren Reise).

Mozart geht zunächst darauf ein. Mit der Mutter bricht er nach Augsburg auf.

Es fällt auf, daß er anders zu berichten weiß als der Vater. Er stellt die Menschen, die er trifft, plastisch vor, schildert ihre Bewegungen, ihren Körperumfang, ihre Angewohnheiten.

Das weitet sich häufig zur Karikatur aus. Mozart führt den Leser nahe an die Menschen heran, denen er begegnet. Er skizziert Physiognomie und Betragen, er schildert, wie man sich

näher kommt: gibt man sich die Hand – umarmt man sich – wie geht es weiter? Häufig wechselt er mitten im Bericht, er liebt die direkte Rede, man soll deutlich hören, wie die Gesprächspartner miteinander umgehen und miteinander plappern. Mozart deutet nicht an, er stellt Szenen nach. Und wie leicht können diese leisen oder lauten Sprecher aus ihren Rollen fallen! Dann ist er ihr heiterer Beobachter.
In Augsburg wird er zu einem gewissen Graf geführt, einem Komponisten, dessen Fähigkeiten man rühmt. Mozart muß sich halten, um ihm gegenüber nicht in Gelächter auszubrechen. Das passiert ihm oft genug; insgeheim legt er seine Kenntnis der Welt (und der Musik) an diese Gestalten an. Dabei verblassen sie, geraten in komische Verrenkungen, so daß alles zur Bühne wird. Den Kompositeur Graf etwa kann er dann nur noch von der Seite betrachten, er hört ihn die Wörter auf Stelzen setzen, hört, daß dieser Mensch den Mund, das Maul, aufmacht, bevor er weiß, was er zu sagen hat, und Mozart sieht, daß dieses Maulwerk auch einmal zuklappt, bevor es überhaupt etwas zu tun gehabt hat. Ein komischer Fall! Das belustigt, ohne daß Mozart in eine hämische Tonart verfallen würde. Dafür gibt es keinen Grund, keinen Neid, nichts dergleichen. Er genießt das Komische, ohne daß es durch andere Momente getrübt würde.
Ähnlich ergeht es ihm bei anderer Gelegenheit in Augsburg. Ein Sekretär im Hofkriegsrat hat eine Tochter, die Mozart vorspielen soll. Aber es geht nicht, er kann nicht hinschauen, nicht ruhig bleiben, wenn sie mit ihren langen, beinigen Fingern auf dem Klavier herumsteigt. Das Lachen überkommt ihn, er hat soviel Unbeholfenheit noch nicht gesehen. So wünscht er allen das Beste, und wendet sich lachend ab, lobt hier und dort, weil er niemanden enttäuschen will. Er accompagniert, und ihm wird accompagniert. Oft muß er mitten im Spiel abbrechen. Dann kann er es nicht mehr hören, das Getön, das

schlechte Spiel; er bekommt, wie er schreibt, in solchen Fällen die »Colic«.

Was wollen die Augsburger von ihm? Gut gehen sie nicht mit ihm um. Mozart fühlt sich zum Narren gehalten. Man bietet ihm ein Konzert an, dann zieht man die Zusage wieder zurück. Der dummdreiste Sohn des Stadtpflegers macht sich über Mozarts italienischen Orden (den vom »Goldenen Sporn«) lustig. Mozart will fort. Ohne zu zögern, teilt er Hiebe nach allen Seiten aus. Das Patriziat dieser Stadt kann ihm gestohlen bleiben, sie sollen ihn »im arschlecken«. Erst spät kommen sie ihm entgegen, endlich darf er konzertieren. Aber jetzt steht es für ihn schon fest: der Bürgermeister ist »auch so ein Director oder so ein thier«, der Sohn des Stadtpflegers ein »lecker«, das Orchester gar »zum frais kriegen«.

Er würde das alles nicht ertragen, wenn es nicht eine Zelle für seine Heiterkeit gäbe. Diese Zelle bildet die Familie des Onkels, der ein Bruder Leopolds ist und eine lustige Tochter hat. Die Base, das Bäsle, das Häsle! Mozart vergnügt sich mit ihr, und damit beginnt eine Freundschaft, die für ihn den großen Vorzug hat, unter keinem Auftrag zu leiden. Unbekümmert kann er ihr antworten, und in dieser Ungestörtheit vermittelt sich ein sacht erotisches Spiel der Redensarten, des Plapperns, Singens und Zotierens, das ihn an Musik erinnert haben mag. Jedenfalls ist es voller Launen, voller Spaß, nicht getragen von irgendeinem Zukunftsernst. Mozart entdeckt in dieser Freundschaft Spuren einer Liebelei, für die alles Necken schon Kosen ist. Mit dem »liebs bäsle« kann er seinen Lebensspott fortsetzen: »daß ist wahr, wir zwey taugen recht zusammen; dann sie ist auch ein bischen schlimm.« (II,66)

Leopold, Nannerl und Mozarts Freund Bullinger – das sind die Salzburger Leser solcher Nachrichten. Man kann sich denken, wer von ihnen den Ton der Reaktion angegeben hat. Leopold fühlt sich bei den satirischen Briefspäßen, mit denen Mozart seine Begegnungen auskleidet, an Wielands »Abderiten« erinnert. Sie amüsieren ihn noch, aber sie können nicht verbergen, daß er den Menschen zu nahe kommt, daß er sich zu häufig mit ihnen gemein macht. ›Männlicher‹ sollte er schon sein, entschlossener, distanzierter, weitsichtiger!

Von Augsburg geht es nach Mannheim, in eine Stadt, die auf dieser Reise eine Schlüsselrolle spielen wird. Mozart muß sich anfangs umsehen, umherlaufen, damit man wieder aufmerksam auf ihn wird. Doch schon bald sucht er nach Ruhepunkten, nach Freunden, besser noch Familien, die ihm eine gewisse flüchtige Behaglichkeit gewähren. So hält er sich oft bei Christian Cannabich, dem Direktor der Instrumentalmusik auf, für dessen Tochter er eine Klaviersonate komponiert. In diesen Kreisen hat er beinahe ausschließlich mit Musikern zu tun, zum ersten Mal auf dieser Reise sind es solche, die ihr Handwerk verstehen. Auch das Orchester gefällt, Mozart notiert, daß es »sehr gut und stark« sei.
In den freien Momenten gehen die ersten Briefe ans Bäsle ab, eine merkwürdige Korrespondenz beginnt. Meist werden die Bäslebriefe *nach* denen geschrieben, die an die Daheimgebliebenen geschickt werden. Muß Mozart in den Salzburger Briefen Ernst und Umsicht zeigen, so kann er in denen ans »bäsle häsle« lustig tun, gegen den Ernst opponieren, Luft holen. Das Gescheite macht Kopfweh, das Lustige räumt auf und öffnet die Luken. ›Nutzen aus allem ziehen!‹ – das geht an den Vater, in den Briefen ans Bäsle ist es nur noch eine ironisch gebrauchte Wendung, die anzeigt, daß Mozart hier nichts wissen will vom Ernst, vom Lebensprogramm, von aller Orientie-

rung. Hier soll es vielmehr drunter und drüber gehen. So erteilt er in diesen Briefen eine Art Abfuhr – er kratzt die höflichen Wendungen und Komplimente zu albernen Wortspäßen zusammen. Aber auch in diesen Briefen muß er ja einige Nachrichten unterbringen, Bitten auch, zum Beispiel die Bitte, daß das Bäsle ihm Briefe nachschicken solle. Wie sagt er ihr das? – Nicht geradeheraus! Jeder ernstgemeinte Wunsch hat seinen Kranz von Komik, denn *so* ernst kann er nicht gemeint sein, wie er werden würde, wenn man ihn dem Vater beichten müßte. Daher baut Mozart Leitern aus Gedankenstrichen, die zur Höhe des Humors führen, von der herab die ernst gestimmte Welt sich leichter betrachten läßt. Er variiert, er schlendert um den Ernst herum:

> es wird ein brief, oder es werden briefe an mich in ihre hände kommen, wo ich sie bitte daß – - was? – – ja, kein fuchs ist kein haaß, ja das – – Nun, wo bin ich den geblieben? – – ja, recht, beym kommen; – – ja ja, sie werden kommen – – ja, wer? – wer wird kommen – – ja, izt fällts mir ein. briefe, briefe werden kommen – – aber was für briefe? – – je nu, briefe an mich halt, die bitte ich mir gewis zu schicken … (II,105)

Nu, je nun – seine Lieblingsvokabeln für die muntere Variante des Sich-Drein-Gebens tauchen hier besonders häufig auf. Die zahllosen Fragen, das Innehalten, das stockende Räsonieren – all das deutet darauf, daß er die Pedanterie des ›gescheiten‹ Briefinhalts an seine Grenze treiben will. Grenzen gelten nicht mehr, selbst die der Zurückhaltung nicht. Alles muß in diese Briefe hinein, auch der Leib soll vorkommen, seine Unruhe, sein Feuer, sein Getön, alles, was zu schaffen macht:

> ach Mein *arsch* brennt mich wie feüer! was muß das nicht bedeuten! – – vielleicht will *dreck* heraus? – ja ja,

> *dreck, ich* kenne dich, sehe dich, und schmecke dich – – und – – was ist das? – – ists möglich! – – ihr götter! – – Mein *ohr*, betrügst du mich nicht? – – Nein, es ist schon so – – welch langer, trauriger ton! (II,105)

Diese intime Post mag dem Bäsle gefallen haben. Soll Mozart aber gegenüber dem Vater herzlich werden, so gelingt ihm das weitaus schwerer. Ihm fehlen dann die passenden Worte, und er ist sich dieses Mangels bewußt. Dann bemerkt er, daß er mit den Worten nicht vorwärts kommt, daß sie keine Sprünge machen (wie die Tänzer). So besinnt er sich gerade in diesen Fällen auf seine Kunst, die Musik:

> Ich kann nicht Poetisch schreiben; ich bin kein dichter, ich kann die redensarten nicht so künstlich eintheilen, daß sie schatten und licht geben; ich bin kein mahler, ich kann sogar durchs deüten und durch Pantomime meine gesinnungen und gedancken nicht ausdrücken; ich bin kein tanzer, ich kan es aber durch töne; ich bin ein Musikus. (II,110/111)

Man erkennt aus solchen Passagen, welche Vorstellungen Mozart von den Worten und der Sprache hatte. Er wünscht sich die Worte kontrastreich, so, daß sie nachfühlbar und nachhörbar das ganz und gar Individuelle wiedergeben – Gesten, Eigenarten, Klänge. In den Briefen an den Vater orientiert er sich in maßvoller Manier an diesen Idealen. In den Briefen ans Bäsle jedoch lassen sich Abwechslung, Direktheit, Kontur in Sprünge, Schleifen, Mordente und Triller verwandeln.
So entstehen allmählich zwei Schreibarten: eine gedämpfte, ernste – eine drastische, wilde.

Aber auch Leopold bleiben gewisse Veränderungen nicht verborgen. Er konstatiert eine wachsende Unruhe in den Briefen des Sohnes, »so viel Verwirrung, daß ich nie wissen kann, wenn dieses oder jenes geschehen« (II, 114). Die Tage scheinen sich nicht mehr zu einem vernünftigen Nacheinander zu ordnen, es kommt Leopold eher so vor, als suchte Mozart alles auf einmal, alles nebeneinander. So gerät denn auch dem Vater einiges durcheinander. Warum sind sie nach Mannheim aufgebrochen, ohne ihm rechtzeitig davon zu berichten? Wie lange wollen sie bleiben? Und wohin dann? Nach Mainz, nach Frankfurt, nach Holland – oder sogar nach Paris? Aber wie? Mit welcher Protektion? »Mir ist völlig bange, ob euch dieser Brief noch in Mannheim antrifft. Wir sind nun schon weit von einander …« (II, 117)

Ja, diese Entfernung macht sich bemerkbar, am deutlichsten in Mozarts Diktion. Sie wird freier und unbekümmerter. Eben hat er noch ans Bäsle geschrieben, den Tag darauf soll er dem Vater vom Neuesten berichten. Jetzt hält er sich nicht mehr zurück, der Ton der Bäslebriefe verlangt nach Fortführung, nach Direktheit. So umgeht er nichts mehr, er gesteht, dreist und offen, er beichtet, daß er erst gegen Mitternacht nach Hause gekommen sei, daß er vom Morgen an bei Cannabich in einer musikalischen Gesellschaft verkehrt habe, daß er ausgegangen sei, »vorgestern, und gestern auch schon öfters«, daß er die Gesellschaft mit Reimen unterhalten habe, leicht, »und zwar lauter Sauereyen, nemmlich, vom Dreck, scheissen, und arschlecken, und zwar mit gedancken, worten und – aber nicht mit wercken« (II, 124). Ironisch bittet er um Vergebung, um die »heilige dispensation«.

Das alles meldet er dem Vater nun schon im ersten Satz eines Briefes, damit ganz deutlich wird, daß er, Mozart, sich nicht länger schieben lassen will. Er will umhergehen, sich leicht tun! Daher öffnet er in den Briefen an den Vater einen kleinen Spalt, damit die Töne, die er in denen ans Bäsle ausprobierte, auch hier einziehen können. Er macht das noch mit Vorsicht, aber schon mit wachsender Laune. So einmal am Ende eines Schreibens: »heüt ist der 16:^{te} wo man ihn ausgeschrieben hat, den brief, sonst weis er nicht wann man ihn weg = geschickt hat, den brief. hast ihn iezt fertig? – den brief? – – – ja, mamma, ich habe izt fertig den brief.« (II, 126)

Damit reagiert er auf Leopolds Mahnung, die Briefe exakt zu datieren.

Auf diese Weise ziehen also die Briefe ans Bäsle mit ihrem ansteckenden Vokabular in Mozarts Gespräche und Mitteilungen ein. Sie haben Momente musikalischer Verschwendung, daher mag Mozart sie lieben. Denn er achtet noch nicht aufs Kleine, er will nicht kleinlich werden, sondern gefeiert und gelobt, über dieses stumpfe Dienern und Reden hinwegreiten, am besten im Flug. Er sieht das Schauspiel der Devotionen, und es ekelt ihn an. Alle reden von seiner Kunst, aber die meisten sind zu kleinlich, sie zu verstehen. Viele werfen sich in die Brust und können doch eine Musik nicht von der anderen unterscheiden. In diesen Dingen allein ist ihm ernst. Er ist enttäuscht von diesen »Kennern«, und er fühlt sich nicht wohl in der Gegenwart derer, die sich am Hof um den Fürsten kringeln, ihre Bedeutung zur Schau stellen und sich sonnen, wenn sie im Orchester sitzen dürfen.

Der Vater bemerkt den neuen Ton, der mißfällt. Je weitschweifiger der Sohn schreibt, desto enger und wachsamer zieht Leopold seine Kreise. Reisepläne, Reisepläne – man muß sich nach einem Einkommen umsehen. Leopold wird immer unruhiger. Fragen über Fragen. Warum schreibt Wolfgang auch nicht eins nach dem andern? Etwa von »der Deutschen opera, wer hat sie Componiert? wer hat, und wie wurde gesungen? – *kein Wort!* von der Accademie, wer spielte, wer sang, wer Bließ und Pfieff, schöne Musik? *kein Wort!* es seyds rahre Leute! – ja doch, die Mamma schrieb: *bey der opera war eine schöne Musik,* da haben wirs, das übrige – schmecks! – Was waren dann für Violin Concert = Spieler da? – H: Fränzl? – – schmecks! und der Philosoph und brosentrokene Raaff? – schmecks!« (II, 135)

So bricht Leopolds Zorn aus, bündig, knapp, das dramatische Genre wahrend. Wie reagiert Mozart? – Er schweigt sich aus, er tändelt hin und her.

Der Aufenthalt in Mannheim zieht sich hinaus, in den Gesprächen mit den Angehörigen des Hofes häufen sich die Mißverständnisse. Alle scheinen nicht richtig hinzuhören, wenn er, Mozart, redet. Wissen sie nicht, wen sie vor sich haben? Nein, sie wissen es ganz und gar nicht, es ist ihnen sogar gleichgültig.

Darauf antwortet der Zweiundzwanzigjährige dann auch. Es ist, als habe er es darauf angelegt, diesen Personen, die nichts von ihm wissen wollen, auszuweichen. Er meldet das dem Vater nur versteckt, in einer stockenden Sprache, und er kaschiert es anfangs mit einem gewissen bürgerlichen Selbstbewußtsein. Er will nicht kriechen, er will nicht betteln. Doch das hatte auch der Vater nicht vor. Kein Kriechen – aber ein notwendiges Taktieren, kein Betteln – aber eine Spielprobe des Könnens dort, wo es sich lohnt.

Leopold hat überhaupt keinen Sinn für ein Übermaß, für die freie Zeit, und Mozart nimmt sich davon auf dieser Reise, allein mit der Mutter, die tagelang ohne den Sohn in ungeheizten Zimmern sitzt. Er agitiert nicht ausdrücklich gegen den Willen des Vaters, das wäre zu deutlich. Er läßt sich gehen, er schafft sich Raum, denn er hat genug von den engen Stuben. Dem Vater mag das vorgekommen sein, als vertändelte er seine Zeit, für Mozart war es eine vorläufige Antwort auf die Mißachtung durch den Adel.

So könnten die Mißverständnisse nicht größer sein. Was der Vater als bloße Unterhaltung versteht, das ist für den Sohn der Aufbau eines Lebensraumes, was der Vater als Taktieren empfiehlt, das ist für Mozart Konvention, die immer unerträglicher wird.

Kein Wunder: er wird empfindlich, er entwickelt ein Sensorium für beleidigende Blicke, falsche Worte, unangenehme Auftritte. Er scheint nur zweierlei zu kennen: sich den Leuten um den Hals zu werfen oder sie sich zum Feind zu machen. Für alle Situationen »dazwischen« ist kein Raum und keine Sprache vorhanden.

Daher geraten ihm die Pläne durcheinander, er bekommt keine Ordnung mehr hinein. Er ist nicht der »anderte Papa«, und die Maschinerien, die seine Auftritte früher bewerkstelligten, arbeiten nicht mehr. Statt dessen erhält er die väterlichen Briefe, pünktlich an jedem Posttag, und jenes merkwürdige Gegeneinandersprechen beginnt, das einzigartig ist in der deutschen Sprache, eine Technik, sich gegenseitig mißzuverstehen, umzudeuten, auszuspielen, zu überlisten – und das alles im Versteck der Worte, oft genug zwischen den Zeilen!

Mannheim ist dafür der zentrale Platz, der Umschlagplatz der Anklagen und Verdächtigungen. Hier probiert Mozart seine Stimmungen aus, die ganze Skala, Liebe und Freundschaft, die sich Tage später schon wieder in Feindschaft verwandelt haben kann. Er schwelgt in diesen Bekanntschaften, als habe er noch nie so nah mit Menschen zu tun gehabt. Ihre Sympathie soll ihm, dem Begnadeten, zufallen, sie soll sich ergeben, wie sich ja mit ihm immer alles ergeben hat, aus der Luft, ohne sein Zutun.

Anders der Vater: er rechnet ihm vor, was er zu tun hat, nennt unermüdlich Adressen und Personen, an die er sich wenden soll, er verfolgt die Realien bis ins letzte Detail, den letzten ungewaschenen Strumpf. Aus der Ferne beschleicht ihn das Gefühl, daß der Sohn seine Briefe nicht mehr genau genug lese. Doch der kann sie nicht lesen, denn er versteht sie nicht mehr!

Der Vater nämlich redet inzwischen ganz anders als er, und so gerät er aus dem Konzept und erwidert, was der Vater nicht lesen und hören will. Ermahnungen bleiben dann nicht aus, Ermahnungen darüber, wie ein Brief zu schreiben sei, an jedem Abend ein Stück, eine Stunde lang, damit am Posttag ein langer Schwanz von Mitteilungen zusammengekommen sei.

Mozart gerät das nicht, je mehr er Strategien, Pläne und Aussichten imitiert, desto stärker empfindet der Vater das Hohle in seinem Vortrag. Denn Mozart will nicht bei Personen von Stand auf sich aufmerksam machen, er sucht nicht wahrhaftig nach Möglichkeiten, auftreten zu dürfen. Er sucht vielmehr gewissenhaft an ihnen vorbei, denn er will gefunden werden.

Gefunden – als Kompositeur! Auf der Reise mit der Mutter setzt sich diese Vorstellung durch. Mozart verkapselt sich in diesem Gedanken; er will die Instrumente nicht mehr so häufig spielen, vielleicht berichten sie ihm von der abgetanen Kinderzeit. Auftreten will er als Kompositeur und am liebsten in die Reihen des Orchesters fahren, wenn sie seine Stücke nicht so spielen, wie es ihm gefällt. Es soll so werden wie in der Kindheit. Er dringt darauf: nicht bewußt, nicht mit wachem Sinn, der ihm diese Absicht ins Gedächtnis und in Erinnerung rufen würde. Über solche Transportleitern der Gefühle und der Vernunft verfügt er überhaupt nicht. Er will überzeugen, *ohne* Anstalten zu machen, und er rechnet damit, daß man auf den ersten Blick erkennen müsse, wozu seine Musik fähig sei.

Natürlich ist das nicht mehr so. Das Lob wird matter, denn Mozarts Gestalt ist nicht mehr die des Kindes, sie übersetzt die Musik nicht mehr in einen körperlichen Ausdruck. Dafür aber dringt in Mozarts Sprache jetzt immer häufiger die des Kindes und des Jugendlichen ein. Er will das Kind sein – wie gesagt, ohne Absicht, ohne Anstrengung, er will es sein *dürfen*. Daher die Kaskaden des Wortwitzes, daher dieses beharrliche

Vergnügen an den Wortspielen und einem Fäkalhumor, der gar nicht einmal sehr ausschweifend ist, weil Mozart wie in einer Manie hier immer dieselben Worte repetiert und sich an sie klammert. ›Dreck, Dreck, Drecke‹:

> wie mir Mannheim gefällt? – – so gut einen ein ort ohne bääsle gefallen kann. Verzeihen sie mir meine schlechte schrift, die feder ist schon alt, ich scheisse schon wircklich bald 22 jahr aus den nemlichen loch, und ist doch noch nicht verissen! – und hab schon so oft geschissen – – und mit den Zähnen den dreck ab = bissen. (II, 122)

So wirkt das geheime Diktat der Kindersprache, der Nachklang seiner lustigen Kritzeleien in den Briefen aus Italien. Mozart hält in seinen Tätigkeiten still, er macht sich ein Amüsement vor, nichts nimmt Richtung an, und die Tage werden zu Erkundungen in der Kunst des Umherschweifens, des Abschweifens, wie der Vater es nennen würde.

Wird das auch die Sprache, zeigt es sich? Ja, versteckt, man sieht es kaum. Ein plötzliches »quer schreiben« in einem Brief an den Vater, wobei die beiden Worte (»quer schreiben«) über drei Zeilen verteilt werden, ist ein Indiz. Auch sichtbar hält nun Mozart die Zeilen nicht mehr ein. »Krumm« und »quer« werden seine Lieblingsworte für die Kunst des Umherschweifens. Sie bilden die äußerste Markierung dieser Kunst, die sich aber noch anders (ebenfalls versteckt) darstellt.

Die Zeit steht still – und Mozarts Reaktion? Er breitet sich aus, er spricht gegen den Vater an, er führt die Technik der gegenseitigen Regelverstöße durch:

> doch, ich mag niemahl gern etwas vor der zeit schreiben; es wird sich alles geben; vielleicht kann ich ihnen im zukünftigen brief etwas *sehr gutes* für ihnen, aber nur *gutes* für mich, oder etwas *sehr schlechtes* in ihren

augen, aber etwas *Paßables* in meinen augen, vielleicht aber auch etwas *Paßables* für sie, und aber *sehr gut, lieb* und *werth* für mich, schreiben! das ist ziemlich oracl = mäßig, nicht wahr? – – es ist dunckl, aber doch zu verstehen. (II, 138)

Ja, es ist zu verstehen, auch wenn man die unbequemen Nachrichten nicht kennt, die sich dahinter verbergen. Darauf kommt es nicht an. Wichtiger ist, daß Mozart in derartigen Passagen, die allmähliche Schritte zum Komischen, Parodistischen hin machen, eine Art Monolog entwickelt, der exakt das Gegeneinandersprechen von Vater und Sohn imitiert. Dadurch gerät er aus der gehobenen Briefsprache heraus, er versetzt sich in eine andere Stimmlage, die des »oracl = mäßigen Redens«. »Potz oracl-sprüche, und kein Ende!« reagiert der Vater darauf, und das »kein Ende« trifft den Sachverhalt. Denn es führt nicht zum Ende, dieses Reden, im Gegenteil, es reizt Mozart, sich auszubreiten, die Sprache des Stillstands einzuführen, die Zeit Besitz ergreifen zu lassen. Daraus entsteht dann jene sonderbare Sprache, die von nichts zu handeln scheint, jener Klingklang der Worte, der von nichts als der Kunst des Aufschubs berichtet. Man muß aber genauer hinhören. Etwa dann, wenn Mozart sich beim jungen Bullinger, einem Salzburger Freund der Familie, für dessen Briefe bedankt:

an H:bullinger meine Empfehlung, und ich schäme mich, so oft ich einen brief von ihm bekomme, denn es steht gemeiniglich etwas von ihm selbst geschrieben darin; und wenn ich hernach bedencke, daß ich ihm, der mein bester und wahrer freund ist, und von dem ich so viell höflichkeit und güte genossen habe, noch niemahlen geschrieben habe! – doch – – ich entschuldige mich nicht – – nein! sondern; ich bitte ihn, er möchte mich, er selbst so viel es nur möglich ist

> bey sich entschuldigen, mit der Versicherung daß ich ihm, so bald ich einmal *ruhig* seyn kann, schreiben werde, bis dato war ich es noch nie; denn so bald ich noch weis, daß ich gewisser als nicht, und wahrscheinlicher weise ein ort verlassen muß, so habe ich keine ruhige stunde! und obwohlen ich iezt doch ein wenig hofnung habe, so bin ich doch nicht ruhig, bis ich nicht weis woran ich bin. etwas von dem oracl mus geschehen; – – ich glaube, es wird eintweders das mittere oder das lezte geschehen – – das ist mir nun eins; denn das ist allerweil ein ding, ob ich den dreck fresse, oder der Papa ihn scheist – Nu, so kann ich doch das ding nie recht sagen! ich habe sagen wollen, es ist ein ding ob der Papa den dreck scheist, oder ich ihn fresse! – iezt lasse ichs lieber seyn. ich sehe es schon; es ist umsonst. (II, 138)

Durch solche Passagen darf man sich nicht täuschen lassen. Sicher, sie geraten ja Wort für Wort, immer mehr ausweichend, ins Komische, und sie enden mit den bei Mozart häufig wiederholten Wendungen vom »Ding«, vom Dreck, von denen es ein überaus kompliziertes Stimmungsgehäuse gibt. Aber: man muß diese ausweichende Rede auch wörtlich nehmen. Und dann kommt etwas anderes als die Albernheit eines Humors zum Vorschein, den man ihm, weil man ihn ganz und gar nicht verstand, immer wieder vorgehalten hat.

Man muß vielmehr darauf achten, wie hier von der Zeit die Rede ist. Mozart spielt mit der Zeit, und – versteckt, gleichsam von hinten – gibt er es zu erkennen: ›die Zeit zergeht mir‹. Man höre also diesen Generalbaß aus Zeitvokabeln heraus, über dem es tremoliert, damit man nicht hören soll, was doch erkennbar wird: »doch … bis dato, noch nie, noch nicht, keine ruhige Stunde, jetzt, doch, doch nicht, bis nicht …«

So macht er die Zeit breit, so tritt er auf der Stelle. Die

Sprache, die hier durchdringt, setzt sich gegen den scheinbaren Spaß durch. Allmählich mischt sich eine andere Melodie in die Abschweifungen, reißt den Schleier herunter, und Mozart wehrt sich, wehrt sich bis zuletzt: .das Ding – der Dreck!, wer scheißt – wer frißt? ich oder der Papa? der Papa oder ich?

So entlockt ihm die Sprache die Wahrheit, so bezwingt sie sein Sprechen, und es ist ganz und gar keine Redensart, wenn er schließt: »iezt lasse ichs lieber seyn. ich sehe es schon; es ist umsonst.« Ja, es ist umsonst, und es bleibt nichts als die Erschöpfung, die diese Auseinandersetzung mit dem Vater (die ja im kleinen Maßstab nichts anderes ist als die Auseinandersetzung mit der Welt) ihm abnötigt.

7

Leopold reagiert nun immer gereizter. Er rechnet nach. Frau und Sohn sind 16 Tage in München, 14 Tage in Augsburg, bereits 17 Tage in Mannheim geblieben – bald sind sie also schon zwei Monate unterwegs. Was ist eingekommen, wie haben sie die Zeit verbracht, was deuten die Briefe des Sohnes an? Leopold nennt es beim Namen, zum ersten Mal, deutlich und ohne Umschweife:

> ... und bis itzt habt ihr eine Spazierreise gemacht, und ist die zeit mit Unterhaltung und spaß dahingegangen: Nun ist die üble Witterung, der kurze Tag, die kälte schon da, und wird noch mehr kommen, und die aussicht, das ziel, kostbar und entfernt. (II, 143)

Schlimmer noch: das Ziel ist nicht mehr zu erkennen. Paris? Vielleicht Paris! Doch sind die Unterschiede zur früheren Reise nicht zu übersehen. Leopold besaß damals Empfehlungsschreiben, und er wußte den Sohn ins Gespräch zu bringen. Anders Mozart: er hat nichts, und er will sich nicht ins Gespräch bringen müssen. Daher resümiert der Vater, strenger werdend und lauter:

> So eine Reise ist kein Spaß, das hast du noch nicht erfahren, man muß andere wichtigere Gedanken im Kopf haben, als Narrenspossen, man muß hundert Sachen vorauszusehen bemühet seyn, sonst sitzt man auf einmahl im dreck, ohne Geld ... (II, 144)

Leopold greift die Rede vom »Dreck«, dem »Ding«, die Mozart selbst immer aufs neue zum Komischen hin variiert, auf. Aber er verschärft sie, er wendet sie gleichsam gegen sein lachendes Gesicht, denn er will dieses Gesicht erschrecken und aufmerken sehen. Daher fährt er fort:

> … im dreck, ohne Geld, – – und wo kein Geld ist, – ist auch kein freund mehr, und wenn du hundert Leck-tionen umsonst giebts, Sonaten Componierst, und alle Nächte, statt wichtigen dingen, von 10 uhr bis 12 uhr Sauereien machst … da hört aller spaß einmahl auf- und im augenblicke wird das lächerlichste Gesicht, ganz gewiß ernsthaft. (II, 144)

Ganz gewiß? Die Vorwürfe verschärfen sich, Leopold hat für die Briefe des Sohnes nun auch den passenden Begriff. Er kann diesen Sprechton nicht mehr ertragen, es ist für ihn alles »in der Geschwindigkeit hingeschriebener Mischmasch«. Er will diesem Mischmasch Einhalt gebieten, ihn aufhalten, er will in das ferne Lachen des Sohnes eingreifen, seinen Stil drosseln, bis die Sätze wieder a tempo, im Rhythmus, funktionieren. Seine Ermahnungen und Verweise sollen sich wie Bremsklötze in den Geschwindigkeitsrausch des Sohnes werfen, damit es ihm nicht mehr gelingt, alle Mitteilungen zu verstecken.

Zu Verstecken – oder hinauszuzögern. Mozart ahnt, wie er dem Vater den langen Aufenthalt in Mannheim erklären könnte. Könnte man es nicht mit dem schon oft zu Rate gezogenen Willen Gottes versuchen? Also setzt er an, denn er weiß ja noch immer nicht genau, ob der Kurfürst ihn den Winter über in Mannheim behalten will; er spekuliert, er weiß, es sind überflüssige Spekulationen, denn man weiß nun einmal nicht, was geschehen wird. So könnte er enden – und es wäre die Wahrheit. Aber er umschleicht sie mit einem Katzenseitenblick auf den Vater und dessen liebste Redewendung:

> was geschehen wird, wissen wir doch nicht, doch – –
> wir wissen es! – – was gott will. (II, 146)

Das ist nicht ohne Raffinesse aufgesetzt, sie soll unschuldig daherkommen, diese Redensart, und sie soll ihre Wirkung nicht verfehlen. Doch wenig später bereits reißt es ihn über diese vorsichtig gesetzte Markierung wieder hinaus. Er poltert, denn er ist – wie er nur andeutet – völlig aus dem ›heisel‹. Er ist nun einmal so, der Papa darf es nicht übel nehmen. Oder – das Ganze in Mozarts unnachahmlicher Diktion:

> Ich kan gescheüt nichts heüts schreiben, denn ich heis völlig aus den biel. der hapa üble es mir nicht Müssen Paben, ich so halt einmahl heüt bin, ich helf mir nicht können. (II, 148)

Nun haben all diese Sätze, wie man ja sofort deutlich bemerkt, einen aufregenden, intensiven Hintergrund, den Mozart verschweigt. Was bringt ihn denn aus dem ›heisel‹, was läßt ihn so aufgeregt und munter werden? Es muß sich etwas Bedeutendes, etwas Lebensausfüllendes ereignen.

Ein solcher geheimer Motor, der Mozarts Bewegungen antreibt, kann auch dem Vater nicht verborgen bleiben. Er liest ja mehr als nur den Wortlaut der Briefe, er versetzt sich in die Absichten und Gedanken der Reisenden hinein, er will ihre Aktionen nachvollziehen. Doch dabei stößt er schnell auf eine Lücke, etwas Unerklärliches, ein Geheimnis – aber welcher Art?

Leopold rekapituliert den Ablauf der Reise noch einmal, um sich das zu erklären. Aus München erhielt er noch Nachrichten, nach denen er sich richten konnte. Auch aus Augsburg kamen noch solche Berichte – »und itzt kommt in Mannheim ... da sitzen wir schon im Dreck ...« (II,149)

So schleudert er dem Sohn dessen Lieblingswendung zurück. Der Dreck, das Ding! Wer scheißt – wer frißt? Ich oder Du?

Die ganze Empörung trägt nichts zur Erklärung bei. Sie beweist Leopold höchstens, daß Mozart mit immer größerer Entfernung von Salzburg freier, unbedachter wird. Aber wie soll man das sonst noch erklären? »Ich denke mir schier das Hirn aus dem Kopf – und schreibe mir die Augen blind ...« (II,149)

Denn noch immer spielt Mozart mit der Zeit. Gewiß, er gibt Anstalten vor, und er erzählt kleine Episoden, die seine Hartnäckigkeit beweisen sollen. Ging er nicht am Dienstag zum Grafen Savioli, um ihn zu fragen, ob der Kurfürst ihn den Winter über in Mannheim behalten wolle? Bat der Graf nicht am Donnerstag um Aufschub? Und hatte der Graf nicht am Freitag wieder vergessen, sich zu erkundigen? Und mußte ich, Mozart, da nicht die Sache selbst in die Hand nehmen? Heute traf ich den Kurfürsten nicht an, aber morgen, morgen werde ich mein Glück versuchen.
Leopold können solche Meldungen natürlich nicht beruhigen. Warum rückt der Sohn nicht mit der Wahrheit heraus? Das Geheimnis, was verbirgt sich hinter ihm? »Ich sagte es ja in meinem letzten Schreiben: es müssten Geheimnisse für mich vorgehen.« (II,156)

Mozart will darauf noch nicht eingehen. Der Vater rückt ihm nahe, aber er unterdrückt das Geheimnis, obwohl es sich Luft machen will. Er schreibt in solchen Situationen lieber ans Bäsle. So am 3. Dezember 1777, als er einen Brief an den Vater aufsetzen muß, der ihm schwerfällt, so daß er alle Register zieht, um in façon zu bleiben. Das beengt, das bedrückt. Noch an demselben Tag setzt er sich hin, um ans Bäsle zu schreiben. Er beginnt, durch die Lupe des vorhergehenden bedrückenden Briefes betrachtet, sehr verständlich:

> Ma très chère Cousine!
> Bevor ich Ihnen schreibe, muß ich aufs Häusel gehen – – – ietzt ist's vorbey! ach! – – nun ist mir wieder leichter ums Herz! – jetzt ist mir ein Stein vom Herzen … (II,163)

Die Befreiung, die Entleerung, die Erleichterung haben ihren Sinn, wenn man sich erinnert: er hat zuvor an den Vater geschrieben. Die Bäslebriefe entwickeln auf komplizierte Weise die Sprache einer solchen Erleichterung, sie nehmen – musikalisch gesprochen – die Themen der Briefe an den Vater auf, bis ins Detail, sie drehen, wenden und zerren an ihnen bis eine andere Sprache daraus wird, und der ungeliebte Ernst verschwindet in der Verflüchtigung.

> Sie sehen also daß ich schreiben kann, wie ich will, schön und wild, grad und krumm. Neulich war ich Übels Humors, da schrieb ich schön, gerade und ernsthaft; heute bin ich gut aufgereimt, da schreib ich wild, krumm und lustig; ietzt kommts nur darauf an was Ihnen lieber ist, – – unter den beyden müssen Sie wählen ... (II, 164)

Es ist klar, was dem Bäsle lieber ist. Es wird auf diese Weise zu Mozarts Vertrauter in der Kunst, lustig zu bleiben und sich gegenüber den Ansprüchen, die die Welt an ihn stellt, zu behaupten. Solche Briefe unterzeichnet er dann: »Der aufrichtige wahre Vetter«. Auch das könnte komödiantisch gemeint sein. Schaut man aber genauer hin, entdeckt man gerade in den Bäslebriefen, hält man sie nur gegen das Licht der um Aufschub nachsuchenden Sätze, die an den Vater gehen, viele Geständnisse. Nur *der* Leser wird sie freilich erkennen, der beides zusammendenkt: Vater und Bäsle, ernste Schreibart und wilde. Deutlich genug heißt es dann etwa in einem Bäslebrief: »Mein Entschluß ist gefaßt; wenn mir noth ist, so gehe ich ...« Das könnte auf die Abreise bezogen sein. Mozart deutet das an, aber er zieht sofort auch um diesen bekennenden Satz einen Schnörkel. Die bekennende Schreibart verwandelt sich dann in die wilde. Er fährt fort: »wenn mir noth ist, so gehe ich, doch nach dem die Umstände sind wenn ich das laxiren habe, so lauf ich und wenn ich gar nicht mehr halten kann, so scheiß ich in die Hosen.« Was ist mit Mannheim? Kann er sein Bleiben noch erklären? Dem Bäsle muß er es einmal sagen: er müßte schon längst abgereist sein. Er bekennt es – wieder mit dem üblichen Schnörkel: »Was werden Sie wohl denken, daß ich noch in Mannheim bin, völlig drinn. Das macht, weil ich noch nicht abgereiset bin, nirgends hin!« (II, 164)

Leopold liest genau. Er gabelt jede Ausrede des Sohnes auf, er spießt sie auf seine spitzen Lanzen, und er wirft sie ihm zurück. Wir sollen uns also in Gottes Willen ergeben, wir Menschenkinder? Wir sollen warten, zögern, daß etwas mit uns geschieht? Nein, wir sollen nicht unbesorgt leben, nicht warten, bis die Taube zum Dach hereinfliegt. So korrigiert Leopold Mozarts Interpretationen der Lebenslehre vom göttlichen Willen. Leopold will sie unschädlich und unbrauchbar machen.

Endlich, endlich muß es aber doch heraus: der Kurfürst hat abgelehnt. Was nun? Mozart kann sich an den Gedanken abzureisen nicht gewöhnen. Enttäuscht trifft er, nachdem er die abweisende Nachricht erhalten hat, in Cannabichs Haus ein. Hier hält er sich ja so häufig auf. Die Familie ist ihm eine Art Schutz, hier kann er sprechen, sich gehenlassen. Cannabichs Tochter spielt die Klaviersonate, die er für sie komponiert hat (KV 309), bereits mit einiger Perfektion. Diese Musik wird gleichsam zum Hohen Lied des Mannheimer Aufenthalts, wie überhaupt unter den Cannabichs Mozarts Melodien gesungen, gepfiffen, gespielt werden. Besonders die Sonate steckt allen im Kopf, sie ist, wie Mozart schreibt, »das favorit vom ganzen Haus«.

Auch an diesem unglücklichen Tag, an dem Mozart die endgültige Nachricht erhält, spielt Cannabichs Tochter das Stück. Mozart hört es gemeinsam mit den anderen Familienmitgliedern in sehr gedrückter Stimmung. Durch dieses Spiel treten all die verletzenden Momente ins Bewußtsein, die Sonate des Mannheimer Aufenthalts wird plötzlich auch für ihn zum Ausdruck einer leisen Resignation: »sie spiellte darauf ganz serieuse meine sonate; hören sie, ich konnte mich des weinens nicht enthalten.« (II, 178)

Also? Er will bleiben. Die Musik ist stärker als alle Überlegungen. Kann er nicht genügend Geld mit Gelegenheitskompositionen verdienen? Um jedoch in Mannheim bleiben zu können, müssen Mutter und Sohn aus dem Wirtshaus ausziehen. Sie finden ein Privatquartier, und Mozart unterrichtet die Tochter des Wirts, damit man ohne Kosten wohnen kann.

Diese Veränderungen stimmen auch Leopold etwas ruhiger. Basta! Genug des Lärms! Geduld! So retardiert er in seinen Einwänden. Wenn es eben nicht anders geht, so sollen sie noch etwas bleiben. Mozart soll eifrig komponieren, man muß an Paris denken.

Wahrhaftig wird der Tag nun für Mozart zu einem Rennen. Erst spät nachts kommt er zum Briefeschreiben, denn am Morgen komponiert er, dann wird gegessen, Lektion gegeben im Generalbaß, dann zweimal Klavierunterricht, der Tochter des Hausherrn, der Tochter Cannabichs. Wenn es so weitergeht, wird man aushalten können, ohne zuviel auszugeben. Jetzt ergeht eine Bitte an den Vater: »Nur eine bitte erlauben sie mir: und diese ist, nicht gar so schlecht von mir zu dencken!« Er will sich dem Vater nähern, obwohl er darauf besteht, daß er sich nicht zu ändern braucht. »ich bin gern lustig, aber seyen sie versichert, daß ich troz einem jedem Ernsthaft seyn kan.« (II, 199)

Leopold beruhigt sich aber auch, weil er etwas zu berichten hat, das vorerst seine Aufmerksamkeit beansprucht. Am 21. Dezember ist er in die Vesper gegangen. Das Orgelspiel des Adlgasser war ihm sofort aufgefallen. Der spielte in Dissonanzen, griff daneben, man hatte Mühe, ihn vom Pult wegzutragen. Er übergab sich auch, er wurde ganz blaß, alle dachten, er stände im Vollrausch. Man brachte ihn nach Hause, wo er in tiefe Bewußtlosigkeit sank. Man frottierte, man zwickte, man rieb ihn, auch das Aderlassen half nicht. Am Abend starb Adlgasser.

Diese Erzählung beschäftigt Leopold. Plötzlich und unerwartet ist in Salzburg eine Stelle freigeworden, die des Domorganisten. »Nun was haben wir für Organisten?« – er weiß, man wird ihn fragen. Der Oberhofmeister erkundigt sich schon. Sollte man nicht den Wolfgang vorschlagen? Leopold ist ein wenig gerührt, aber er erinnert sich auch an die letzten Salzburger Monate. So lehnt er noch vorsichtig ab. Der Sohn ist auf Reisen, es ist nicht daran zu denken, ihn für die Stelle zu gewinnen.

Trotzdem: in Leopolds Nähe ist Platz für den Sohn geschaffen. Leopold hat nun eine unerwartet zugespielte Karte in der Hand. Anfangs geht er noch brüsk mit diesem Thema um, er spielt dann einen offiziellen Beschwerdeton, der den gekränkten Stolz bei Hofe einklagen soll. Doch das wird sich ändern. Von Tag zu Tag wird diese Karte in seinen empfindlichen Augen zum Trumpf. Schließlich wird er sie ausspielen.

8

AM VORLETZTEN TAG DES JAHRES 1777 stirbt der Kurfürst Maximilian III. Joseph in München. Der Mannheimer Kurfürst Karl Theodor wird schon zwei Stunden später zu seinem Nachfolger ausgerufen. Leopold widmet diesen Ereignissen alle Aufmerksamkeit. Der Mannheimer Kurfürst will mit den Österreichern ein Tauschgeschäft vereinbaren. Das läßt nichts Gutes erwarten. Wie verhält sich Preußen? Marschieren die österreichischen Truppen in Bayern ein?
Alles bleibt ungewiß, aber in Mannheim – soviel ist sicher – finden nun keine Bälle und Musikveranstaltungen mehr statt. Das Land ist in Trauer, und Mozart kann deshalb höchstens noch den privaten Verpflichtungen nachgehen. Um die Bayrischen Erbstreitigkeiten kümmert er sich nicht weiter. Vielmehr will er einen Abstecher, einen kurzen Ausflug nach Kirchheimbolanden machen, für 14 Tage oder drei Wochen vielleicht. Man könnte dort am Hof der Prinzessin Caroline von Nassau-Weilburg musizieren.
Er trägt das dem Vater sehr abrupt vor, er ist bereits entschlossen. Doch er muß ja noch seine Begleitung erwähnen, eine gewisse Familie Weber. Fridolin Weber ist Bassist, Souffleur und Notenkopist des Hoftheaters, ein, wie Mozart schreibt, grundehrlicher Mann, der sechs Kinder hat, fünf Mädchen und einen Sohn. Eine Tochter muß man besonders hervorheben. Sie ist erst 16 Jahre alt, singt aber schon wie eine Primadonna. Mit ihr, Aloisia Weber, und mit ihrem Vater will er nach Kirchheimbolanden.
Die Nachricht nimmt sich gar nicht breit aus. Sie wird eher obenhin gemacht, schnell geht Mozart zu einem anderen Thema über. Er buchstabiert das diesmal nicht durch, er läßt

es stehen, so, wie es ist, und er wartet, wie der Vater reagiert.
In Wahrheit jedoch stellt er sich insgeheim als hoffendes Mitglied einer neuen Familiengemeinschaft, der der »Weberischen«, vor. Diese sind nicht nur seine Freunde, sie ersetzen auch die schützende Familienzelle, die durch die Reise mit der Mutter gesprengt worden ist. Mozart sieht sich daher nach einem neuen Innenraum um, in dem er sich aufhalten und sich vorzeigen kann, ohne sich darstellen zu müssen. So ist die geplante Reise nach Kirchheimbolanden ein erster Seitensprung, weg vom Geplanten, auch fort von der Mutter, die allein in Mannheim zurückbleiben muß. Daher zeigt sich ein erster Umbruch: Mozart muß geahnt haben, daß er sich in die eigene Familie nie mehr so wird integrieren können, wie er es zuvor getan hatte. Instinktiv wird er die Reise als einen Abschied empfunden haben. Bedeutete das Gebot des Vaters, sich einen Dienst zu schaffen, Geld zu erwerben, nicht sehr deutlich, daß er, Mozart, von nun alles nur noch von sich selbst erwarten kann, von seinen Anstrengungen, von seinem Durchsetzungsvermögen?
Deshalb sind ihm die »Weberischen« willkommen. Er hat sich (und damit kündigt sich die Offenbarung des »Geheimnisses« an, das so lange gehütet wurde) in Aloisia Weber verliebt, sie ist die Primadonna, denn sie ist der Musik am nächsten. Schließlich verdient aber auch die ganze Familie Weber den Unterhalt durch Musik, und auch hier lenkt angeblich ein umsichtiger, musikalischer Vater. Mozart hat in diesen Leuten eine Art Komplementärfamilie gefunden. Er beginnt, sich wohlzufühlen, und schon das ersetzt ihm die mangelnde Aufmerksamkeit der großen Welt.

Leopolds Antwort auf diesen Reiseplan ist vorerst verhalten. Als sein Schreiben in Mannheim eintrifft, ist Mozart bereits abgereist. Leopold sieht noch nicht hinter die Kulissen, aber er begreift doch schon, daß das Schicksal der »Weberischen« von dem der Mozarts gar nicht so verschieden sein kann. Wird nicht auch Fridolin Weber um seine musikalische Tochter beneidet, läßt man nicht auch sie nirgends zum Zuge kommen? Leopold zieht Parallelen: »Propheta non acceptus in Patria!« (II,241) Mehr noch nicht! Sein Blick ist auf die Bayrischen Erbstreitigkeiten gerichtet, die Mozarts Reise empfindlich stören könnten. Daneben entwirft er weitere Pläne für den Fortgang der Reise. Soll seine Frau nicht bald den Heimweg antreten? Leopold sieht den Sohn zum ersten Mal allein in der Fremde, und bei dieser Vorstellung überkommt ihn ein leichtes Entsetzen: »ach mein lieber Wolfgang! ich darf auf die ganze Sache nicht denken, sonst ergreift mich die schwereste Traurigkeit.« (II,241) Leopold denkt an Paris, die Stadt steht jedoch in seiner Vorstellung in einem denkbar ungünstigen Licht. Sie erscheint ihm frivol, eine Stadt, in der einem die Grundsätze laufen gehen und in der ein christliches Gemüt seine Laufproben bestehen muß. Wolfgang soll sich davon fernhalten, besonders von den jungen Frauenspersonen, die ihm schmeicheln könnten, um sich an seine Rockzipfel zu hängen.

Mozart schreibt von diesem Ausflug nach Kirchheimbolanden und Worms keinen Brief an den Vater, er meldet sich nur einmal kurz bei der Mutter. Sein Brief, in einfachen Reimen abgefaßt, ist von jenem Humor diktiert, den die Bäslebriefe entwickelt haben. Von den Leibsgeräuschen ist oft genug die Rede, und das dient ihm dazu, sein äußerstes Wohlbefinden herauszustellen. Er ist aufgeräumt, und so braucht er auch vorerst nicht an Paris zu denken, an eine Stadt, die auch er nicht im günstigsten Licht sieht. Vor allem möchte er nicht allein dorthin reisen, aber auch nicht mit einer Schar Mannheimer

Musikanten, die er nicht mehr so mag wie noch Wochen zuvor. Vorerst kann sich Mozart heiter geben, abschweifend tönen, eine Stimmungscauserie pflegen, deren Grundlage das Spiel eines Verwandschaftsparts mit den Weberischen ist. Die Mannheimer Freunde, die Ramms und Wendlings, werden dabei zu trockenen, langweiligen Gesellen.

Die Reise ist ein Probestück, und es scheint zu gelingen. Sein Spiel wurde am Hof der Prinzessin bewundert, er wurde beschenkt, er fühlt sich wohl im Kreis dieser Familie, und dieses Wohlbefinden zeigt ihm an, welche Möglichkeiten es gibt, das Leben nun doch in den alten Bahnen fortzusetzen, getragen und beschützt.

Schon kurz nach der Rückkehr setzt Mozart den denkwürdigen Brief an den Vater auf, in dem er seine neuen Interessen umfassend formuliert. Nun muß es heraus, nun will er es endlich sagen. Der Brief ist in diplomatischer Manier abgefaßt, denn Mozart schielt in ihm mit einem Auge nach dem lesenden Vater, mit dem anderen freilich nach innen, auf sein wiedergefundenes Glück und die wiederhergestellte Laune.

Er beginnt mit Erfolgsmeldungen. Dreizehnmal ist Aloisia Weber aufgetreten, er selbst hat zwölfmal gespielt, die ganze Palette, auf der Orgel, Sonaten, Sinfonien. Man hat Profit gemacht, schon dadurch wird der Vater eingestimmt. Denn alles läuft jetzt in eine Richtung, und Mozart gibt ihr Konturen: eine Reise mit den »Weberischen« – nach Italien (das Land der Erinnerung, des Glücks), in die Schweiz oder nach Holland! Auf das Ziel kommt es ihm, wie man sieht, nicht an. Wichtiger ist, daß sich der neue Vater, Fridolin Weber, mit dem alten schon vergleichen läßt. Er ist grundehrlich, gut katholisch, ein christlicher Mensch – muß das dem Vater nicht behagen? Weiter: die Wendlings und Ramms, mit denen man nach Paris ziehen könnte – sind sie nicht zu frivol, paßt ihre Lebensart überhaupt für einen guten Christen? Mozart säuselt kontrapunktisch: soll ich mich einer *solchen* Stadt mit *solchen* Menschen nähern?

Er wählt die kräftigsten Lockmittel für den Vater aus, und er entwickelt zum ersten Mal die neuen Erkenntnisse, die ihm die Reise nach Kirchheimbolanden beschert hat. Fridolin Weber – das ist also der neue Vater, ein Mann wie Leopold, von demselben Charakter, von derselben Haltung. Bei den »Weberischen« ergeht es mir – so gibt Mozart zu – wie mit der eigenen Familie, ich reise gerne mit ihnen, und sie stopfen und flicken mir sogar meine Sachen.

Mozart ist von dieser Parallele, die sein Leben in den Grenzen des früheren erhalten soll, so angetan, daß er sie völlig überzieht. Denn er prüft sie bis ins letzte Detail durch. Ist Aloisia nicht der Schwester Nannerl vergleichbar, ersetzt sie nicht deren Spiel, ist am Ende nicht die ganze Familie »wie die Mozartische«? (II,253)

Mozart hat mit diesen Gedanken zwei Linien entworfen. Einmal versucht er, den heimatlichen verlorengegangenen Familienumkreis durch einen neuen aufs Genaueste zu ersetzen, dann glaubt er, durch diesen Ersatz auch an die früheren Erfolge anknüpfen zu können. Im Kreis der »Weberischen« wird er stark werden. Die neue Bekanntschaft könnte ihm viele Bürden abnehmen, sie schmeichelt ihm dazu mit der Illusion glänzender Erfolge von der Art, die Kirchheimbolanden (in bescheidenem Rahmen) ankündigte.

Nun ist das Geheimnis also heraus, er hat seine neuen Absichten preisgegeben, vollständig und ohne Geheimnistuerei. Das Einverständnis der Mutter scheint er vorausgesetzt zu haben. Doch sie denkt anders als er. So greift sie zu einem seltenen Mittel, in dieser entscheidenden Situation auch *ihre* Meinung zu sagen. Sie wartet, bis der Sohn zum Essen verschwunden ist, dann setzt sie sich in aller Eile hin, um schnell zu sagen, was

noch gesagt werden muß, damit das Gesamtbild für Leopold stimmt. Sie weiß, Wolfgang würde sie mit den schwersten Vorwürfen bedenken, erführe er davon; sie wagt es trotzdem, denn sie glaubt, daß er nicht die ganze Wahrheit der Lage erkenne. Was hat sie zu sagen, was setzt sie hinzu?
Er ist – so schreibt sie – zu hektisch, er paßt sich zu sehr den Leuten an, er duldet keinen Widerspruch mehr. Und darüber – so klagt sie – vergißt er seine Mutter, die so häufig allein bleiben muß, wenn er seine Fahrten macht. Mit dem Wendling soll er nicht nach Paris, aber mit den »Weberischen« soll er erst recht nicht fort! Wie kann man ihm helfen?
Maria Anna spürt instinktiv, daß der Sohn sich vor der Reise nach Paris drücken möchte, daß er es auch allein nicht wagen will, daß er dabei ist, einen unüberlegten Schritt zu tun.
Da entschließt sie sich – plötzlich – zum größten, unerwarteten Opfer, das sie dem Sohn zu bringen bereit ist. Sie will ihn nach Paris begleiten! Dies scheint die einzige Lösung zu sein, um Mozart den Wendlings und den »Weberischen« für längere Zeit zu entziehen.
Ich eile, ich eile – so schließt sie ihren kurzen Bericht – ich eile, damit ich nicht überfallen werde.

Leopold sieht ja immer viel voraus, aber diese schwerwiegenden Veränderungen sind ihm noch verborgen, als er sich am 5. Februar 1778 hinsetzt, um dem Sohn ein langes Schreiben aufzusetzen, das ihn auf der Parisreise begleiten soll. Einen Tag, nachdem Mozart seinerseits in Mannheim die neuen Lebenspläne formuliert hatte, beginnt nun die Engführung zweier Stimmen. Leopold schreibt einen Abschiedsbrief (weil er den Sohn schon im Aufbruch nach Paris sieht) – Mozart orientiert sich indessen neu.
Dieses lange Schreiben vom 5. Februar enthält eine Art Testament, eine Zusammenfassung der Absichten, die Leopold mit

dem Sohn verknüpft. Es ist durchgehend ernst, Leopold will hier seine Belange in strenger Manier vertreten sehen. Er ist das Familienoberhaupt, er ist – was hinzukommt – der bedrängte Mensch in der Not. So beginnt er: man sitze nun tief in Schulden, er müsse Unterricht geben, mit der Gnade des Erzbischofs sei nicht mehr zu rechnen. Er resümiert sein Leben, und er tut das unter einem buchhalterischen Aspekt. Was habe ich ausgegeben – an Geld, an Arbeit, an Sorgen –, was ist dabei herausgekommen? Wenn er unter dem Strich nachschaut, dann ist insgesamt zwar kein Unglück, aber auch kein Glück dabei herausgekommen. Es war – meint er mit melancholischem Blick – »so mitten durch«. Die Familie ist jedoch vor allem finanziell nicht selbständig. Damit ist er an dem Punkt, der ihn ausrufen läßt: jetzt hängt alles, das Geschick der Familie, von Wolfgangs Zukunft ab.

Man merkt es Leopolds Sätzen an, daß er bei diesen Gedanken ins Grübeln gerät. Er selbst traut sich ja schon einiges zu, und er erinnert daran, wie sich sein Organisationstalent auf den früheren Reisen bewährte. Doch der Sohn? An seinem Können will er nicht zweifeln, nein, mit keinem Wort, kein Mißtrauen will er säen. Aber wie kann man ihn sonst erreichen? Leopold greift zu einer letzten Möglichkeit, einer Art ununterbrochener Ermahnung, die nichts anderes ist als eine *Beschwörung.*

In diesem Brief vom 5. Februar erteilt er dem Sohn den väterlichen Segen, den er bei seiner Abreise aus Salzburg vergessen hatte. Leopold konzentriert seine letzten Anstrengungen, auf den Sohn nach Kräften einzuwirken. Er weiß, in Paris ist er ihm entzogen. Die Stadt hat Zauberkräfte, Frauenspersonen, Abenteurer, Betrüger. Die ernsten Vorbehalte werden daher zugespitzt, Leopold macht klar, daß das Schicksal des Vaters und das des Sohnes jetzt voneinander abhängen. So legt er alles in Mozarts Hände, Glück und Unglück, das längere Leben oder den Tod. Er baut eine Höhe der Verantwortung auf, die erdrückend wirkt. Erst in der kurzen Nachschrift an seine Frau verläßt er diesen ernsten, gepreßten Ton, um seine Rührung einzugestehen. Er gibt zu, daß er geweint habe, und er deutet an, daß er den Brief der Nannerl nicht zum Lesen gegeben habe. Die Tochter soll aus aller Verantwortung ausgenommen werden. Das Leben und Weiterwirken der Familie gründet auf zwei Personen: auf Leopold und dem Sohn.

Mozart weiß vorerst ja noch nichts von diesem Brief. Aus Salzburg hat er eben noch erfahren, daß ein Freund der Familie, der Hofrat Schidenhofen, geheiratet hat. Das Thema stimuliert ihn, er erprobt sich im Nachdenken. Wen und wie soll *er* heiraten? Nein, nicht wie der adlige Schidenhofen, keine Geldheirat, ohne Nebenabsichten. Mozart träumt ein wenig von der seligmachenden Liebe, ohne die er sich eine Ehe nicht vorstellen kann. Er nennt noch keine Namen, aber er greift das Thema auf, con variazioni. An solche ›Entrückungen‹ schließt er abrupt seine Ablehnung an, nach Paris zu reisen. Beide Themen gehören ja für ihn zusammen. Er spricht vom Heiraten und – ohne Vermittlung – von seinen Zukunftsplänen. Was will er, was kann er? Komponieren! Er will das Talent, das ihm »der gütige Gott so reichlich gegeben hat«, nicht vergraben. Soll er Stunden geben in Paris? Von Haus zu Haus laufen? Hier abgewiesen werden, dort warten? Schon der Gedanke läßt ihn zusammenzucken. Mozart denkt nicht an Geldarbeiten, lieber unterrichtet er aus Gefälligkeit, wenn jemand »genie, freüde und lust zum lernen« hat.
Sein neues Selbstbewußtsein ist unübersehbar. Es kulminiert in dem Entschluß, mit den »Weberischen« zu ziehen. Von nun an fehlen in seinen Briefen die Stundenpläne seiner Tätigkeiten. Was tut er, tagaus, tagein? Er arbeitet an kleinen Auf-

tragsstücken – aber, reicht das hin, um noch in Mannheim zu bleiben? Mozart wartet auf die Antwort des Vaters, auf Entscheidungen.
Wendling und Ramm sind inzwischen längst nach Paris abgereist. Mozart berichtet auch das nicht ohne eine Spur schlechten Gewissens. Er weiß, daß ihn der Vater lieber in Paris sähe. Der Weg dorthin mag noch nicht ganz versperrt sein, Mozart denkt in Wahrheit nicht daran, schnell aufzubrechen. Die Weberin soll für ihn singen, nichts sonst. Auch die Auftragsarbeiten gehen, wie er zugeben muß, schlecht voran. Er komponiert an mehreren Stücken gleichzeitig, aber er arbeitet nicht kontinuierlich. Für die Arbeit bleibt sowieso nur die Nacht, denn der Tag geht mit Stundengeben und vielerlei Unterhaltungen vorüber.

Inzwischen hat Leopold die neuen Nachrichten aus Mannheim erhalten. Mozarts Brief läßt ihn zusammenfahren, ein heftiges, schmerzhaftes Erschrecken ist die Folge. Die Nacht über schläft er nicht, die Tochter Nannerl weint beinahe zwei Tage lang. Beiden muß mit einem Schlag klar geworden sein, daß der Sohn jede Richtung verloren hat. Sein Brief hat den Schleier zur Seite gerissen, der den Mannheimer Aufenthalt bisher noch umgab. Jetzt erkennt Leopold die Zusammenhänge. Schleppend, mühsam beginnt er, eine Antwort aufzusetzen. Er ist so matt, daß er nur Wort für Wort herausbringen kann, ohne in Fluß zu kommen. Doch soll seine Antwort ein Gericht werden, an dessen Ende das Urteil stehen soll, in *einem* Satz, unabänderlich.
Leopold gibt zu, daß er den Sohn nicht mehr deutlich erkennt. Wo sind die alten Vorsätze, ist nicht alles zusammengestürzt? In diese erschreckenden Gedanken schiebt sich die Erinnerung. Leopold sieht noch einmal das Kind, wie es früher am Abend auf einem Sessel stand, um ihm vorzusingen. Er er-

innert sich an die kindliche Sohnesliebe, und er vergleicht sie mit der Gegenwart. Nichts ist geblieben!

Der schwerste Vorwurf, den er bereithält, soll Mozarts leichtfertigen Umgang mit seinem Talent treffen. Verschleudert er es nicht? Leopold sieht schon mehr hinter dieser Verschwendung: ein »Weibsbild«, notleidende Kinder, einen Strohsack. Will der Sohn dort hinaus? Oder will er noch immer ein Kapellmeister und Komponist werden, von dem noch die Nachwelt staunend berichten wird?

Der Brief Leopolds, diese zürnende, zusammenfassende, tief gekränkte Antwort, läßt die Reise Mozarts als mißlungenes Unternehmen erscheinen. München? Nur Versprechungen! Augsburg? Eine amüsante Zeit mit der Base! Mannheim? Der Untergang!

Die Szenerie hat sich in ein *Trauerspiel* verwandelt. In ihm handeln zwei Familien, die Mozartische und die Weberische. Aloisia, die vom Sohn gefeierte Sängerin (die nirgendwo sonst schon etwas gilt), ist die »Hauptperson«.

Leopold will dem Sohn nachweisen, daß seine Vorsätze übereilt sind und nicht auf Grundsätzen beruhen. Kein Impresario wird eine unbekannte Sängerin einstellen, sie muß erst etwas werden, und für diese Aufgabe soll Wolfgang nicht herhalten. Er *hat* einen Weg, Aloisia soll sich einen bahnen.

Die Abrechnung ist radikal. Sie räumt mit allen Überlegungen Mozarts auf, die vom Wege abführen könnten. Am Ende das Urteil: »Fort mit Dir nach Paris!« (II,277)

Nur in Paris kann er der mißlungenen Unternehmung noch ein anderes Aussehen geben. Dort kann er Menschen begegnen, auf die es ankommt. Wenn doch Monsieur Grimm nur die Briefe beantworten würde, die er, Leopold, ihm längst geschrieben hat!

Leopold will die Beziehung zu seinem Sohn in ein klareres Licht stellen. Er zieht die Bande enger, damit nicht alles umsonst war. Dabei beleuchtet er die früheren Zustände scharf. War er zum Sohn nicht so wie zu einem Freund? Ja, war er nicht wie ein Diener zu seinem Herrn? Er erinnert daran, weil er die Schärfe, mit der er entgegnet, entschuldigen will. Sie ist die Replik auf Mozarts »Grausamkeit«.
Leopold sieht alles Vergangene gefährdet, in allen Bereichen. Am tiefsten dringt der Blick in die Gefühlsschichten. Vater und Sohn – Freund und Freund – Diener und Herr: sollen diese Bindungen, die über ein äußerliches Verhältnis hinausgingen, abreißen? Leopolds Angst ist nicht unbegründet. Jedes Wort wäre nach einem solchen Abbruch des Gefühlskontaktes überflüssig, er würde den Sohn nicht mehr erreichen und nicht mehr auf ihn einwirken können. Aber der Sohn ist ja verliebt. Das ist die schlimmste Bedrohung des Weges. Er hat seinen Gefühlen eine neue Richtung gegeben, Leopold appelliert dagegen an die der Kindheit. Sein Entschluß steht fest, und er verhängt ihn über den Sohn im letzten Satz dieses Briefes: »die Mamma wird mit dem Wolf: nach Paris gehen, damit ihr euch in Ordnung richtet.« (II,279)

In Ordnung! Zur Ordnung kommen! Paris ist der einzige Ausweg, aber man darf Wolfgang nicht allein reisen lassen. Schon vier Tage später setzt Leopold nach. Am meisten verwirrt ihn noch immer, daß der Sohn seinen Charakter so verändert haben soll. Er erkennt den ernsten, arbeitsergebenen und konzentrierten Musiker nicht wieder. Die Berichte aus Mannheim haben etwas Schwärmendes, Überzogenes. Ist die Hingabe an die Musik der Hingabe an »familiarität« gewichen?
Leopold will nicht wahrhaben, daß der Sohn älter geworden ist. Er hat noch immer das Bild des Sechs- und Siebenjährigen

vor Augen, der der Welt Respekt abnötigte und für den die Musik die Sprache seines Lebensernstes war.

In Wahrheit hat Mozart die Musik jedoch keineswegs beiseite gesetzt. Im Gegenteil, erst in ihr erlebt er die Stetigkeit und die Verfeinerung seines Wissens und Könnens. Der Vater jedoch sucht beides gleichsam an falscher Stelle, in Mozarts Lebenshaltung, in seinen Aktivitäten.

Leopold rühmt sich seiner Menschenkenntnis. Er hat sie aber nicht an Menschen entwickelt, die einen Vergleich mit dem Sohn aushielten. Daher täuscht er sich. Er rät auch dem Sohn, die Menschen genau zu studieren. Kennt Wolfgang sich selbst? Leopold würde es verneinen. In gewissem, eingeschränktem Sinn hat er damit auch recht. Mozart kontrolliert sich nicht in seinen Aktionen, er ist direkt, spontan, hingebungsvoll. Leopold setzt das mit dem Verlust allen Lebensernstes gleich. Daß Mozart diesen in seiner Musik aufhebt, bewahrt und verwandelt, daß überhaupt ›Leben‹ und ›Arbeit‹ sich nicht stur voneinander trennen lassen, erkennt er nicht. Für Leopold ist ein Musiker ein Auftragsarbeiter, ein gesellschaftlich heimgesuchtes, leidgeprüftes Wesen insgesamt, das allem nachjagen muß, um sich zu bewähren. Jedenfalls hat er in seinem Leben solche Erfahrungen mit der absolutistischen Hof- und Kirchenmusik gemacht. Mozart dagegen entwickelt allmählich – vorsichtig, nie bis zur völligen Klarheit – das Selbstbewußtsein des unabhängigen, auf Meisterschaft bedachten Künstlers. Einmal so gesehen, spielen zwischen Vater und Sohn (abseits von den emotionalen Tonlagen) Erfahrungen verschiedener Zeitalter eine Rolle. Das frühe achtzehnte Jahrhundert ist die Folie der einen Erfahrungsseite, die bevorstehende Revolution die der anderen.

Wie antwortet Mozart denn? Wie stark ist sein Widerstand? Denkt er überhaupt daran, dem Vater zu *entgegnen*? Nein. Mozart tut schon mit den ersten Sätzen seiner Erwiderung alle eigenen Absichten beiseite. Er entschuldigt sich. Er habe geschwärmt, ja, geträumt, ja, er sei in einer Art von »Berauschung« gewesen, weit über seinen Möglichkeiten, ja, nun müsse er wieder einen Schritt zurückgehen. Nach Paris? Gut, nach Paris! Er geht sogar soweit, seine Absichten mit den Verpflichtungen und Rücksichten, die er gegenüber den Weberischen habe, zu entschuldigen. Er sei den Brief der befreundeten Familie schuldig gewesen. Wird der Vater das verstehen?

Mozart zieht sich zurück. Er gibt dem Vater beinahe in allen Punkten recht. Es soll wieder so sein, wie es einmal war. Die Schwester soll nicht länger weinen, es war alles nicht so ernst gemeint, es war ja nur ein »Dreck«. Er beruhigt den Vater, er stellt eine Rechnung auf. Mutter und Sohn werden nach Paris gehen, das steht jetzt fest. Ein Zeitpunkt für den Aufbruch wird vorerst nicht genannt.

9

VORERST KOMMT AUCH ETWAS DAZWISCHEN. Mozart erkrankt, und man kann diese Erkrankung in Zusammenhang mit den Ereignissen bringen. Schnupfen, Kopfschmerzen, Halsweh, Augenschmerzen – er hat alles auf einmal. In diesem Zustand der Spannung, des Reißens und Fieberns, der seine leibliche Erschöpfung anzeigt, geht er noch einen Schritt weiter. Er ist nicht aufgelegt, einen Brief zu schreiben, aber er drängt sich dazu. Denn er mag bemerkt haben, daß er mit seinem Entschuldigungsschreiben noch nicht alles gesagt hat. Er hat gesagt, wie die Lage »an sich« war. Er hat die Oberfläche poliert und die Stimmungen ins Lot zu bringen versucht ... Jetzt will er mehr tun. Er will rühren, die Gefühle des Vaters zurückgewinnen. Leichte Resignation ist beigemischt. Der Vater soll von ihm denken, wie er will, nur nicht ›schlecht‹. Vor allem aber soll er nicht so von den Weberischen denken. Aloisia ist nicht seine Maitresse (»zu teutsch h = e«). Man darf sie nicht in die Auseinandersetzung ziehen. Sicher, sie hat ihm den Kopf verdreht, sie ist die Ursache seines Feuers, seines Eifers. Aber darf man sie deshalb verklagen? Mozart scheint geahnt zu haben, daß er die Grenzen unachtsam verwischt hat. Er glaubte, seinen neuen Freunden etwas schuldig zu sein, er wollte ihnen ihre Freundlichkeit entgelten. Dem Vater mag das in anderem Licht erscheinen. Er könnte gegen die Weberischen ausfällig werden, Mozart merkt, daß er dem zuvorkommen muß. Seinen Entschuldigungsbrief hat er ja auf unsichere Fundamente gebaut. *Daß* er Aloisia liebt, *wie* er sie liebt, was er sich dann doch erhofft – das alles kann er nicht sagen, kann er nicht *einmal* sagen. Dreimal gebraucht er Wendungen dieser Art. Er stockt, reiht Gedankenstriche aneinander, und er zeigt damit doch nur, daß er die ganze Wahrheit noch nicht hat sagen können. Die Briefe an den Vater müssen den möglichen Spielraum gegenseitigen Respekts und gegenseitiger Zuneigung einhalten. Doch die Freundschaft mit Aloisia findet keinen Platz. Er kann sie nicht umständlich erläutern. Er muß an der Wahrheit vorbeireden. Das reißt Lücken – dreizehn Gedankenstriche markieren sie in einem insgesamt kurzen Brief. Die Krankheit komplettiert seinen gestockten Ausdruck, auch sie meldet eine Unterlassung, eine Unterdrückung.

Unterdessen setzt Leopold noch zweimal nach. Er hat noch nicht genug gesagt, jetzt soll – so scheint es – alles heraus. Zu diesem Zweck dramatisiert er. Er malt sein Bild am Abgrund des Todes. Auch er ist inzwischen krank geworden. Er nennt es eine »beängstigung auf der Brust«, aber es sind nur die körperlichen Anzeichen jenes Trauerspiels, von dem er schon Züge skizziert hat. Dazu gehören das Erschrecken, der Fluch, die unglückliche Aktion. So, wie sich Wolfgang nach Leopolds Meinung in Mannheim ins leichte, schwärmende, fliegende Genre hinausgespielt hat, so gräbt *er* sich jetzt ins schwermütige, so daß man Wort für Wort buchstabieren muß (denn jedes Wort kann einen »zu boden schlagen«). Leopold schaufelt sich ein momentanes Grab. »Zu Boden schlagen«, »ums Leben bringen«, daß einen der Schlag trifft – Leopold ist nicht wählerisch in der Auswahl seiner dramatischen Reaktionen, die ihn am Rande des Grabes vorstellen sollen. Höchstens die Tochter macht ihm noch geringe Freude. Täglich musiziert er mit ihr. Aber warum nimmt sie das so geduldig auf sich? – Weil sie seinen Tod verhindern will! Derartige Dramatisierungen der Salzburger Szene sollen eine tiefgreifende Wirkung nicht verfehlen.

Selbst das physische Bild darf in diesem *Trauerspiel* nicht fehlen. Wie sieht es aus in Salzburg? Nannerl geht jeden Morgen um 6 Uhr in die Dreifaltigkeitskirche, um für die Familie zu beten. Es fällt den Leuten bereits auf. An den Faschingsbällen kann man nicht teilnehmen, dazu fehlt das Geld. Die Schulden sind hoch.

Leopold wählt die drastischste Verkleidung: »ich sehe aus, wie der arme Lazarus« (II,300). Der Schlafrock hängt in Fetzen an ihm herab, niemand darf ihn so sehen. Seidenstrümpfe besitzt er längst nicht mehr, nur noch wollene. Das Flanelleibl bedeckt den Körper nicht mehr ganz, an ein neues ist nicht zu denken. Er muß drei alte Leibl übereinanderlegen, damit er die Kälte erträgt.

So malt Leopold das Salzburger Leben als grauenerregende Elendsszenerie, »Sorgen von innen und Sorgen von außen« (II,300) – das komplette Instrumentarium des Trauerspiels. Dessen bedeutsamste Akteure: der »arme Lazarus« und »die Person« (das Mädel, die Verführerin). Beide aber streiten um den in der Mitte, um Wolfgang, den Sohn des Lazarus, den Freund des Mädels.

Nun wird dieses Spiel so komplex von allen Beteiligten durchgeführt und inszeniert, daß etwas von Mozarts Geheimnis auch dem Vater plötzlich mit einiger Klarheit vor Augen steht. Dieses Geheimnis verbindet er mit einer Paradoxie.

Wolfgang hat (so überlegt Leopold) alles »vor der Zeit« begriffen, die Musik am ehesten. Er hat sie nicht gelernt, er beherrschte sie von vornherein. Alles fiel ihm leicht, das Lernen und der Ausdruck des Lernens spielten höchstens eine darstellende Funktion. Warum fällt es ihm aber nun so schwer, mit den Menschen umzugehen? Was trennt ihn von den irdischen Gütern, wo er doch die himmlischen besitzt?

Mit diesen Fragen zielt Leopold gewiß ins Zentrum. Er setzt vorsichtig an, um sie zu klären und zu lösen. Aber – es gelingt ihm nichts. Er analysiert (wie er es gelernt hat), Schritt für Schritt. Aber nichts als Paradoxien kommen dabei heraus.

Trotzdem gehören diese Reflexionen über den Charakter seines Sohnes gewiß zum Aufregendsten, was er geschrieben hat. Wie geht er vor?

Er empfiehlt dem Sohn, sich zu prüfen. Sind sein Hochmut und seine Eigenliebe nicht auffallend? Wie weiter? Und »dann daß du dich gleich *zu familiär* machst, und iedem dein Herz öffnest« (II,296). Doch halt! – Auch Leopold fährt nicht weiter fort, er hat bemerkt, daß er beginnt, sich zu widersprechen: »das erste sollte zwar das letztere verdrengen. dann wer Hochmut und Eigenliebe besitzt wird sich nicht leicht zur familiarität herablassen ...«
Weiter kommt er nicht, er dringt nicht weiter in den Charakter des Sohnes ein. So sucht er nach einfachen Erklärungen. Hochmut und Eigenliebe kann der Sohn nur in Familien befriedigen, die ihm schmeicheln; daher macht er sich familiär. An derartigen Punkten wird Leopold plump. Seine Eindrücke passen nicht zusammen, und mit aller Gewalt spannt er sie über den Leisten primitiver Geltungssucht. Er überlegt sich nicht einmal, in *welchen* Familien der Sohn Zuflucht sucht, wie er überhaupt die Musik in all seinen Überlegungen kaum berücksichtigt. Die Verbindung, die Leopold zwischen dem Charakter des Sohnes und der schlechten Gesellschaft zieht, dieses schwache Tauziehen zwischen dem Persönlichen und Sozialen, läßt erkennen, wieweit er kommt, wenn er sich anschickt, *diesen* Sohn zu verstehen. Er begreift und erkennt den besonderen Lebensraum, die ganze Lebensart dieses Menschen nicht. Sie ist ihm zutiefst fremd, er kann sie mit nichts vergleichen (und wo wäre auch ein Maß für einen solchen Vergleich?).
Dreck, Dreck? Leopold fragt den Sohn. Nannerl habe nach seiner Meinung wohl über nichts als Dreck geweint? Nein, gewiß nicht, sie habe sich Sorgen gemacht. Leopold verbindet mit dem vielstrapazierten Begriff die ganze Sphäre des Mate-

riellen, der Schwere. Wolfgang gebraucht dieses Stimmungswort ganz anders. Den Dreck stößt man ab, man entleert sich seiner, man trägt das nicht mit sich herum – damit am Ende alles leicht wird.

Das Trauerspiel soll seine Wirkung haben. Leopold nennt sie deutlich beim Namen. Es soll nämlich dazu dienen, den unempfindlich gewordenen Sohn zu erregen, ihn aufzustacheln, ihn nachdenklich zu machen, ihn ganz und gar von falschen Grundsätzen zu befreien. Leopold versteht das Trauerspiel als Akt einer umfassenden Katharsis.

Wolfgangs Zustand bessert sich. Der erste Brief nach der Genesung läßt ihn als gefaßten Menschen erscheinen. Von seinen Kompositionen ist die Rede, von den Arien für Aloisia, von Violinsonaten. Er füllt den Brief mit Berichten über den Erfolg, den diese Stücke im kleinen Kreis haben. Am Ende kommt er auf das Trauerspiel zu sprechen.

Drei Freunde spielen nach *seiner* Meinung darin mit: Gott, der Kopf des Vaters und der eigene Kopf. Er denkt die Reihe in absteigender Linie, aber er hofft, daß *sein* »kopf dem ihrigen in dem fach wo er izt den meinigen überwieget doch nach und nach beykommen« wird.

Die Inszenierung hat ihre Wirkung nicht verfehlt. Erschrokken, aufgewühlt ist Mozart gewesen, wie er schreibt. Die Tränen sind ihm in die Augen getreten. Der arme Lazarus! Aber was kann er, Mozart, dafür? Der Unterhalt in Mannheim kostet beinahe nichts. Wohnung und Holz werden neben der täglichen Verpflegung abgerechnet; die Kosten fallen nicht ins Gewicht.

Von seiner Genesung und den Spielarten seiner Launen berichtet Mozart aber viel deutlicher als in dem Brief an den Vater in einem Bäslebrief. Lange hat er sich nicht gemeldet,

jetzt, ja, genau jetzt, ist der Zeitpunkt dafür. Nein, er, Mozart, ist nicht gestorben, nicht krepiert, nicht verreckt – im Gegenteil, er ist auferstanden. Er ist der »arme Narr«, genesen darf er wieder seine Späße machen. So scheint er dem Kampf mit dem Vater entkommen, es ging noch einmal gut.
Das Bäsle ahnt von den Zusammenhängen nichts. Aber auch diesmal versagt nicht der Blick, der die Briefe an den Vater und den ans Bäsle eng zusammenbringt, um die Themen aus beiden Lagern abzuhorchen auf einen Generalbaß. »Victoria!« – so schreibt er ans Bäsle, um fortzufahren: »unsre arsch sollen die friedens = zeichen seyn!« (II,308)
Victoria? Friedenszeichen? – Im Hintergrund dieser Sätze (die dem Bäsle dunkel genug vorgekommen sein werden) steht die Auseinandersetzung mit dem Vater, und die Unterleiber sollen posaunieren, feiern, sie sollen bestätigen, was sich dann in einem völlig unvermuteten Satz dazwischendrängt: »Ich bin meiner sache gewis.« (II,308)
Endlich ist er sich einer Zukunft gewiß. Die Geduld hat ein Ende, in vierzehn Tagen soll es nach Paris gehen. Das will er feiern, darum schreibt er ans Bäsle. Den Höhepunkt dieser Trompeten- und Posaunenstöße bildet aber das bekannte Vokabular vom »Dreck«, dem er endlich freien Lauf läßt, um nichts anderem als der Freude, der Befreiung Ausdruck zu geben:

> dreck! – dreck! – o dreck! – o süsses wort! – dreck! – schmeck! – auch schön! – dreck, schmeck! – dreck! – leck – o charmante! – dreck, leck! – das freüet mich! – dreck, schmeck und leck! – schmeck dreck, und leck dreck! – (II,307)

Schmeckleckerei ohnegleichen! Die letzten Vorbehalte werden hier fortgestoßen, abgeworfen. Alles wird durch den Dreck gezogen, damit sich der Phönix um so strahlender erhebe.

Auch Leopold meldet sein »Victoria!«, denn der Baron von Grimm hat sich aus Paris gemeldet. Er will die Aufsicht über Mozarts Aktivitäten übernehmen.
Sie geben sich also alle zufrieden. Ende des Trauerspiels? Auch Mozart hofft auf den Baron: »auf ihn habe ich all mein Vertrauen, ich werde ihm auch in allem folgen, was er mir als ein so guter freund anrathen wird.« (II,321)
Mozart ist noch einmal bereit, zu *folgen*. Am 13. März macht er seinen Abschiedsbesuch bei den Weberischen. Fridolin Weber schenkt ihm zum Abschied eine vierbändige Ausgabe von Molières *Lustspielen*.

Die Fahrt dauert dann beinahe 10 Tage. Sie läßt die Erinnerungen an Mannheim wieder verstärkt aufkommen. Wie war es denn an den letzten Tagen?
Zwei Tage vor der Abreise hatte es im Hause Cannabichs ein Abschiedskonzert gegeben. Dabei hatten sich die drei Mannheimer Schülerinnen (Rosa Cannabich, Aloisia Weber und Therese Pierron, die Stieftochter des Vermieters) zusammengefunden. Mit dem Lehrer hatten die Klavierschülerinnen das Konzert für drei Klaviere (KV 242) gespielt, Aloisia hatte zwei Arien gesungen.
Das sind die Mannheimer Abschiedsmelodien, auf der Reise nach Paris hört sich Mozart voller Sehnsucht in sie zurück. Er notiert ein leichtes Schwanken, das sich in seiner Hoffnung, wieder in die verlassene Stadt zurückzukehren, äußert: »wer weis, vielleicht geschieht es. ich wünsche es ...« (II,327)
Die Vergangenheit übt von nun an einen mächtigen Sog aus. Mozart erinnert sich sehr deutlich an den Abschied: Fridolin Weber blieb in der Tür stehen, nachdem Mozart sich verabschiedet hatte, er wartete, bis der Aufbrechende ums Eck war, und er rief ihm noch nach: »Addieu«.

10

PARIS GEFÄLLT MOZART von Anfang an nicht. Er hat zwar viel zu tun, er komponiert an Chorsätzen und für die Mannheimer Bekannten eine »Sinfonie Concertante«. Doch kommt vieles nicht zur Aufführung und wird hintertrieben. Die Adressen, die Monsieur Grimm angibt, stellen sich häufig als schwankende Anlaufpunkte heraus. Mozart trifft die Fremden nicht an, oder er muß in kalten Räumen lange warten, bis er vorgelassen wird.

Das verstärkt seine üble Laune. Er müht sich, er fährt von Haus zu Haus, aber man speist ihn ab. Zudem hat er keine Freunde um sich, unter denen er sich wohlfühlen könnte. Die Mutter bleibt oft allein. Auch sie klagt, über das Essen, über die Kälte, über die Dunkelheit im Zimmer. Mozart findet sich unter »lauter vieher und bestien« wieder. Sie intrigieren gegen ihn. Er arbeitet noch dagegen an, unlustig. Das Opfer gilt dem Vater: »ich mus aushalten, und das ihnen zu lieb.«

›Aushalten‹ – ›Davonkommen‹ – ›Sich Hinaushauen‹: das sind seine Trübsinnsworte in den ersten Pariser Wochen. Einen Monat nach der Ankunft hat sich bereits alles ins Düstere verschoben. Insgeheim glaubt er schon nicht mehr an den Erfolg. Jedenfalls spricht er so, als habe er eine Niederlage nach der anderen erlebt und als gehe es nur noch darum, die Ehre zu retten.

Die Klagen intensivieren sich. Es geht ihm »so ganz erträglich«, er findet »an nichts viell freüde«. Vor allem kann er sich nicht so ungezwungen bewegen, wie er es von Mannheim her gewohnt war. Diplomatisch soll er handeln, und das fällt ihm schwerer als sonst.

Leopold spendet sachte Trost, aber er hält sich ansonsten zurück. Er vertraut lieber dem Baron von Grimm, etwas muß sich finden lassen für den Sohn. Hat man ihm nicht die Hoforganistenstelle in Versailles angeboten? Gibt er nicht Kompositionsunterricht?
So tröstet Leopold auch sich selbst über alle Nörgelei hinweg. Seine Salzburger Nachrichten sind plötzlich sehr ausführlich, sie berichten jede Ohnmacht, jeden Krankheitsfall, die kleinsten Veränderungen in der Heimatstadt mit größter Ausführlichkeit. So antwortet er aufatmend, und er holt die Erzählung der Klatschgeschichten nach, zu der ihm das Trauerspiel keine Gelegenheit gab.
Auf Mozarts Klagen reagiert er mit einer seltsamen Pose der Unwissenheit. Es ist nicht recht, daß soviel geklagt wird, aber er will sich darüber nicht weiter äußern, weil er (angeblich) die »Ursache dieses Missvergnügens« nicht kennt. Er sucht sie in dem Unmut des Sohnes, sein Geld mit Stundengeben verdienen zu müssen. Nimmt Leopold den Mannheimer Hintergrund dieses Unmuts (Mozarts Erinnerungen an den Freundes- und Liebeskreis) nicht mehr ernst?
Nein, Leopold arbeitet vor. In Salzburg streut er die Nachricht aus, daß man dem Sohn zu Versailles die Hoforganistenstelle angeboten habe. Aus der Nachricht wird ein Gerücht, das die Runde macht, bis zum erzbischöflichen Hof vordringt. Leopold versteht sich ja auf derartige Techniken, ein Gerücht in Bewegung zu halten. Er macht sich seine Gedanken. Auch in Salzburg ist schließlich eine Organistenstelle frei geworden.
Die Stimmen in Leopolds Briefpartituren gehen unmerklich ineinander über. Eben noch hat er von der Organistenstelle in Versailles gehandelt, dann fährt er bereits fort: »übrigens ist daraus hier (in Salzburg) folgendes entstanden« (II, 372). Er trennt die Nachrichten aus Frankreich aus dem Stoff ihres

Zusammenhangs und webt sie sorgfältig in die heimatlichen Verhältnisse ein. So baut er dem Unglück vor.
Den Zusammenhang zwischen Leopolds weitschweifigen Salzburggeschichten (den Nachbarn- und Gesellschaftshistörchen) und Wolfgangs Unmutsäußerungen über Paris kann man nicht eng genug sehen. Leopold dienen seine Alltagsgeschichten dazu, dem Sohn die Heimat näherzubringen, sie ihm ans Herz zu legen, ein Gefühl der Nähe zu erzeugen.
So notiert er immer häufiger die Gespräche, die er mit den Angehörigen des Salzburger Hofes über die vakante Organistenstelle geführt hat. Seitenlang gibt er Wort für Wort wieder. Er will dem Sohn die Stelle schmackhaft machen. Der Erzbischof könnte einlenken. Leopold säuselt mit der ganzen Verschlagenheit des Besonnenen, der seine Hintergedanken gut unterzubringen weiß: »ich schreibe aber alles dieses nicht in der Absicht, dich mein lieber Wolfg: zu bereden, daß Du nach Salzburg zurückkehrn solltest.« So etwas diktiert ihm die Vorsicht, doch die Wahrheit drängt weiter. Man müsse abwarten, überlegt er, ob der Hof auf einen zukomme, ob sich »günstige und vorteilhafte Conditiones« ergeben. Leopold rechnet mit einer Wiedergutmachung. Könnte sie nicht mit einem Strich alle Irrtümer beseitigen, den Sohn in seine Nähe bringen, eine Versöhnung mit dem Erzbischof vorbereiten?

So ist der Stand der Salzburger und Pariser Angelegenheiten, als etwas sehr Entscheidendes passiert.
Maria Anna Mozarts Meldungen aus Paris waren von Anfang an bedrückter Natur, ähnlich denen des Sohnes. Zunächst sitzt sie allzu häufig allein in einem ungeheizten Zimmer, dann plagen sie Zahnschmerzen, denen sich Hals- und Ohrenschmerzen anfügen. Sie wird zur Ader gelassen. Doch sie fühlt sich insgesamt nicht wohl, ist nach Spaziergängen übermüdet,

das Briefeschreiben überanstrengt bereits den Arm und die Augen.
Bald stellen sich Schüttelfrost und Kopfschmerzen ein. Sie beginnt zu phantasieren, man läuft nach dem Arzt. Am 30. Juni 1778 beichtet sie, empfängt die Kommunion, erhält die letzte Ölung. Drei Tage später schwinden ihr die Sinne ganz, sie phantasiert ständig und reagiert nicht mehr auf die Umgebung. Nachts (22 Uhr 21 Minuten) stirbt sie.

Am Abend dieses 3. Juli 1778 schreibt Mozart, nachdem die Mutter gestorben ist, zwei Briefe. Einen an Vater und Schwester, den andern an Bullinger, den Freund. Er kann dem Vater die Wahrheit noch nicht mitteilen, so bittet er den Freund, sie ihm und der Schwester mit aller Vorsicht und Schonung beizubringen. Im Brief an Leopold ergeht er sich, wie er es ja bei diesem Briefpartner schon gewohnt ist, nur in Andeutungen. Die Mutter, schreibt er, sei schwer krank, man müsse das Schlimmste befürchten, Gottes Wille geschehe.
Mozart hat in den letzten vierzehn Tagen die Krankheitsgeschichte der Mutter in allen Einzelheiten und Schwankungen miterlebt. Zur Arbeit ist er kaum gekommen. Er ist erschöpft. Die Geschichte steht ihm sehr deutlich vor Augen, der ganze Ablauf der Krankheit hat sich ihm eingeprägt. Bullinger beschreibt er den Verlauf, später schildert er ihn auch dem Vater minuziös. Mozart klammert sich an diese Geschichte, deren Entwicklung für ihn einen Ausdruck der Unvermeidlichkeit hat. Ging es der Mutter nicht von Tag zu Tag schlechter? Und deutete das nicht an, daß alle Auflehnung gegen den Tod nichts half? »Ich bin der Meynung daß sie hat sterben müssen – gott hat es so haben wollen.«
So faßt er es Bullinger gegenüber zusammen. Es ist klar: er will an diesem Tod nicht schuldig geworden sein. Er will ihn ganz aus seiner Nähe verbannen, um den Eindruck zu vermeiden,

daß er als noch so ferne Ursache in Frage käme. Auch aus diesem bedeutsamen Grund hält er sich nicht lange bei aller Trauer auf. Er macht das mit sich selbst aus – was soll er es in Worte fassen? Durch die vierzehntägige Krankheitsgeschichte war er außerdem auf den Tod der Mutter vorbereitet. Daher betont er, daß er seinen Trost gleichsam schon gefunden, daß er ihn bereits verbraucht habe: »ich bin nicht izt, sondern schon lange her getröstet!« (II,391) So fordert dieser Tod nicht mehr seine heftigen Reaktionen heraus – wohl aber zahlreiche Redensarten und Formeln, mit denen er nicht sich, sondern die Salzburger zu beruhigen versucht.

Man liest also seine beiden Briefe, die kurz nach dem Tod der Mutter entstanden sind, nicht richtig, wenn man sie auf seine Reaktionen hin abklopft, um dann zu konstatieren, er habe kaum Gefühle gezeigt, der Tod sei ihm nicht allzu nahe gegangen. Eine solche Kritik übersieht die Umstände wie die Konturen von Mozarts Lebensart überhaupt. Er hat in seinen Briefen noch selten in direkter Weise gesprochen (was nicht bedeuten mag, daß er in ihnen nicht doch von sich gesprochen habe). Verzweiflung, Kummer, Melancholie auszudrücken – das hat er seinen Briefsätzen nicht zugemutet, indem er ihnen diesen bestimmten Inhalt aufgebürdet hätte.

Er weiß, er muß nach Salzburg berichten. Das tut er diesmal gefaßt, in einem unauffälligen, auf Beruhigung zielenden Vokabular. Es setzt sich aus Grundsätzen des Volksglaubens zusammen, und ein anderes steht ihm auch nicht zur Verfügung. Dieses Vokabular soll einen Dienst verrichten: trösten, über den Schmerz hinwegtrösten zu anderen Umständen, denen des Lebens. Dieser Zusammenhang zwischen dem Tod der Mutter und der nun für ihn notwendig werdenden Orientierung steht ihm sofort vor Augen. Daher konzipiert er seine Trostbriefe. Er beginnt mit einem Krankheitsbericht, er leitet über zum Trost (zum Hinweis darauf etwa, daß man sich in Gottes Willen zu ergeben habe) – um durch all das zur Gegenwart zu gelangen, »mehr beherzt, ruhiger und getrost« (II.388).

Man muß nun den Brief an den Vater vom 3. Juli 1778 (der den Tod der Mutter ja noch verheimlicht) sehr aufmerksam studieren, man muß sich über ihn beugen. Es ist einer der zentralen Briefe Mozarts, in dem sich eine Wende seiner Lebensabsichten abzeichnet. Denn er markiert gleichsam den Mittelpunkt dieser für sein Leben entscheidenden langen Reise; von ihm her wird man seine späteren Erfahrungen deutlicher verstehen.

Drei Themen spielen in ihm eine Rolle. Aber wie fügt er sie zusammen? (Die Niederschrift des Briefes hat er zwei- oder sogar dreimal unterbrochen.)

Thema 1: Die Vorbereitung des Vaters auf den Tod der Mutter. Thema 2: Die ›laufenden‹ Geschäfte in Paris (im Schweizer Saal der Tuilerien ist seine ›Pariser‹ Sinfonie (KV 297) aufgeführt worden; er berichtet von den Proben und der erfolgreichen Aufführung in allen Details). Thema 3: Die Überleitung zur Zukunft. Diese Überleitung ist kunstvoll wie selten in seinen Briefen, in denen er sich ansonsten um Verbindungen keine Gedanken macht.

Eben hat er noch vom Konzert berichtet, seine Freude über die gute Aufführung der Sinfonie mitgeteilt. Wie ging es dann weiter mit ihm? Ja, er hat im Palais Royal noch ein Eis gegessen, dann ist er sehr froh und aufgeräumt »nach Hause« gegangen. Nach Hause? »wie ich allzeit am liebsten zu hause bin, und auch allzeit am liebsten zu hause seyn werde – oder bey einen guten wahren redlichen teütschen – der wenn er ledig ist für sich als ein guter Christ gut lebt, wenn er verheyrathet ist, seine frau liebt, und seine kinder gut erzieht –« (II.389).

Diese Sätze markieren die Überleitung zur Zukunft. Eine Spur des schlechten Gewissens schwingt in ihnen nach. Denn er war in den letzten Monaten selten bei der Mutter, er war selten »zu Hause«, und das könnte ihm die Vorwürfe des Vaters eintragen. Das ist nicht alles. Mozart empfindet jetzt, daß er in der gehaßten Stadt allein ist. Allein – er ist zum ersten Mal allein! Da regen sich seine Zukunftsgedanken und wollen hinaus. Er will »nach Hause« – nicht nach Salzburg, daran verschwendet er keinen Gedanken. Er sucht vielmehr den »wahren redlichen teütschen«, den Hausvater. Wer wäre das anders als Fridolin Weber? Er denkt ans Heiraten – und wo wäre das anders möglich als bei den »Weberischen«?

Er kann dem Vater diese Zusammenhänge nicht bekennen. Aber er hat sie schon sehr deutlich vor Augen. Und – er läßt sie Sprache werden, dunkle Rede, die man nur versteht, wenn man den kompositorischen Zusammenhalt der drei Themen verstanden hat. Der Tod der Mutter, innerlich nur auf halbem Wege bewältigt, verlangt nach einer Fortsetzung dieses Weges in eine Zukunft. Wäre die Heirat nicht eine solche Zukunft und ergäben sich daraus nicht ganz neue Pläne?

> Wie teilt er das mit? Und wie verheimlicht er es dann doch?
>
> Nun, gott wird alles gut machen! – ich habe etwas im kopf dafür ich gott täglich bitte – ist es sein göttlicher wille so, so wird es geschehen, wo nicht, so bin ich auch zufrieden – ich habe dann aufs wenigst doch das meinige gethan – wenn dieß dann alles in Ordnung ist, und so geschieht wie ich es wünsche, dan müssen sie erst das ihrige darzu thun, sonst wäre das ganze werck unvollkommen – ich hoffe auch von ihrer güte daß sie es gewis thun werden – machen sie sich nur izt keine unütze gedancken, denn um diese gnade will

ich sie schon vorher gebeten haben, das ich meine gedankken nicht eher ins glare setze, als bis es Zeit ist. (II,389)

Mit diesen Sätzen entwickelt Mozart einen Lebensstrang von Plänen und Absichten, der an die Mannheimer Tage anknüpft und die Pariser Monate auslöschen soll. Noch ist der Vater nicht vom Tod der Mutter unterrichtet. Aber er, Mozart, muß über »die Zeit« hinausdenken.

Drei Briefe hat er in der Nacht vorn dritten auf den vierten Juli 1778 geschrieben: einen an den Vater (den vorbereitenden), einen an Bullinger (den bekennenden) und einen – an Fridolin Weber (dieser Brief ist nicht erhalten). Es ist klar, was sich hinter dieser ›Dreieinigkeit‹ der Mitteilungen verbirgt: das Moment einer Zeitverschiebung. Für Bullinger ist es an der Zeit, vom Tod der Mutter zu wissen, für den Vater noch nicht (es wird jedoch bald an der Zeit sein, ihm diese Nachricht und noch ganz andere zu schicken), für Fridolin Weber ist die Zeit bereits fortgeschritten (die Zukunft steht unmittelbar bevor).

Nur von diesen Linien her werden die Bewegungen verständlich, die nun einsetzen.

Am 9. Juli wendet sich Mozart erneut an den Vater. Es ist ›etwas Zeit‹ vergangen, es ist ›an der Zeit‹. Schon wird sein Ton drängend. Er muß zwar noch über den Tod der Mutter berichten, aber er legt Vater und Schwester nahe, sich »in gottes willen zu ergeben«. Sie sollen sich nun beruhigen, so, wie er sich ja längst ›beruhigt‹ hat. Er ist mit den Gedanken über die Todesnachricht hinaus, er hat sie aufgeschoben. Jetzt ist er bereits in einer gewissen Eile. Man liest sie zwischen diesen Worten heraus: »ich muste mich also trösten; machen sie es auch so, mein lieber vatter und liebe Schwester! – weinen sie, weinen sie sich recht aus – trösten sie sich aber endlich ...« (II,394)

Dieses merkwürdige Trostspenden schließt er jedoch mit Überlegungen und Anweisungen ab, die gleichsam das doppelte Gesicht des Trostes zeigen, den Trost in der nur vorläufigen Gegenwart für eine bereits vorempfundene und vorgestellte Zukunft.

> Allerliebster Vatter! schonen sie sich – liebste Schwester – schone dich – du hast noch nichts von den guten herzen deines bruders genossen – weil er es noch nicht in stande war – Meine liebste beyde! – habt sorge auf eüre gesundheit – dencket, daß ihr einen sohn habt – einen bruder – der all seine kräften anwendet, um eüch glücklich zu machen – wohl wissend, daß ihr ihm auch einstens seinen wünsch, und sein vergnügen – welches ihm gewis Ehre macht, nicht versagen werdet, und auch alles anwenden werdet, um ihn glücklich zu sehen – o, dann wollen wir so ruhig, so Ehrlich, so vergnügt, wie es nur immer auf dieser welt möglich ist leben – (II,394/395)

Auch hier leitet er mit allem Geschick über von einem zum anderen, von der schlimmen Gegenwart zur Zukunft, und erst in ihr hat er sein Thema ganz getroffen, gerät er in Fluß. Was ist zu tun? Er muß vorsichtig vorgehen. Leopold hat die vakante Hoforganistenstelle in Salzburg erwähnt. Mozart muß an diesem Thema vorbei. Er schwärmt von Mannheim, von Cannabich, von dem guten Orchester. Leopold darf nicht auf die Schmeicheleien der Schwester des Erzbischofs, Maria Franziska Gräfin Wallis, hereinfallen, der er in letzter Zeit sein Ohr oft genug geliehen zu haben scheint. Die – schimpft Mozart – hat Zucker und Honig im Maul, die ist eine geschopfte Gans, man darf ihr nicht trauen. Er will in Salzburgische Dienste nur in äußerstem Notfall zurück, und er setzt die Bedingungen für eine Rückkehr von vornherein sehr hoch an. Man müßte ihm alle Freiheit lassen, und der Oberhofmeister dürfte ihm in Sachen der Musik nichts dreinzureden haben.

Im dritten Brief, den er nach dem Tod der Mutter schreibt, wischt er dieses Thema gleich zu Anfang beiseite: »es ist nun vorbey«. Er will zur ›Zukunftsordnung‹ übergehen, und er will sich mit Betrachtungen, erst recht nicht mit Schilderungen des Todes, nicht mehr aufhalten. Wie gesagt, diese Eile entspringt keiner Lieblosigkeit, sondern der Notwendigkeit des Augenblicks. Er ist nicht mehr mit vollen Sinnen in Paris, er ist über diese Stadt (wie über den Tod der Mutter) hinaus. Einer hat das genau erkannt. Der Sänger Raaff, den Mozart aus Mannheim kennt, besucht ihn beinahe täglich. Er wird zu einer Art Vertrauensmann, er schaut tiefer, er ist der erste, der Zusammenhänge ahnt. Unbekümmert teilt Mozart ein Gespräch mit Raaff dem Vater mit; es zeigt, wie Raaff ihm die Wahrheit entlockt: »Raaff sagte endlich lächelnd – ja, das glaub ich – der H: Mozart ist nicht *ganz* hier – um alle die hiesigen Schönheiten zu bewundern – der halbe Theil ist noch dort – wo ich herkomme ...« (II,406)
Das setzt die Summe unter den Pariser Aufenthalt. Sie interpretiert ihn als immer stärker werdendes ›Zurück!‹, das durch den Tod der Mutter eine Beschleunigung erfahren und eine sonst seltene treibende Lebensaktivität Mozarts herausgefordert hat.

Leopold ist nicht wohl. Er kann den Tod seiner Frau nicht leicht und, wie gewünscht, ganz gottergeben hinnehmen. Als genauem Leser der Briefe seines Sohnes fallen ihm die Mißtöne sofort auf. Er bemerkt nur zu deutlich, daß Wolfgang »mitten unter der Begebenheit des traurigsten hintritt (s)einer lieben Mutter« etwas in seine Briefe habe einfließen lassen, von dem nichts Gutes zu erwarten ist. Wieso ist er überhaupt mit solchen Themen beschäftigt? (Auch Leopold hat das Mißtrauen manches heutigen Lesers.) Er tadelt Mozarts Eile, und er ahnt, daß sich die Geschütze des Trauerspiels allmählich wieder in Stellung bringen: »und könntest du nicht einen Schritt wagen, der dich zwischen 2 feuer brächte?« (II, 413)

Nein, Mozart setzt sein neues Thema fort. Noch nie hat er in seinen Briefen derart konzentriert an einer solchen Fortsetzung gearbeitet. Er wird hartnäckig, bestimmend, er rätselt herum, wie alles am besten einzuleiten sei, er plant, er gibt keine Ruhe. Seit dem 27. Juni hat er nicht weniger als drei Briefe an Aloisias Vater geschrieben. Im vierten umreißt er die Chancen. Fridolin Weber könnte nach Paris kommen; er könnte aber auch den Kurfürsten um eine bessere Besoldung bitten; er könnte aber auch versuchen, an einem anderen deutschen Ort (in Mainz?) eine Anstellung zu finden. Wie soll er, Mozart, aber eingreifen? Wenn er nur Geld hätte! Er überlegt hin und her. Zeit, etwas Zeit, Geduld! Die Zeitvokabeln sind seine liebsten, er wendet sie aber jetzt selbstquälerisch nach allen Seiten. Auch an Aloisia schreibt er. Freimütig gesteht er ihr, daß er Trost und Frieden nur im Gedanken finden könne, sie bald wiederzusehen, sie von ganzem Herzen zu umarmen. Eher – so schreibt er ihr in italienischer Sprache (der Sprache der Arien, die er für sie geschrieben hat) –, eher finde er keine Ruhe.
In Paris ist nur noch wenig zu holen, er bemerkt das mißmutig. Das Stundengeben hat er eingeschränkt, es macht zudem kein Vergnügen. Es bringt kaum Geld, und er kommt sich vor, als müsste er betteln gehen. Es verstößt gegen sein »genie«, gegen seine »lebensart«. Er gerät in Rage, wenn er daran denkt. Dabei entschlüpfen ihm Bekenntnisse, die er sonst lieber verbirgt, weil er von ihnen kein Aufhebens machen will und weil sich auf ihnen nicht gut bauen läßt.
Darunter ist eines, das sehr weit greift. Er charakterisiert sich dort, und für einen Augenblick leuchtet etwas von der selbstbewußt betonten (aber sonst meist verborgenen) Idee hervor, an der man seine Bemühungen ablesen und mit der man sie

vergleichen muß. Um diese Idee mitzuteilen, muß Mozart über das bekannte Maß seiner Mitteilungen hinaus, er muß sich zu ihr durchschreiben. Ihre Formulierung gelingt ihm erst in einem bedeutsamen Lebensabschnitt, in dem sich die Linien seiner Existenz zusammendrängen.

Er weiß, diese Existenz hängt unauflösbar mit der Musik zusammen. Aber auch Mozart ist gewohnt, die Musik als Unterhaltung des Hofes betrachten zu *müssen*. Wie soll er unabhängig von dieser Dienerschaft eine andere, weiterreichende Komponente an ihr entdecken? Sie wird kaum geachtet, und er wird überall zurückgewiesen – und doch! Und doch ist sie seine Lebensart, er ist *in* ihr, seine ganze Existenz ist mit allen Zügen, des Sprechens wie der Sprache, des Agierens wie des Zögerns, davon geprägt. Mozart vermag diese unerträgliche Spannung zwischen dem äußeren Schein, den die Musik in virtuoser Manier zu wahren hat, und der existenzprägenden Kraft, die er an seinem Inneren abliest, lange nicht in Worte zu fassen. Denn die Töne einer trotzigen bürgerlichen Opposition stehen ihm noch nicht zur Verfügung, wie er auch die Bedeutung seines Künstlertums nie allzu hoch (also nie in den Sphären olympischer Entrücktheit oder Auserwähltheit) ansetzen will. Sowieso sind diesen oppositionellen Tönen Grenzen gesetzt, wenn es um Protektion und Gelderwerb geht. Diese Grenzen markieren manche Umrisse von Mozarts Empfinden, gefangen zu sein, nicht herauszukommen aus den Attitüden einer Gesellschaft, die ihn – genau genommen – nur noch beleidigt. Die Ausübung seines Handwerks ist nun einmal an den Hof, an die Kirche, an Konvention und Intrige gebunden. Innerlich vermag sich Mozart nie damit zu arrangieren. Er kann nicht zwischen der Musik und der Welt trennen, und die Welt behagt ihm nur, wenn sie sich in Musik verwandeln läßt.

Die letzten Wochen haben ihn in höchste Aufregung versetzt,

jetzt ahnt er etwas davon, denn es nimmt ihm die Luft. Da läßt er sich gegenüber dem Vater zu einer unaufdringlichen Charakteristik seiner »Lebensart« hinreißen. Die Stelle ist zentral, sie umschreibt die Atmosphäre, in der man sich ihn geborgen und frei zugleich denken muß: »sie wissen daß ich so zu sagen in der Musique stecke – daß ich den ganzen Tag damit umgehe – daß ich gern speculire – studiere – überlege.« (II,427) Deutlicher will er sein Lebensethos nicht formulieren. Ein so versteckter Hinweis, der dem Vater gar nicht einmal Neues gesagt haben mag, genügt ihm. Leopold vermag solche Stellen sowieso nicht in ihrem vollen Umfang zu verstehen. Er bezieht sie nicht auf das Innere des Sohnes, und er erkennt daher die Musik nicht als das unschmelzbare Amalgam, das jene Bewegungen und Kreise entstehen läßt, die Mozart in seinem Leben einschlägt. Denn er sucht ja danach, diese »Lebensart« mit der ›Welt‹ zur Deckung zu bringen. Aber die Welt ist widerständig, eine Organisation blasser Attrappen, die sich anders vergnügen lassen wollen als er es vorhat.

Es ist gewiß kein Zufall, daß Mozarts bedeutendster Förderer in Paris, Baron von Grimm, in diesen späten Julitagen des Jahres 1778 ebenfalls über diesen Kontrast nachdenkt. Sein Bericht, der an den Vater in Salzburg geht, ist eines der aufschlußreichsten Dokumente für die Diskrepanz zwischen musikalischer Lebensart und absolutistischer Lebenswelt, die Mozarts Existenz erregt. Gerade in dem entscheidenden Moment, in dem sich Mozart darüber deutlicher bewußt zu werden beginnt, resümiert auch Grimm so, daß seine Sätze eine exaktere Vorstellung von Mozarts Aktivitäten und Stimmungen vermitteln. Grimm schreibt: »Er ist zu treuherzig, wenig tatkräftig, allzu leicht zu täuschen, zu unbewandert in den Mitteln, die zum Erfolg führen könnten. Um hier durchzudringen, muß man schlau sein, unternehmungslustig, wagemutig.« (Original in französischer Sprache) Grimm sieht genau, daß Mozart sich nicht aus Laune den Spielregeln der Galanterie und Diplomatie widersetzt; sein großes Talent hindert ihn daran, diesen Regeln zu folgen. »Ich wünschte ihm für sein Schicksal halb soviel Talent, aber dafür doppelt soviel Gewandtheit, und ich wäre nicht besorgt um ihn.«

So faßt Grimm zusammen, was sich ein weltgewandter Herr über einen Menschen denken mag, der die Musik eben nicht von außen, aus der Distanz, begreifen und sie erst recht nicht einem Zuhörer in so äußerlicher Weise vermitteln kann. Nein, Mozart steckt in der Musik, mehr noch und stärker als er selbst es ahnt. Aus ihr wird er einmal seine Zukunftssprache entwickeln, in der die Menschen so miteinander reden, wie er es sich vorstellt. Diese Sprache hat er der Oper vorbehalten. Hier in Paris ist an eine Oper nicht zu denken. Das Publikum versteht, wie Mozart einklagt, nichts von guter Musik, es setzt auf die bekannten Namen, auf Piccini und Gluck. Was soll dazwischen einer, der das Komponieren »über alles liebt«? Ja, ›über alles‹. Mozart setzt diese Kunst immer an die erste Stelle. Es leuchtet ihm nicht ein, daß seinen Zuhörern nicht die Ohren aufgehen, daß sie sich nicht in Scharen drängen, um ihn zu hören. Merken sie nicht, daß er anders schreibt als die Piccinis und Glucks?

Grimm deutet in seinem Brief ebenfalls unmißverständlich an, daß es für Mozart in Paris keinen Platz gibt. Mozart selbst hat ihm diese Deutlichkeit nicht verziehen. Von nun an hält er ihn für einen hinterhältigen Intriganten, einen Schmeichler und Hofnarren. Er wendet sich von ihm ab.

Leopold aber scheint Grimms Brief wenig Neues zu sagen. Er liest ihn im Sinne seiner eigenen Charakteristik des Sohnes, von dem er zu wissen glaubt, daß er lieber in Luftschlössern, lieber in einer ungewissen Ferne als in der Nähe lebt (ein typisches bürgerliches Mißverständnis der Erwerbslage), daß er nur »die allerweitesten im tiefesten perspectivpunckt liegenden Sachen vor Augen« (II,446) habe. Menschen zu kennen, das heißt für Leopold: sie einschätzen, bewerten, auch benutzen, um Ziele zu erreichen. Mozart besitzt eine ganz andere schnellere Gegenwärtigkeit der Anschauung. Es ist ja nicht so, daß er sich in hoher Selbstüberschätzung von den Menschen abwenden würde. Er würde sie nur am liebsten alle in jene Stimmungen versetzen, in denen er sie erträgt und in denen er mit ihnen zu leben bereit ist, aufgeräumt, leicht, daß die Haustüren in den Angeln wippen, die Fenster offenstehen und ein Luftzug des »tollen Tages« durchs ganze Gebäude weht. In solchen Stimmungen läßt sich das Leben musikalisch ertragen, in Scherzen, in Parodien, die alle Steifheit auflösen, daß die Menschen wie Kugeln aneinanderstoßen, nicht fest, nicht konträr, sondern so, daß man den Zusammenstoß noch als leichte Beunruhigung und als sich fortsetzenden Schwindelzustand erlebt. Stimmungen also wie die, die man den Kugeln des Billardspiels andichten könnte, das er besonders geliebt hat (Stimmungen wie jene, in die er die Gestalten seiner Opern einmal verwandeln wird). Mozarts durch Musik erzogenes Temperament weiß also nicht den Punkt zu berechnen, der zu vorzeigbaren, handelsfähigen Ergebnissen führen würde. Aus dieser Unfähigkeit entsteht die Meinungsverschiedenheit mit Grimm, die nur die Kehrseite der Meinungsverschiedenheit mit dem Vater ist.

Denn Leopold wägt ab: sollte seine Frau nicht schon von Mannheim nach Salzburg aufgebrochen sein? Hat nicht Wolfgang durch sein verzögerndes Taktieren die Reise nach Paris herausgefordert? Wäre die Frau am Ende noch am Leben, wenn die »Weberischen« sich nicht in die Pläne gedrängt und diese verwirrt hätten?

Mit diesen Fragen wagt er sich auf ein gefährliches Terrain, eine Kampfstätte, auf der Mozart um keinen Preis nachzugeben bereit ist. Leopold spitzt seine Angriffe dennoch zu, er berechnet den Anteil der »Weberischen« am Schicksal der Familie. Der Sohn ist durch diese Mannheimer in einen Taumel geraten, in eine Konfusion, über die er noch immer nicht Herr geworden ist. (Soviel ist richtig. Der Mannheimer Aufenthalt hat Mozarts Leben wie kein anderer bestimmt.) Leopold will den Sohn jetzt in seiner Nähe sehen, unter seiner Obhut. Dann soll er dazu beitragen, die Schulden zu verringern und der Reputation der Familie in Salzburg aufzuhelfen. Leopold deutet nirgends an, wie dieses Leben einmal selbständig werden könnte. Eine Kapellmeisterstelle? Ja, damit die Familie Geld einnimmt. Ein Kompositionsauftrag? Gern, damit sich der Sohn einen Namen macht. Ausgeblendet bleiben in diesen Überlegungen alle privaten Zukunftsphantasien des Sohnes, den der Vater noch immer an die Gebote unbedingten Gehorsams gekettet sieht.

Mozart ist entschlossen, dieses Thema mit dem Blick auf Aloisia Weber zu entscheiden. Er denkt daran, sie in seiner Nähe zu haben, sie vielleicht auch (wenn es denn nicht anders geht) für Salzburg zu gewinnen. Leopold bemerkt, wohin es ihn zieht. Er macht gegen die Bekanntschaft zunächst nur vorsichtige Vorbehalte, um ihn nicht vor den Kopf zu stoßen. Unterdessen pflegt er die Kontakte, die ihm eine Stelle am Hof beschaffen sollen. Schließlich dringt er durch. Der Erzbischof willigt in Mozarts Anstellung ein. Konzertmeister soll er werden und Hoforganist dazu, eine schlecht bezahlte Stelle einnehmen, die aber von den drängendsten finanziellen Sorgen befreit.

Leopold gibt sofort das Signal zur Abreise. Er verspricht vorsorglich, sich auch um die Weberischen zu kümmern, und er

verbindet mit diesem Versprechen die Absicht, den Sohn endgültig nach Salzburg zu ziehen: »Ich habe alles ausgedacht.« Er läßt nichts unversucht, den Sohn umzustimmen. Mein Leben – so drängt er – steht auf dem Spiel, folge mir, sonst gehen wir zusammen zugrunde. An dir hängt alles. Deine Freundschaft mit der Weberin will ich dir lassen. Schreibe ihr Briefe, soviel du willst – aber komm zurück! So summiert Leopold alle Vorschläge zu einem einzigen harmonischen Akkord. Alles soll vergessen sein – das ist sein Angebot.
Mozart antwortet ihm mit der gezügelten Freude und dem gemäßigten Dank, zu denen er im Augenblick fähig ist. Seine Zweifel an der Salzburger Misere sind noch längst nicht zerstreut. Er empfindet ja deutlich, daß er sich – in bestimmtem Sinn – geschlagen gibt, daß er etwas aufgibt, wenn er seine Sachen nun schnell zusammenpackt, um die Rückreise anzutreten. Ist Salzburg nicht nur ein Ort für mittelmäßige Talente? Als Mensch »von superieuren Talent« ist er dort nicht der richtige. Mit derart selbstbewußten Worten beharrt er auf seiner Stellung. Er zögert noch; hier ist noch etwas zu schreiben und dort ist noch etwas zu kürzen! So meldet er seine Reaktion auf den Beutezug des Vaters, der ihn zu Hause sehen will. Doch er denkt auch schon daran, die Rückreise über Mannheim und München abzuwickeln. Dort warten die Weberischen. In diesem Motiv ist der Akkord seiner angestrebten Selbständigkeit enthalten, aus ihm hofft er endlich das Glück dieser Reise zu filtern. Mozart denkt an ein glückliches Ende, an den schönen Schluß eines Trauerspiels, das durch den Tod der Mutter eine noch längst nicht abgegoltene Fortsetzung erfuhr. Er macht sich zur Rückreise bereit, doch soll diese Rückreise ihre eigenen Noten und Klänge haben. Er legt sie sich zurecht: es sind die Noten einer Arie, die er für Aloisia Weber bereithält.
Am 26. September 1778 reist er ab.

II

DAS THEMA DER RÜCKREISE ist angeschlagen: Mozart möchte über Mannheim reisen. Fridolin und Aloisia Weber haben inzwischen eine Anstellung in München erhalten. Leopold hat das ebenfalls erfahren, und er zieht daraus seine Schlüsse: der Weg über Mannheim wäre ein närrischer Umweg, der die Reiseschulden nur vergrößern würde. Mozart antwortet ihm aus Straßburg. Er muß seine Pläne nun korrigieren, er wird Aloisia nicht bewegen können, mit nach Salzburg zu ziehen. Auf *diese* Weise wird er sich ihr nicht mehr nähern.
Leopold liest seine Briefe jetzt mit grober Entschlossenheit, er taktiert nicht mehr, er befiehlt, und es überkommt ihn, wenn er an den fernen Wolfgang denkt, eine Art Daseinsgrauen. Was wird er noch anstellen, geheiligt die Stunde, wenn er in Salzburg eintrifft!

Mozart bemerkt, daß man ihn mit Gewalt zurückzieht, aber er hat sich allmählich darein gefunden, und der Schmerz darüber gräbt sich nun in seine Briefe ein und hinterläßt jenes grüblerische Hin und Her, jene lückenvolle Diktion, mit der er nichts verschweigt, sondern sich aufreißt, bis man sieht: diese Briefe sind bereits Reprisen auf die Zeiten der Auseinandersetzung mit dem Vater, auf die Zeiten des Gegeneinanderschreibens. Leise, sacht, mischen sich die Stimmen – das Abwägen wie früher, das eine wird gegen das andere gehalten, dazwischen aber die neue Stimme, die von der Angst berichtet, ein »niemand« zu werden, sich in der Bodenlosigkeit zu verlieren:

> betrachten sie es selbst – setzen sie sich in meine Person; – zu Salzburg weis ich nicht wer ich bin – ich bin alles – und bisweilen auch gar nichts – ich verlange mir aber nicht *gar so viel,* und auch nicht *gar so wenig* – sondern nur etwas – wenn ich nur etwas bin ... (II,496)

Etwas in Mozart stirbt hier, etwas nimmt Abschied und wird noch mit den letzten Reserven jener Mittel, die er früher gebrauchte, fortgespielt. Um diese Reserven aber zu erneuern, wählt er den Weg über Mannheim. Mannheim – die Stadt des Aufschubs, »wie ich Mannheim liebe, so liebt auch Mannheim mich« (II,505). Er wohnt wieder bei Marie Cannabich, deren Mann bereits nach München gezogen ist, wohin das Orchester zusammengezogen wurde. Mozart retardiert. Ob nicht in Mannheim Arbeit zu finden ist? Die »sclaverey in salzbourg!« – noch tut sie sich nicht vor ihm auf.

Das ist der Augenblick, in dem Leopold eindeutig wird. Seine Briefe erhalten nun eine endgültige Diktion. Er will sich nicht länger hinhalten lassen. So baut er an Plädoyers, um sehr schnell zu den Urteilen zu kommen. Er begreift die Forderungen, die der Sohn auf der Rückreise noch zu stellen wagt, nicht mehr. Er hat ja bereits mit ihnen abgeschlossen: eine Heimreise in Eile, ohne Umwege! Mozart jedoch verweilt, er erwartet von dieser Heimreise eine Korrektur seiner vergeblichen Bemühungen. Daher tänzelt er noch, dem Erzbischof eine Nase zu drehen.

Als Leopold von dem Mannheimer Aufenthalt erfährt, verliert er jede Contenance. Diese Nachricht setzt das Signal zu einer Verurteilung der Reise ohne Maß. Leopold bilanziert, und er errechnet die hohen Schulden. Das Urteil steht fest: »alles lief auf Vorschläge, leere Worte, und am Ende auf *gar nichts* hinaus.« Und – noch schärfer: »ich hoffe du wirst nach Empfang dieses

Schreibens, deine Reise alsogleich beschleinigen, und so verfahren, daß ich dich mit freuden empfangen, und dir nicht mit Vorwürfen entgegen gehen darf: ja ich hoffe, daß du, nachdem deine Mutter mal à propos in Paris hat sterben müssen, du dir nicht auch die Beförderung des Todes deines Vatters über dein Gewissen ziehen willst.« (II, 508/510)

Mozart aber glaubt sich noch nicht am Ende der Reise. Das Wichtigste steht noch bevor, die Wende, die Entscheidung! »denn seit meiner zurückkunft von Paris hat sich die scene um ein merckliches verändert – aber noch nicht ganz«. Seine letzten Nachrichten notiert er in höchster Eile und Aufregung, Tintenkleckse auf den Briefbögen entschuldigt er mit großer »Hitzigkeit« beim Eintunken des Federkiels. Weihnachten will er in München sein, und damit die »Szene« komplett ist, lädt er das Bäsle dorthin ein. Sie soll, wie er schreibt, vielleicht eine große Rolle zu spielen bekommen.
Mozart arbeitet am guten Ende des Trauerspiels. Am Abend des 25. Dezember 1778 trifft er in München ein. Er hat für diese Ankunft eine intime Stunde gewählt, in der man im Familienkreis zusammensitzen kann. Alles ist vorbereitet, eine Arie für Aloisia Weber hält er bereit, deren Text vielsagend genug ist (»Io non chiedo, eterni Dei«); er versucht, Aloisia für sich zu gewinnen. Aber sie zieht – im familiären Rahmen, dem letzten Zufluchtsort Mozarts auf dieser Reise – den Schlußstrich: sie weist ihn zurück.

Wir wissen heute, wie Mozart darauf reagierte, und in dieser Reaktion fallen alle Stimmen seines Sprachenkonzertes noch einmal zusammen und ergeben einen übermäßig lauten und gänzlich dissonanten Akkord. Nissen berichtete, daß er sich ans Klavier gesetzt habe – eine Wendung, die verblüfft, weil er an diesem Instrument nie etwas anderes suchte als Musik,

also nicht etwa Beruhigung oder Entspannung. Diesmal ist es aber anders – Mozart setzt sich ans Klavier – nein, nicht um zu spielen, sondern um zu singen, um »laut« zu singen.
Beides gerät also hier einmal (seltener Fall in seinem Leben) durcheinander: Musik und Sprachen mischen sich, Mozart singt laut und spielt dabei am Klavier – dissonante Rückung!
Nissen hat versucht, diese Dissonanz zu mildern, indem er ihm Verse unterschob, die er gesungen haben soll: »Ich lass das Mädel gern, das mich nicht will« (Verse eines bekannten Vierzeilers).
Es ist aber nichts mit der Abmilderung. So hat Mozart nicht gesungen, wie man später rekonstruieren konnte. Die Dissonanz bleibt erhalten, die Stimmen fallen ineinander: Musik, Dreck, Abscheu – das endlich eingestandene Wissen, nicht gewollt zu werden.
Er setzt sich also ans Klavier, und er singt laut: »Leck mir das Mensch im A –, das mich nicht will – das mich nicht will.«

Nun fällt ihm nichts mehr ein, seine Gegenwehr ist gebrochen, er zieht sich zu seinem Freund Becke zurück, um dem Vater die endgültige Niederlage, die sich in einem körperlichen Zusammenbruch artikuliert, zu gestehen. Er will einen Neujahrsgruß aufsetzen, aber es gelingt nicht. Nur noch ein Stammeln bringt er hervor, das ein Schluchzen begleitet, jede Äußerung hemmend und beschwerend: »ich habe von natür aus eine schlechte schrift, das wissen sie, denn ich habe niemalen schreiben gelernt, doch habe mein lebetag niemal schlechter geschrieben als dießmal; denn ich kann nicht, – mein herz ist gar zu sehr zum weinen gestimmt!« (II, 529)
Selbst Becke, dem Freund, erscheint Mozarts Zustand bedenklich. Er entschließt sich, an Leopold zu schreiben, und er bittet ihn, dem Sohn einen freundlichen Empfang zu bereiten. Dessen Herz sei »nicht ganz in Ordnung«.

Mozart kann sich in seiner Trauer noch nicht fassen, erst recht kann er sie nicht durch den Gedanken an Salzburg überwinden. Das Bild des Vaters steht nun in voller Größe der Rückkehr entgegen. Es gibt nichts mehr zu beschönigen, es gibt nichts mehr zu korrigieren. Nur der Gedanke ans Bäsle, die inzwischen in München eingetroffen ist, bleibt noch. Sie soll ihn heimbegleiten, nach Salzburg. Man braucht über diesen Wunsch jetzt nichts mehr zu sagen, man versteht ihn vollständig …

12

NUN SITZT ER FEST, in erzbischöflichen Diensten. Was kann man tun? Tagebuch führen, die kleinen Stadt- und Familienereignisse notieren. Das ist eigentlich Nannerls Aufgabe, aber Mozart mischt sich ein, wenn ihm danach ist. Keine langen Sentenzen, Notate nur, aus dem Zirkel der nächsten Umgebung.

In der Früh besucht die Schwester die Messe, dann Hausarbeiten, Stundengeben, Kartenspiel am Abend. Die »Katherl« kommt vorbei, Ceccarelli, der Sänger, schaut herein, auch dieser und jener. Am Abend, wenn es möglich ist, ins Schauspiel. Die Truppe Johann Heinrich Böhm spielt in Salzburg, im nächsten Jahr die Schikanedersche. Mozarts haben freien Eintritt, Wolfgang lernt, sieht, hört. Das Bäsle reist wieder ab. Die Briefe an die Cousine werden kürzer, die Stimmung ist nicht mehr dieselbe wie früher, ein Schatten der Zeit ist dazwischen. Abends vielleicht eine Nachtmusik, eine Serenade, ein Konzert. Kegelschieben, Bölzlschießen, Kartenspielen. Theater – Theater. Die Schauspieler bleiben den Winter über.
Draußen verändern sich die Konstellationen. Die Weberischen ziehen von München nach Wien. Aloisia hat ein Engagement an der Oper erhalten, ihr Vater ist gestorben.
Und Mozart? Ein Jahr geht vorüber, und wieder ein Sommer. Zwei Themen halten die Tage zusammen, bevor man sich am Abend ins Bett packt. Spazierengehen und in den Himmel schauen. Eine Flut wiederholter Beobachtungen, ein unermüdlicher Kreislauf; Stadtellipsen, bis ins Tolle getrieben.

Spazierengegangen, spaziern auf den Abend, dort geblieben, hier geblieben, nach Hause gegangen, ins Schauspiel gegangen, spazierengegangen, am Nachmittag, allein, miteinander, zu dritt, mit dem Hund, spazierengegangen, nach Haus, spazifeziren, jemand kam nachgelaufen, gewartet, gemeinsam gegangen, spazierengegangen, hinausgegangen, hereingegangen, jemanden ins Schauspiel geführt, nach Hause gegangen, auf einen Augenblick hinausgegangen, spazierengegangen, hernach spazieren, hernach ins Schauspiel, hernach spazieren, zu Hause geblieben, ein wenig spazieren, hernach spazierengegangen, im Mirabellgarten wie man im Mirabellgarten spazierengeht, spazierengegangen, wie man spazieren geht, gegangen, wie man geht …

Ein schöner Tag, ein windiger Tag, ein regnerischer Tag. Auf den Abend ein Donnerwetter, die Wolken verloren sich, der Mond ließ sich sehen, und ein Furz ließ sich hören. Ein Sturmwind, ein Regen. Unbeständiges Wetter. Sehr frisch. Schönes Wetter, sehr schönes Wetter. Ein schöner Abend, doch schwere Wetter. Geregnet und nicht geregnet. Ein Donnerwetter und nicht ein Donnerwetter. In der Frühe geregnet, am Nachmittag schön. Vormittag schön, am Nachmittag geregnet. Der Himmel entwassert sich fast den ganzen Tag, dann wieder stark bewindet. Regnerisch, doch nicht geregnet, und nach und nach lächelt der Himmel. Und wieder geregnet, geregnet, und wieder geregnet. Nichts als gieß, gieß, gieß et caetera. Schön Wetter, Herr Vetter. Schön Wetter, schön Wetter. Schön Wetter, mein Mauserl. Es hat regnen wollen, aber nicht sollen; es wollte ein Regen kommen, ist aber keiner gekommen. Als würde es Wasser geben! Vormittag trüb, nachmittag klar. Vormittag geregnet, nachmittag schön. O Wetter! O worden! O schön! O Nachmittag! O Regen! O Vormittag! Ein wenig geregnet und wieder nachgelassen.

Dann ist es vorbei. Die unendlichen Tage lösen sich auf.

13

EIN AUFTRAG BRINGT DIE WENDE. Mozart soll für den Münchener Karneval 1781 eine Oper komponieren. Am 6. November trifft er in der Stadt ein, die auf der Parisreise seine letzte Station war. Er will die Vorzeichen umkehren. Die Weberischen leben in Wien, Aloisia hat inzwischen geheiratet. In München trifft er aber die Freunde aus der Mannheimer Zeit, Cannabich, Raaff, Wendling, auch Becke ist in seiner Nähe. Der Intendant, Joseph Anton Graf Seeau, erscheint umgänglicher als Jahre zuvor, auch der Kurfürst Karl Theodor begegnet ihm mit aller Freundlichkeit.

Endlich hat er genug zu tun. Die Arbeit an der Oper (»Idomeneo«) erfordert seinen ganzen Einsatz. Man merkt seinen Briefen die Betriebsamkeit an. Jetzt braucht er den Vater nicht mehr zu vertrösten, er kann Erfolge melden. Die Sänger sind mit ihren Partien zufrieden, die Proben deuten einen beträchtlichen Erfolg an.

Mozart arbeitet voller Übermut. Seine Nachrichten an den Vater beinhalten beinahe ausschließlich Fragen der Komposition und Änderungen des Textbuchs. Er badet gleichsam in diesen Nachrichten, sie füllen alles aus, und nichts deutet vorerst auf Lücken wie früher, auf Geheimnisse oder intrigante Aktionen. Daher wird seine Sprache ausschließlich, sie läßt auch an den Rändern nichts anderes erscheinen als Wohlbehagen, in der Arbeit aufzugehen und unter den Münchener Freunden gelitten zu sein. Anscheinend trägt ihn plötzlich eine Woge voran; in den gegenseitigen Mitteilungen von Vater und Sohn über das Libretto, die Stärken und Schwächen der Sänger, die Kürzungen hier und dort, verschließen sich alle Sorgen und Bedenken zu einem einzigen Wohllaut. Die Salzburger Freunde denken auch schon daran, die Münchener Aufführung mitzuerleben, der Erzbischof hat Mozart Urlaub gewährt, damit er ganz der Komposition nachgehen kann. Alles erscheint umgekehrt, auf den Kopf gestellt: die Aktivitäten haben Erfolg, alles greift ineinander, es gibt keinen Grund, den Atem anzuhalten. Nach den Proben umarmen ihn die Freunde, das Orchester macht mit, Lob kommt von allen Seiten.

Mozart genießt diese Anerkennung. Jetzt erteilt *er* dem Vater Ratschläge, jetzt fordert *er*, daß der Vater längere Briefe schreibe, mit ausführlichen Nachrichten. Er macht sich sogar Gedanken darüber, wie man die Salzburger in München unterbringen könne. Er gibt sich als Organisator, ein atemloser Kompositeur, der nichts kennt als seine Pflichten.
Der Vater paßt sich dem neuen Zustand an. Keine Einwände, Ermahnungen nur der Gesundheit wegen. Lange Speisezettel und medizinische Rezepte. Die früheren Unstimmigkeiten haben keinen Platz. Wo sollten sie auch auftreten? Beide richten sich auf das bevorstehende Ereignis der Aufführung.
Nur gelegentlich macht sich Mozart Gedanken über dieses Ereignis hinaus. Ihren Inhalt bezieht er aus dem neuen Erfolg. Insgeheim rechnet er sich einiges aus. Könnte es nicht zu einer Anstellung bei Hofe kommen? Der Vater geht auf dererlei Spekulationen nicht ein. Er tritt einen Schritt zurück, um dem Sohn alle Freiheiten zu lassen. Er soll sich bewähren, und dabei will er ihn vorerst nicht stören. Auch in Salzburg wird von der Oper gesprochen – ein »allgemeines Reden« setzt ein, Reisende, die aus München kommen, berichten nur das Beste. Leopold ist beruhigt, und es macht ihm nichts aus, daß Mozart den vom Erzbischof gewährten Urlaub überzieht. Der Landesherr ist sowieso am 20. Januar 1781 nach Wien abgereist, um dort seinen schwer erkrankten Vater zu besuchen.

Leopold wartet die Abreise des Erzbischofs ab, dann hält es ihn und Nannerl nicht mehr in Salzburg. Am 26. Januar 1781 treffen sie in München ein, am darauffolgenden Tag (Mozarts Geburtstag) findet die Generalprobe zu »Idomeneo« statt. Zwei Tage später wird die Oper erfolgreich aufgeführt. Man bleibt noch während der Karnevalssaison in München. Erst Anfang März fahren Leopold und Nannerl nach Salzburg zurück. Mozart aber ist vom Erzbischof nach Wien beordert worden. Er soll sich dem Hofstaat anschließen. Am 16. März 1781 trifft er in Wien ein.

Mozart – nach dem Münchener Erfolg: Selbstbewußter als zuvor, einerseits froh, nicht nach Salzburg zurückkehren zu müssen (es scheint in anderem Sinn ›vorwärts‹ zu gehen), andererseits mißmutig, sich in den Hofstaat des Erzbischofs eingliedern zu müssen. Er soll sogar mit diesem Menschen unter einem Dach logieren. Zur Mittagstafel haben sie alle zu erscheinen: die Leibkammerdiener, die Köche, Ceccarelli, der Sänger, und Brunetti, der Geiger. Die Kammerdiener erhalten den besten Platz, Mozart darf zwischen ihnen und den Köchen Platz nehmen. Aber er bleibt still, obwohl er dem Vater klagt, wie schwer ihm das falle.

Denn alles ist jetzt Unruhe und Widerstand in ihm. Wien – das könnte *sein* Wien werden, wäre der Erzbischof nicht hier und wäre er, Mozart, nicht gehalten, für diesen Ungeliebten und Ungeachteten aufzutreten.

Wohnen aber die Weberischen nicht hier?

Schon in seinem ersten Brief aus Wien, den er mit der zärtlichsten Anrede einleitet, die er sich für den Vater je hat einfallen lassen (»mon très cher amy!«), ist die Wut gestaut. Er befindet sich in Wien – aber er kann nicht, wie er will. Deutlicher als zuvor nimmt er die Bevormundung wahr. Der Erzbischof!

Für Mozart ist seine Anwesenheit mit der eines Lichtschirms vergleichbar, der über das neu strahlende Talent gestellt wird. Der Erzbischof – der »Erzlimmel«! Überall ist er ihm im Weg, sogar ein öffentliches Auftreten seines Konzertmeisters verbietet er zunächst. Erst auf Drängen von Musikfreunden gibt er nach. Geld enthält er den Musikern vor, herrisch setzt er das Abreisedatum fest.

Der Erzbischof verfügt – Mozart nimmt seine Gegenwart mit jeder Aktion auch physisch wahr. Am Mittagstisch muß er eingezwängt zwischen den Lakaien sitzen, so daß er keine Worte findet. Aber auch in den übrigen Stunden verfolgt ihn das Gefühl, beengt zu sein. Könnte er es nicht zu zahlreichen Konzerten und Auftritten bringen? Könnte er nicht Scolaren haben? Sich dem Kaiser vorstellen?

Mozarts innere Bewegung ist unübersehbar. In diesen Fastentagen des Jahres 1781 tritt seine Vergangenheit gleichsam in einem Brennpunkt zusammen, der das Feuer aus dem Münchener Erfolg bezieht. Jetzt übersieht er ja plötzlich das Ausmaß seiner Beschränkung und des ewigen Einerleis in Salzburg. Nachrichten von dort will er nicht mehr hören, denn er ist schon woanders – nur hat er noch keinen Platz. Statt dessen: das Empfinden, man nehme ihm die Luft!

Wien! Ein »herrlicher Ort«! Für sein Metier der »beste Ort von der Welt«! Mozart ist auf dem Sprung, niemand soll ihn jetzt an die Mißerfolge der Vergangenheit erinnern. Für ihn hat eine neue Epoche begonnen, er hat »andere Gedanken«. Mit aller Bestimmtheit nimmt er sich vor, diese nicht mehr zurückzustellen.

So erlebt er, von vielen Seiten angestachelt, eine Reprise seiner Lebensgeschichte. Jetzt gilt es, sie zu wenden, sich zu entscheiden, etwas herbeizuführen! Die Weberischen leben hier – das ist gut; der Erzbischof nimmt ihm die Nähe dieser

Familie – er vertritt in seiner Gestalt die sichtbare Ursache vieler Schmähungen.

Diese wechselnden Empfindungen arbeiten nun gegeneinander, und Mozart ist gewillt, diesmal in eigenem Namen zu entscheiden und zu richten.

Salzburg ist der Bettelort, der Ort der Untätigkeit, des Verlusts; Wien ist der beste Ort, der Ort möglicher Arbeit, möglichen Glücks. So lauten die Dichotomien in den Briefen an den Vater, die sich vor der durch den Erzbischof festgesetzten Abreise häufen. Der Erzbischof will ihn heimdiktieren – schon das setzt die Heimkehr in ein trübes Licht (und mag an die Tage eines ähnlichen Diktats erinnern). Mozart hält sich jetzt, wie er schreibt, für »gescheider« als früher. Er hat es in den letzten Monaten zu etwas gebracht. »wenn ich will!« – die Deklamation seines Hochgefühls rechnet mit neuen Erfolgen, mit Konzerten, mit Kompositionsaufträgen, sogar mit einer Stelle am Wiener Hof.

Anfang Mai 1781 kommt es zur Auseinandersetzung. Der Erzbischof zeigt seine Unzufriedenheit mit Mozarts Auftreten, er nennt ihn einen Buben, einen liederlichen Kerl, einen Lumpen, einen Lausbuben, einen Fexen. Im Zorn scheidet man auseinander, Mozart will den Dienst quittieren. Es geht nicht mehr: »ich hasse den Erzbischof bis zur raserey.« (III, 112)

»ich will nichts mehr von Salzburg wissen« – Mozart wendet sich um, und er hat bei diesen sehr heftigen Kehrtwendungen eine Familie hinter sich, die ihm Zuflucht gewährt. Anfang Mai ist er bei den Weberischen eingezogen. Maria Cäcilia Weber lebt nach dem Tode ihres Mannes mit den drei Töchtern im Hause Am Peter, »Zum Auge Gottes«. Mozart bezieht ein Zimmer im 2. Stock.

So dreht sich seine Kehrtwendung um den alten Konflikt, und so hebt sie ihn wieder ans Licht. Mozarts Entlassungsgesuch, sein Umzug, seine neue Selbsteinschätzung – diese drei Momente spielen ineinander, und sie wirken so auf ihn ein, daß es ihn hin- und herzerrt, erhitzt, ihn am ganzen Leib zittern läßt, ihn auf der Gasse ins Taumeln bringt. Die Attacken auf seine Person bringen auch den Körper aus dem Gleichgewicht, und Mozart wünscht sich nichts so sehr wie »gesundheit und Zufriedenheit des gemüths«.

Die Briefe Leopolds aus diesen Tagen sind nicht erhalten. Es fällt jedoch nicht schwer, sich seine Fassungslosigkeit vorzustellen. Indessen gibt Mozart ihm keine Gelegenheit, auf einen Erfolg seiner Einwände und Ermahnungen zu setzen. Er zeigt sich vielmehr völlig unbeirrbar. Die Beleidigungen des Erzbischofs sind die schwersten Kränkungen, die er bisher erfahren hat. Er kann sie mit seinem »superieuren Talent« nicht länger vereinbaren. Das Kriechen, das Betteln muß ein Ende haben, Mozart weiß, daß er sich nun von den unrühmlichen Begleiterscheinungen eines Ruhms befreien kann, der von nun an unbefleckt strahlen soll. Unbehindert, frei – und um so leuchtender! Diese Rechnung macht er immer wieder auf; er hält sich nicht an die Realitäten, sondern an sein Können, an die Faszination, die seine Musik doch immer noch auszustrahlen scheint. Deren möglichen gesellschaftlichen Erfolg überschätzt er gewiß. Doch er will mehr sein als ein Diener, ein Gehorsamer in erzbischöflichen Diensten. Mozarts heftige Wendung bezeichnet den Aufstand des musikalischen Talents gegen die Sklaverei absolutistischer Dienste. Natürlich, Mozart muß diese Dienste suchen; aber nicht, um sich zu unterwerfen, zu dienen, zu gehorchen. Mozart sucht den Dienst, der seinem Können endlich Anerkennung widerfahren läßt.

Daher prallen die Einwände des Vaters an ihm ab. Er nimmt sie, wie er schreibt, mit Erstaunen zur Kenntnis. Sie enthalten die alten Vorwürfe, Anklagen wegen der Untreue und Unzuverlässigkeit des Sohnes, Klagen wegen Mozarts angeblicher Vergnügungssucht. Mozart ist das alles ja bekannt. Aber er geht darauf nicht mehr ein. Das war wohl – so tut er sie mit gespielter Gelassenheit ab – in der ersten Hitze geschrieben, diese Sätze muß der Traum dem Vater diktiert haben, das können am Ende nicht die Sätze eines Vaters sein, der das Beste seines Sohnes will. So fliegen die Schlingen, die Leopold nach ihm auswirft, vorbei ins Leere. Mozart läßt sie vorbeigleiten, er entschuldigt sich nicht, er gibt mit keinem Wort etwas zu, etwas nach. Die »alte histori« soll nie wieder von neuem beginnen.

Mit diesem festen Entschluß setzt er sich von Salzburg ab. Die Einleitungen seiner Briefe vertrösten nicht mehr, sie vollziehen in souveräner Manier den Abschied. Soll doch der Vater denken, was er nun einmal denkt – ich muß mir die Freiheit nehmen, das zu denken, was ich zu denken genötigt wurde. In seinem Vokabular: »sie haben ganz recht, so wie ich ganz recht habe Mein liebster vatter!«

Mit dieser Sicherheit, ganz im Recht zu sein und nirgendwo nachgeben zu dürfen, begegnet er dann auch dem Grafen Arco, über dessen Person sich die weiteren Formalitäten der Dienstquittierung abwickeln. Der Graf hält Mozart anfänglich noch hin, und in den Unterhaltungen, die die beiden über Mozarts Betragen führen, bahnen sich keine Veränderungen an. Schließlich kommt es aber auch hier zur Auseinandersetzung. Der Graf weist Mozart die Tür, er befördert ihn mit einem Fußtritt hinaus, »mithin war kein ander Mittel als sich losreissen und lauffen«.

Sich losreißen, laufen – Mozart vollzieht den Abschied in allen Phasen *körperlich*. Der Auszug aus dem Quartier des Erzbischofs in die Wohnung der Weberischen, die Schwindelanfälle nach dem Gespräch mit dem Erzbischof, das Fortlaufen aus dem Vorzimmer – diese abrupten Bewegungen signalisieren den endgültigen Umbruch. Er wird sich nicht mehr vergessen machen lassen, und das ist Mozart recht so. Mozarts lange zurückgehaltener Zorn drückt sich jetzt aus. Er skandiert seinen Widerstand: »das Herz adelt den Menschen; und wenn ich schon kein graf bin, so habe ich vielleicht mehr Ehre im leib als mancher graf.« (III,133)

Rache für das Unrecht! Aufbegehren gegen alte Zufriedenheit! Mozart kennt keine anderen Tonlagen mehr. Auch gegenüber den Vorbehalten des Vaters lenkt er nicht im geringsten ein. Seine Briefe beginnen mit kräftigen Absagen an alle Versuche einer Wiedergutmachung. Nur um den Vater zu beruhigen, wird er nicht mehr handeln. Im Gegenteil: man soll sich nicht beruhigen, die Unruhe geht um, in allem, dem Körper und den Taten.

Natürlich mehren sich nun in Salzburg die Gerüchte. Sie bringen Mozarts Aufenthalt in Wien mit den Weberischen in Verbindung. Mozart wehrt sich noch ein wenig. Er denke nicht ans Heiraten, so schreibt er dem Vater; jetzt, wo er anfange zu leben (so deutlich sieht er den Neubeginn), gehe eine Heirat weit über seine Absichten hinaus. Er habe auch etwas anderes im Kopf und ein Textbuch in Händen. »Bellmont und konstanze. oder die Verführung aus dem Serail« – so gibt er den Titel an. In Leopolds Augen nimmt eine ganz andere Verführung ihren Lauf. Er vermutet, daß die Witwe Weber darauf aus ist, eine Tochter zu verheiraten. Mozart zieht um, weil er diesen Vermutungen, die ihn im Augenblick über Gebühr belästigen, aus dem Wege gehen will.

Aber Leopold setzt unermüdlich nach. Die Gerüchte beunruhigen ihn. Der Sohn scheint sich seinem Einfluß ganz zu entziehen. Macht er nicht längst, was er will?

Mozart geht auf diese Vorbehalte nur noch mit einem matten Abwinken ein. Man soll reden, was man will – es wird nichts mehr ändern. Diese beharrlich wiederholten Sätze setzt er den Angriffen des Vaters entgegen. Allmählich beginnt er auch, den Ton umzukehren. Warum wendet sich der Vater denn an Außenstehende? Ist das alles nicht eine Sache, die nur zwischen Vater und Sohn abgehandelt zu werden verdient? Mozart verbietet sich alle Einmischung von außen. Er konzentriert den Fall auf die Auseinandersetzung mit dem Vater. Hier soll sich alles entscheiden, nicht in einem diffusen Außenbezirk, auf den keine direkte Einwirkung möglich ist. Nur die Schwester wird noch einbezogen. Seit er sie nicht mehr gesehen hat, ist sie häufig krank. Ihre Liebe zu Franz Armand d'Ippold gibt Mozart die Möglichkeit, an einem ihn beschäftigenden Punkt einzuhaken. In Salzburg – so denkt er sich – kann aus dieser Liebe nichts werden. Er will sie und den Verehrer nach Wien locken. Am liebsten hätte er sie um sich. Er empfindet mit der Schwester, denn ihre Liebe zu d'Ippold ist für ihn ein Spiegel, in dem er seine Beziehung zu Konstanze Weber wiedererkennt.

Unterdessen arbeitet er an der »Entführung«. An den Themen der Arien läßt sich viel von dem erkennen, was ihn gegenwärtig beschäftigt. Zum ersten Mal deuten sich bei diesem Singspiel deutliche Parallelen des Textbuchs zu Momenten seiner Lebensgeschichte an. Mozart hat nach diesen Parallelen nicht gesucht. Das Textbuch lag längst vor, als er sich an die Vertonung machte. Er änderte es nach den Erfordernissen dramatischer Intensivierung. Aber er *findet* Parallelen. Diese nehmen ihren Ausgang vom Namen der Geliebten (Konstanze), der im Singspiel die größte Rolle spielt. Um diesen Namen entzündet sich geradezu eine Stimmung erotischer Faszination, in der sich Gegenwart und Erinnerung mischen. Aber auch in anderen Motiven entlädt sich das Feuer einer Mitteilung, die über den Text hinausreicht und diesen der Dienstbarkeit unterwirft.

Liebe und Zorn – um diese Momente kreist das Spiel. »Drum beim Barte des Propheten« – hier kann er einen Menschen in heftigstem Zorn vorstellen. Da soll die Musik nach Kräften mitmachen, sie darf sich gleichsam nicht mehr kennen, so, wie ein zorniger Mensch (wie Mozart wissend notiert) »alle Ordnung, Maas und Ziel« überschreitet. Das sind seine liebsten Themen, und der einfache Singspielstoff kommt ihm recht, die Gefühle und Reaktionen zu entladen. Denn im Singspiel kann er sie wenden, kann er zugleich überall sein: sich über den Zornigen lustig machen und doch zornig sein; Liebeslieder anstimmen, die niemand auf ein lebendiges Wesen beziehen muß. O wie ängstlich, o wie feurig – auch das klopfende liebevolle Herz soll man hören, die zwei Violinen gehen in Oktaven. Man soll das Zittern, das Schwanken der Liebenden hören – im crescendo. Man soll das Lispeln und Seufzen erkennen – im unisono der Violinen und Flöten.

Zuweilen kommt es ihm vor, als sei die Musik vor dem Text gewesen, denn der einfache Text schmiegt sich ihr ein – nicht umgekehrt. Mozarts Gefühle suchen nach einem musikalischen Ausdruck, und das Textbuch gibt ihnen zugleich einen Anklang an seine Geschichte. Daher erscheint ihm die Musik ›voraus‹. Sie ist ja – wie immer – zuerst da, und sie braucht die Worte nur noch beim Ton zu nehmen.

Mozart hat sich losgesagt, nicht von der Liebe zum Vater, wohl aber von der Abhängigkeit. Er bemüht sich nicht mehr, etwas zu verschweigen. Und er trennt nicht mehr in zwei Stimmlagen, hier die gespielte, dort die verheimlichte. Man kann sagen: Mozart wächst mit jedem Tag des Wiener Aufenthaltes mehr zusammen. Seine Sprache wird in diesem Sinne kon-

zentrierter. Sie nimmt die Ansprüche von außen nicht mehr ins Repertoire einer galanten, den Empfänger zufriedenstellenden Antwort hinein. Er will niemanden mehr mit schneller Hand besänftigen. All seine Bemühungen gehen darauf aus, sich selbst ›Ruhe‹ zu geben. Mit dieser ›Ruhe‹ verbindet er seine Zukunft, mag er sich dabei auch über seine gleichbleibende innere Verfassung hinwegtäuschen, die es ihm nicht erlauben wird, ruhig zu werden. Eine gewisse Müdigkeit, es anderen recht zu machen, ist unübersehbar. Auf *einmal* legt er alle Fesseln, an die er seit der Kindheit gewohnt ist, beiseite. Das Hohe Lied dieser Befreiung ist die »Entführung«, erotisierende Unruhe des Herzens, das der Gefangenschaft entfliehen will, nichts als Pulsschläge, mal schneller, mal langsamer!
Mozart gewöhnt sich alle Vertraulichkeiten ab. Er gibt sich ernst, und er erzieht sich dazu. Alle Wortspiele, die munteren Redensarten und Fexereien, verbannt er vorerst aus seinen Mitteilungen. Diese kommen von nun an am ehesten dem Ideal einer *Geschlossenheit* nahe, in der sich seine gefestigte und durch den Streit mit dem Erzbischof geprüfte Haltung dokumentieren soll. Mozart weiß, daß er sich keine Blöße geben darf. Er will jetzt der »andere« sein – daher vermeidet er alle Späße, alle Halbheiten, jede Provokation des Vaters.

Vater und Sohn geraten von hier an auseinander. Leopold war gewohnt, den Sohn gehorchen und in gewissem Sinn folgen zu sehen. Die Briefe, die er ihm früher schrieb, waren Wegweiser, Richtschnüre, an denen sich das Leben des Kindes und jungen Mannes entwickelte. Vorsichtig, allmählich aber auch bewußter, läßt Mozart diese Fangleinen entgleiten. Er verändert die Gestaltung seiner Reaktionen, denn er will zeigen, daß ihn die Briefe des Vaters nicht mehr so wie früher erreichen. Er will selbst entscheiden, wieviel sie ihm anhaben können.

So läßt er alle Begründungen für sein Verhalten fort. Wenn er zum Grundsätzlichen vorstoßen muß, genügen ihm Hinweise auf die Abhängigkeit der Salzburger Zeit, auf die Schurkereien des Erzbischofs und der Hofschranzen. Daran braucht er ja nur obenhin zu denken – schon steigt es wieder in ihm hoch. Der Zorn beherrscht seine Gefühlskultur; er macht ihn stolz, er gibt ihm jene Geschlossenheit, die – nach außen hin – Erwiderung sucht. Zorn und Liebe – diese Komplementärgefühle lebt er in aller Heftigkeit aus.

So gibt Mozart seiner Person einen Halt. Enteilte sie früher dem Bedürfnis, von Minute zu Minute ein anderer zu sein, entlud sie sich damals im Wechselspiel der Reflexe, so drängt sie jetzt zum *einen* Ideal des Andersseins, zum Kontinuum *einer* Reaktion, dem Lichtkegel gleich, der den Weg des Schauspielers ausleuchtet und begleitet. Von diesem Auftrag trennt Mozart alle Ränder gesellschaftlicher Hemmnisse und Antipathien. Er steht, wo er steht, unabänderlich, und er interpretiert diesen Standpunkt als den der Reife.

Das fällt ganz deutlich ins Auge, wenn man den letzten Brief, den er ans Bäsle schreibt, genauer liest. Man mag sich erinnern, was er in diesen Briefen suchte: die geheime Niederschrift seiner gequälten, nicht zur Aussprache kommenden Gefühle, die hinter den komischen Späßen ein Bezugsfeld aufbauten und gleich wieder zerstörten.

Davon ist nichts mehr zu erkennen. Denn auch das Bäsle hat sich an der Verbreitung der Gerüchte beteiligt, die über Mozart im Umlauf sind. Mozart korrigiert – ohne zu spaßen, in der jetzt für ihn charakteristischen Manier, »wenn sie sich gerade an mich gewendet hätten, so wüssten sie gewis mehr, als alle Leute ...« (III, 169) Das muß er ihr (wie auch dem Vater) sagen: schaut nur auf *mich,* in *mir* läuft alles zusammen, neben und über mir gibt es nichts mehr. Dahinter artikuliert sich die

Forderung, ihn als Person ernst zu nehmen, nichts mehr gelten zu lassen. Konzentriert euch! Ich selbst bin das Zentrum – mögt ihr es auch noch nicht bemerkt haben.

Mozart trennt sich von dem Verbund der Aktivitäten und Intrigen, der Bewegungen und Zirkulationen, die früher – unter Leopolds Leitung – den Erfolg seiner Auftritte ermöglichten. Er kann auf diese Aktivitäten nicht verzichten, aber er will nicht um sie kreisen, getrieben und gehetzt. Eher will er sich zu ihrem Mittelpunkt machen und dadurch erreichen, daß man seine Stellung achtet.

Diese Wende bestimmt auch den Brief ans Bäsle. Es taucht in ihm eine merkwürdige Formulierung auf, die – befreit man sie von ihrer Schlichtheit – auf den Prozeß hinweist, den er sich selbst macht. »denn ich hoffe, daß unsere Correspondence Üebes bääsle, nun erst recht angehen soll!« (III, 169)

Was heißt das? Mozart will den früheren Briefton beenden. Er zieht einen Strich. Jetzt soll etwas von vorne beginnen. Eine neue Vertraulichkeit muß hergestellt werden, denn er, Mozart, ist nicht mehr derselbe. Darauf soll das Bäsle achten, und darauf soll es erwidern. Er nimmt nicht wahr, daß diese Freundschaft unter Gesetzen stand, die man nicht von heute auf morgen austauschen kann. Mozart entkleidet sie mit diesem um Korrektur bemühten Satz ihrer früheren Bezüge, ihrer Anspielungen und Doppeldeutigkeiten. Er will sie »anders«, neu. Und exakt in diesem Moment beendet er sie. Weitere Briefe sind nicht mehr erhalten und nicht mehr bekannt. Das Bäsle – als Gestalt hat es sich von ihm entfernt. Es mag ihn gleichsam nur noch aus weiter Ferne wahrgenommen haben, im Dunst einer Gerüchteküche. Und er? Er schaut sich nicht mehr nach ihr um, er wünscht, daß sie ihm folge. So sympathisieren beide nicht mehr in derselben Manier; sie haben nichts mehr, was sie zueinanderzöge. Daher schweigen sie.

Mozarts Wende kulminiert in dem Entschluß, Konstanze Weber zu heiraten. Nichts erscheint ihm in diesen Monaten natürlicher und vernünftiger. Er strengt sich zwar noch einmal an, dem Vater diese Heirat mit Gründen der Vernunft zu erläutern, sie ihm ans Herz zu legen. Doch anders als zuvor steht alles für ihn schon fest, er sucht nicht nach dem väterlichen Einverständnis, sondern nach der Anerkennung seines bereits gefaßten Entschlusses. In beinahe rührender Manier trägt er Gründe vor, die nur auf den ersten Blick überzeugen, zunächst solche seiner ›Natur‹. Er wolle, so schreibt er, nichts mit Frauenspersonen außerhalb der Ehe zu tun haben; die Religion und die Angst vor ansteckenden Krankheiten hielten ihn davon ab.

Nebenbei gesagt, habe er auch noch nie mit einer Frauensperson »auf diese art etwas zu thun gehabt« (»denn wenn es geschehen wäre, so würde ich es ihnen auch nicht verheelen, denn, fehlen ist doch immer dem Menschen natürlich genug, und *einmal* zu fehlen wäre auch nur blosse Schwachheit, – obwohlen ich mir nicht zu versprechen getraute, daß ich es bey einmal fehlen bewenden lassen würde, wenn ich in diesem Punckt ein einzigesmal fehlete« – man mag von dieser umständlichen Kasuistik halten, was man will, es läuft doch alles auf Vermutungen hinaus. Eher mag man sich daran halten, daß er mit solchen Sätzen seinen gewissen ›ehrlichen‹ Briefton erprobt, der von aller ›Wahrheit‹ nicht abweichen will. Er will dem Vater alles sagen, und er will sich nicht scheinheilig darstellen.).

Sprechen schon die Gründe der Natur für eine Heirat, so noch stärker ein Argument, das seine neue Selbsteinschätzung treffend belegt. Er faßt es in einem sehr merkwürdigen Satz zusammen, merkwürdig zunächst, weil er sich darin zu charakterisieren versucht, merkwürdig dann, weil diese Charakteristik nur etwas von seinen gegenwärtigen Wünschen verrät, die Vielfalt seines Charakters jedoch weitgehend verfehlt: »Mein Temperament aber, welches mehr zum ruhigen und häuslichen leben als zum lärmen geneigt ist – ich der von Jugend an niemalen gewohnt war auf meine Sachen, was Wäsche, kleidung und etc: anbelangt, acht zu haben – kann mir nichts nöthigers denken als eine frau.« (III, 180) Ein gewisser Pragmatismus wird nicht verleugnet. Mozart ist allein, und er braucht Umgebung, Fürsorge. (Nissen hat später darauf hingewiesen, daß Mozart immer »eines Vaters oder einer Mutter oder eines Aufsehers bedurft habe«.) Man sieht aber noch mehr: in diesem merkwürdigen Satz stimmt etwas nicht, die Syntax gerät unmerklich aus der Fassung, sie verkraftet den Einschub, der von Wäsche und Kleidung berichtet, nicht. Was ist also mit seinem Temperament? Es »kann ihm nichts nöthigers denken«. Wollte er nicht sagen: ich brauche nichts nötiger als eine Frau? An diesem einfachen Satz zielt er vorbei. Statt dessen: Sein Temperament kann ihm nichts ›nöthigers *denken*‹. Mit dieser Formulierung verrät er sich. Nicht die Natur zieht ihn zur Heirat, wie er glauben machen will. Vielmehr drängen seine Gedanken sie ihm auf. Er will ja ein »anderer« sein, er will Konzentration, Ruhe, Bestimmtheit. Und er will ein Zeichen setzen, daß er mit der Vergangenheit gebrochen hat. Dafür weiß er nur einen Lebenszusammenhang: die Heirat. Mozart sieht, daß die Wege nach Salzburg versperrt sind. Er weiß auch, daß er es nicht lange allein aushalten wird. Das würde Komplikationen schaffen, die seiner neuen Selbsteinschätzung zuwiderliefen. Er sucht also nach einer Form, sich zu fassen, den Schwerpunkt, den er seinem Charakter geben will, nieder- und festzulegen. Daher also *denkt* ihm sein Temperament etwas: »ich habe es genug überlegt und bedacht – ich muß doch immer so denken.« (II. 181)

Das Temperament denkt also für ihn. Es dichtet ihn gegen alle Vorwürfe von außen ab. Für kurze Zeit wird der Briefwechsel zwischen Leopold und dem Sohn unterbrochen. Es ist, als habe es dem Vater die Sprache verschlagen. Mozart stellt sich auf einen neuen Ausbruch von Anklagen ein, aber er weiß, daß er sie abwehren wird und abwehren kann. Die Verdichtung, die sein Temperament um die angreifbaren Momente seines Innenlebens legt, wird stark genug sein. »O ich könnte ihnen auf ihr leztes schreiben wohl vieles antworten, und viele Einwendungen machen, allein, Meine Maxime ist, was mich nicht trifft, das achte ich auch nicht der Mühe werth daß ich davon rede.« (III, 190)
So bricht er kurzerhand mit den Gepflogenheiten. Er hebt von ihnen ab, und er artikuliert sich gegenüber dem Vater von einer bisher ungeahnten Höhe herab. Jetzt ist nichts mehr zu verbergen, alles ist auf einmal heraus, ein vorläufiger Ehekontrakt ist bereits unterzeichnet. Er hat den Vater, wie man so sagt (und wie man hier vielsagend behaupten muß), vor Tatsachen gestellt.

Natürlich beurteilt Leopold das anders. Haben die »Weberischen«, gegen die er sowieso einen lang gehegten Groll pflegt, dem Sohn nicht die Türen geöffnet, haben sie ihn nicht hineingelockt ins Haus der Verheißung, damit er endgültig in die Falle gehe, der Einfältige, der Tölpel?
Mozart weist das zurück, aber er muß doch immerhin zugeben, daß alles etwas überhastet geschah und daß die Unterzeichnung eines Ehekontraktes nicht eben zum Üblichen gerechnet werden kann, wenn sich dessen Statuten bis in die letzten Spitzfindigkeiten des Haushalts verzweigen. Doch das verändert seine Haltung nicht im geringsten. Er darf kein Schwanken zeigen, und an diese Absicht hält er sich mit allen Konsequenzen.

Allmählich führt er auch Konstanze in den Briefwechsel mit den Salzburgern ein. Er stellt sie vor, er läßt sie Hauben für die Schwester anfertigen, er setzt ihr ein Schreiben auf, das an Nannerl abgeht, er läßt sie einen Brief beenden, den er angeblich in der Eile nicht hat fertigstellen können. So wird sie an seiner Seite sichtbar (auf für Mozart außerordentlich charakteristische Weise, nicht plump, nicht aufdringlich, sondern mit der vorsichtigen Heiterkeit des Schalks, der den Ernsten an der Hand führt). Die Salzburger sollen sie akzeptieren, und er, Mozart, verlangt von ihr, daß sie ihn nicht kompromittiert. Dafür scheint es Anlässe genug gegeben zu haben, Pfänderspiele, Tollereien, Verstecken, jenes ganze Inventar flüchtig heiterer Berührungspunkte, das in seinen späten Opern eine bedeutsame Rolle spielt.

Auch Konstanze gegenüber nimmt er eine feste Haltung ein. »ich denke – ich überlege – und ich fühle.« Diese Trias erwartet er auch in den Reaktionen der Braut. Sie soll keinen Anlaß für Gerüchte bieten; er fühlt sich für sie verantwortlich, sie soll die Ebene einhalten, die er eingenommen hat, die Ebene der Abdichtung, der Beruhigung, des Überblicks.

Im Juli 1782 ist die »Entführung« im Burgtheater aufgeführt worden. Mozart genießt den außerordentlichen Erfolg, »die leute kann ich sagen sind recht Närrisch auf diese oper. es thut einem doch wohl wenn man solchen beyfall erhält.« (III, 215) Dieses Wohlbehagen ergänzt er nach außen hin. Er will heiraten, und der Vater soll endlich einwilligen. Nach der Aufführung des Singspiels glaubt er sich im rechten Licht. Doch die Einwilligung des Vaters zögert sich hinaus. Sie trifft erst ein, als die Ehe schon geschlossen ist (im Stephansdom am 4. August 1782).

»nun ist es vorbey!« – Mozart atmet auf. Für ihn ist damit ein Zeitalter beendet, und ein neues soll anbrechen.

Man feiert die Eheschließung bei der Baronin Elisabeth von Waldstätten. (Mozart hat diese Frau seit langem liebgewonnen. Sie arrangiert ein fürstliches Hochzeitsmahl. Mozart verkehrt mit ihr in einem Jargon, der Attitüden der Bäslebriefe aufgreift. Die Baronin rückt in diese Position der Späße, sie ist eine herzenszugewandte Gönnerin. »Allerliebste, Allerbeste, Allerschönste, Vergoldete, Versilberte und Verzuckerte Wertheste und schätzbarste Gnädige Frau Baronin!« Ein Spielen, das verliebt tut, eine Anhänglichkeit, frei von aller Berechnung! Die Baronin ist gleichsam eine Instanz seiner Freude, erst ihr gegenüber gelingt es ihm, die Ehe als eine Ausgeburt des höchsten Glücks darzustellen.) Leopold bedankt sich später bei ihr für das Fest, das sie zu Ehren der Brautleute gegeben hat. Ihr gegenüber gibt er zu, daß seine Einwände nichts gefruchtet haben. Er zieht die Summe, daß nun nichts anderes übrig bleibe, als den Sohn sich selbst zu überlassen. Ein letztes Mal kommt er an dieser Stelle auf seine Bedenken zurück. Noch einmal setzt er zu einer Charakteristik des Sohnes an. Aber wieder – wie schon Jahre zuvor – kommt nur Paradoxes dabei heraus, wieder treibt es ihn zu Widersprüchen, und er findet am Ende kein deutliches Ergebnis.

Der Sohn, so schreibt er, ist zu geduldig, zu schläfrig, zu bequem, zu untätig – oder, anders gesagt, er ist zu ungeduldig, zu hitzig. Da ist er bereits in den Widersprüchen. Also: zwei Momente herrschen gegeneinander – »zu viel oder zu wenig und keine Mittelstraße«.

Leopold hat seine früheren Erfahrungen also nicht weiter korrigiert, er sieht den Sohn noch im alten Licht. Der will ja, so sieht es Leopold, daß ihm nichts im Wege stehe. Leopold bringt diesen bedeutsamen Satz nicht einmal mit Mozarts Kindheit in Zusammenhang. Er deutet ihn nicht, und so dient er ihm nicht zum Verständnis des Sohnes. Noch immer hat er nicht begriffen, wer das ist, dieser Sohn, den man nicht zu fassen bekommt. Aber dieses Begreifenwollen hat seine Kraft auch verloren. Leopold konstatiert: sein direkter Einfluß auf den Sohn ist zu Ende.

14

SEIT DER HEIRAT kreist Mozarts Korrespondenz mit dem Vater nicht mehr um Themen, die vom engen Bezug beider Menschen handeln könnten. Sie *zerfällt,* die Sätze gruppieren sich nicht mehr um einen thematischen Kern, und sie handeln nicht mehr von großen Erregungen, die beide zuvor bei allen Aktionen ergriff, die zu erwarten waren. Mozart bleibt bei sich, er meldet sein Befinden und das seiner Frau. Er tändelt nicht, er raubt dem Vater keine Einblicke. Es gibt nichts zu verbergen, es gibt nichts zu offenbaren. So geraten seine Briefe jetzt merkwürdig unaufmerksam. Sie bieten manchmal ein Thema an, das einen Streit wert wäre (etwa den geplanten Besuch in Salzburg); doch sie lassen sich nicht mehr darauf ein.

Die Reise wird immer wieder verschoben. Mozart häuft Ausreden, um nicht in die gehaßte Stadt zu müssen. Salzburg und der Erzbischof – auf diese Kombination weiß er nur die derbsten Reime. Daneben mischt sich die Furcht ein, in der Heimatstadt arrestiert werden zu können. Diese Sorgen, die der Vater zu zerstreuen versucht, nehmen in seinen Verzögerungsschreiben eine große Rolle ein. Denn er bringt ja allem, was an Salzburg rührt, eine tiefe innere Ablehnung entgegen. Man darf ihn nicht allzu sehr erinnern, man darf ihn mit Salzburger Motiven nicht reizen. Erst als im Juni 1783 ein Sohn geboren wird, denkt er konkreter an die Möglichkeit, den Vater zu besuchen. Der Enkel mag den Großvater milder stimmen. Ende Juli treffen Mozart und Konstanze in Salzburg ein. Man macht die Runde: Hagenauer, Schidenhofen, die »Katherl« – und Nannerl notiert (unbeirrt wie früher) Spaziergänge und Gewitterregen. »Ein schöner Tag auf dem Abend ein Donnerwetter.« Man geht in die Messe, man musiziert, man spaziert im Mirabellgarten, man nimmt Bäder. Ein trüber Tag, ein hübscher Tag, ein trüber Tag, ein schöner Tag. Man bleibt drei Monate. Der Sohn, den die Eltern in Pflege gegeben hatten, stirbt am 19. August. Davon scheinen sie erst nach ihrer Rückkehr nach Wien Notiz genommen zu haben. Für die letzten Salzburger Tage hatte Mozart einen Versöhnungsakt musikalischen Ausmaßes vorgesehen. Mit einer Aufführung seiner Messe in c-moll (KV 427) sollte gleichsam das Ritual der Heimkehr des Sohnes unter versöhnlichen Umständen gefeiert werden. Die Messe ist dann auch (am Tag vor der Abreise) in St. Peter zu Salzburg aufgeführt worden. Die Hofkapelle nahm daran teil, und Konstanze Weber/Mozart, von deren musikalischen Auftritten sonst nichts Nennenswertes bekannt ist, soll die Sopranpartie gesungen haben. Konstanze – die Hofmusik – der anwesende Vater – die anwesende Schwester: das alles hat Züge eines Versöhnungsrituals (die Komposition der Messe blieb unvollendet). Doch darf man dessen Wirkung kein großes Gewicht beimessen. Spätestens seit der Mitte des Jahres 1782 sind diese Gewichte erleichtert. Der Vater mag seine alten Vorbehalte immer wieder erneuert haben. Mozart hat an ihre Korrektur nicht mehr geglaubt, und erst recht hat er an ihr nicht mehr gearbeitet. Beide geraten auseinander. Sie haben sich von nun an unter veränderten Voraussetzungen im Blick.

Denn auch in Salzburg ergeben sich weitere Veränderungen. Am 23. August 1784 heiratet Nannerl einen fünfzehn Jahre älteren Mann, der bereits zweimal verwitwet ist und aus diesen Ehen fünf Kinder hat, Johann Baptist Franz von Berchtold zu Sonnenburg. Sie zieht nach St. Gilgen, so daß Leopold nun allein ist. Wolfgang hat sich darüber ein paar Gedanken gemacht, aber auch sie werden nur kurz hingetupft. Er schlägt dem Vater vor, sich zur Ruhe zu setzen, Entlassung aus den

erzbischöflichen Diensten zu begehren, nach St. Gilgen zu ziehen. Dazu kommt es nicht. Leopold bleibt allein, und aus dieser Einsamkeit heraus entwickelt er ein neues Gespräch, das mit der Tochter, das von nun an seine Stimmungen, Gefühle und Überlegungen enthält.
»Ich bin zwar itzt, ganz alleine, zwischen 8 Zimmern in einer wahren Todes = stille. Bey Tage thut mirs zwar nichts; aber nachts, da dieses schreibe, ists zimmlich traurig, wenn ich nur wenigst den Hund noch schnarchen und bellen hörte.« (III,327)

In den Briefen an die verheiratete Tochter schlägt Leopold einen ganz freundschaftlichen, zutraulichen Ton an. An der Tochter und ihrem Gemahl gibt es ja nichts auszusetzen. Er meldet seine Tätigkeiten, er informiert über das Salzburger Theaterleben. All das durchbricht nie die Schranken einer auch gegenüber der Tochter eingeschlagenen höflichen Distanz. Das Fräulein Tochter, der Herr (Schwieger)Sohn – so redet er die Empfänger an. Er bezeugt ihnen damit einen gewissen Respekt, wie er überhaupt das Familienleben in St. Gilgen mit einer zufriedenen, ruhigen Aufmerksamkeit betrachtet, die ihm bei seinen Gedanken an Wien sehr abgeht. Aber auch davon strömt nichts in die Briefe an Nannerl ein. Wenn er von Wolfgang berichtet, dann übergeht er konsequent alle Schelte und allen Ärger. Er hebt dessen neue Kompositionen hervor, er vertröstet sich mit dem überwältigenden Erfolg der »Entführung«, die in Prag und später auch in Salzburg unzählige Male aufgeführt wird. Leopold gibt sich also Mühe, sich zu beruhigen. Mittags, von ein Uhr bis halb drei, geht er spazieren, am Abend vielleicht in die Komoedie oder zu Hagenauer.
»Wie es mir geht? – – Nicht gut, – und nicht schlecht.« (III,339)

So entdeckt Leopold eine neue Art der Korrespondenz, die er als seinem Alter gemäß empfunden haben mag. Es finden sich in ihr keinen groben Kontraste mehr, die alte Aufmerksamkeit erobert sich ihr Terrain von nun an in ruhiger, langsamer Manier. Mozarts Schreiben werden dagegen immer kürzer. Im Februar 1784 hat er mit ersten Eintragungen in ein Werkverzeichnis begonnen, er will den Überblick behalten, denn es treibt ihn von Konzert zu Konzert. 176 Subskribenten weist die Liste der Personen auf, die zu seinen Akademien erscheinen. Er schickt sie dem Vater mit Stolz. Die Zuhörer wollen mit immer neuen Kompositionen bedient werden. In rascher Folge entstehen Klavierkonzerte, darunter vier (KV 449, 450, 451, 453), die er in wenigen Monaten konzipiert. Mit Freude vermerkt er, daß der Star, den die Familie hält, schon bald ein Thema des G-Dur-Konzerts nachpfeifen kann (Mozart mag dieses Flötende, Pfeifende, Plappernde; Glockenspiel und Pizzicato, Ding-Dong, Ding, Dong).

Erst Anfang des Jahres 1785 entschließt sich Leopold, den Sohn in Wien zu besuchen. Es fällt ihm nicht leicht. Die Reise wird ihn anstrengen, und auf die »schöne Wirtschaft« des Sohnes wird man gefaßt sein müssen. Den Ausschlag für das Zustandekommen der Reise gibt auch letztlich die Langeweile, die ihn in Salzburg immer mehr überfällt: »ich möchte für Denken und langer weile Crepiren.«

Im Februar trifft er in Wien ein. Der Sohn bewohnt jetzt ein »schönes quartier mit aller zum Hauß gehörigen Auszierung«. Die Miete ist so hoch, daß Leopold aufmerkt.

Noch am Abend des Ankunfstages nimmt er an einem Subskriptionskonzert des Sohnes teil. »Das Concert war unvergleichlich, das Orchester vortrefflich …« Mozart spielt ein eben fertiggestelltes Klavierkonzert (KV 466), Leopold ist von alldem sichtlich überrascht. Das Lob nimmt kein Ende, von allen Seiten wird ihm die hohe Meisterschaft Mozarts bezeugt, am deutlichsten wohl von Joseph Haydn, der ihm nach einer Aufführung dreier Streichquartette, die Mozart ihm gewidmet hat, erklärt: »ich sage ihnen vor gott, als ein ehrlicher Mann, ihr Sohn ist der größte Componist, den ich von Person und den Nahmen nach kenne: er hat geschmack, und über das die größte Compositionswissenschaft.« (III,373) Testamentarische Aussagen solcher Qualität überzeugen Leopold. Sie appellieren an seinen Sinn für Solidität, den sie mit seinem stets wachen Mißtrauen und den Vorbehalten gegenüber Übertreibungen versöhnen.

Am nächsten Tag spielt Mozart bei einer Akademie im Burgtheater. Der Kaiser ist dabei und ruft ein »Bravo«.

Der Empfang und die innerhalb von drei Tagen auf Leopold einprasselnden Eindrücke verfehlen ihre Wirkung nicht. In einem Brief an die Tochter bekennt er, daß ihm bei der Akademie im Burgtheater »vor Vergnügen die thränen in den augen standen«.

Beinahe täglich werden Konzerte gegeben. Auch bei den »Weberischen« muß Leopold sich sehen lassen. Ein großer Fasan kommt auf den Tisch – »alles überhaupts vortreflich zugericht«. Leopold macht die Runde. Fastenspeisen sind trotz der Jahreszeit ausgeschlossen, nach den Mahlzeiten werden Austern gereicht, Konfekt später, »und viele Boutellien Champagner wein nicht zu vergessen«.

Leopold gehen die Augen auf. In seine Nachrichten mischt sich nicht der geringste Tadel. Er erlebt die Selbständigkeit des Sohnes. Der Sohn hat (dies bestätigt ihm der Wiener Aufenthalt) sein Leben endgültig in eigene Hände genommen. Lob also und beträchtliche Einnahmen.

Im Haus geht es laut her, erst spät in der Nacht kommt man ins Bett, täglich ist Akademie, Musik überall, Mozarts Flügel wird

häufig aus dem Haus zum Theater und wieder zurück getragen.
Leopold kommt sich ein wenig überflüssig vor, die Anerkennung der Leistungen des Sohnes mag dieses Gefühl jedoch mehr als nur ausgeglichen haben. Ist Mozart nicht unaufhörlich in Bewegung, besitzt er nicht am Ende schon mehr als zweitausend Gulden? »das Geld ist sicher da, die Hauswirthschaft ist, was Essen und Trinken betrifft, im höchsten Grad ökonomisch.« (III,380)

Lauter vermag Leopold nicht mehr zu loben. Die Briefe, die die Tochter ihm aus St. Gilgen schreibt, behält er sich zur Lektüre vor, er reicht sie nicht herum, und sie werden an ihn, nicht an Wolfgang adressiert. Die Korrespondenz mit Nannerl ist die vertrauliche, ruhige, die der hektischen Lebensart des Sohnes entzogen wird. Nichts belegt deutlicher, daß Leopold zwischen zwei Korrespondenzen und Lebensarten zu trennen gelernt hat. Er bleibt mißtrauisch, aber er geht mit keiner Handlung gegen den Sohn an. Er behält sich ihm gegenüber eine Reserve vor, die er gegenüber der Tochter um so lieber fallen lassen kann.

Nach der Rückkehr nach Salzburg geht es ihm nicht gut. Die Zeit wird ihm zu lang, er kann es nicht leugnen. Was soll er tun? Wohin soll er gehen? Er findet die rechte Gesellschaft nicht, und er weiß keine. Herumsitzen mag er nicht, beim Kartenspiel kommt es nicht zu vernünftigen Unterhaltungen. Leopold dokumentiert dadurch, wie er sich vor der Salzburger Gesellschaft in einem gewissen Abseits hält, seine Grundsätze. Geschwätz ist ihm zuwider, er sucht die Unterhaltung, die die Ebene einer gewissen verbindlichen Geselligkeit nicht verläßt, sondern sie unterstützt und wachhält. Seit Nannerl verheiratet ist, kommt es nicht mehr zum Musizieren. Leopold ist

unzufrieden. Soll er sich nur noch mit den alltäglichsten Dingen beschäftigen?
Aus dieser Not heraus zeichnet sich bei ihm ein Plan ab. Die Tochter ist schwanger, das Kind soll bald zur Welt kommen. Warum nicht in Salzburg? Leopold klammert sich bereits sehr früh an diese Idee, sie spielt schon in den ersten Briefen, die er nach seiner Rückkehr aus Wien an die Tochter schreibt, die größte Rolle. Sie ist bald zum Stadtgespräch geworden, und sie gibt Leopold die Hoffnung, wieder Verantwortung übernehmen zu dürfen, für den Enkel, den er aufziehen will.
Er arbeitet intensiv am Gelingen des Plans. Hoffnungen auf einen Erfolg gibt es genug, da Nannerls Ehemann durch die Erziehung von fünf Kindern beansprucht ist. Könnte man ihm da nicht die Aufziehung des sechsten abnehmen? Von diesen Überlegungen her entwickelt Leopold seinen neuen Lebensernst, seine neue Stabilität. Er bindet beides an die Zukunft des Enkels. Der Gedanke, noch einmal von vorne zu beginnen, tut ihm wohl, er belebt, und er lenkt von den Gedanken ab, die sich noch immer mit Wien beschäftigen mögen.
Daher traktiert er nun das Thema der Geburt. In Salzburg scheint man (betrachtet man Leopolds Briefe) von nichts anderem zu sprechen. Jedes Gespräch, das er mit einem Salzburger geführt hat, gibt ihm bei der Wiedergabe im Brief eine Gelegenheit, daran zu erinnern. Wenn der Schwiegersohn Nannerl am Ende nicht nach Salzburg bringen will – bitte, er, Leopold, ist bereit, sie in St. Gilgen abzuholen. So insistiert er. Am 13. Juni 1785 reist er dann los, um die Tochter nach Salzburg ›heimzuführen‹. Die Familie ist jetzt einverstanden. Nannerl reist mit ihm in die Heimatstadt, später kommt der Ehemann für ein paar Tage nach, um seinen Namenstag zu feiern. Ende Juli gebiert Nannerl einen Sohn. Sie läßt ihn beim Großvater zurück, Leopold hat sein Ziel erreicht.
Leopolds heftige und hartnäckige Betriebsamkeit, die den

Gedanken an die Erziehung des Enkels schon sehr früh aufgreift, muß man in Zusammenhang mit seinem Wienaufenthalt sehen. Die Geburt des Enkels zur Jahresmitte 1785 bedeutet eine gewisse Wende. Sie kennzeichnet Leopolds endgültige Ablösung von den beherrschenden Interessen der Vergangenheit. In Wien hat er den Sohn und die Schwiegertochter noch einmal gesehen. Sie werden einander nie mehr begegnen, und auch der briefliche Kontakt wird Leopolds Leben in Zukunft ganz anders als zuvor berühren. Dieser Briefwechsel tritt in den Hintergrund, obwohl die aus Wien dann und wann eintreffenden guten Nachrichten noch eine gewisse Kraft entfaltet haben mögen.

Statt dessen haben die Briefe Leopolds an die Tochter nun wieder einen Halt: das »Leopoldl«. Die Abreise Nannerls aus Salzburg hätte zu einer traurigen Angelegenheit werden können, jetzt macht aber das Zukunftsvergnügen, die Pflege des Neugeborenen, sie vergessen. Leopold kommentiert und erläutert den Tageslauf des Kindes, er schildert dessen Krankheiten, jede noch so geringe Veränderung des Befindens. Dieser Aufgabe widmet er sich mit aller Sorgfalt. Allmählich ersetzt sie ihm die Abwesenheit seiner Kinder. Seine Briefe beginnen nun meist mit Hinweisen auf den Gesundheitszustand des Kleinen. Dieser intensive, unablässige Blick auf einen Menschen entspricht Leopolds Naturell. Er hat es so ausgebildet, und er hat es in den Jahren der Auseinandersetzung mit dem Sohn geschärft. Die Sorge um den Enkel nimmt Leopolds sonst einsamen Tagen die Härte. Beobachtung und Pflege des Kindes erfordern seinen ganzen Einsatz, und er leiht dem alle physische Aufmerksamkeit. Statt sich mit dem Sohn zu beschäftigen, wechselt Leopold gleichsam das Genre; in den Briefen an die Tochter tauscht er seine Unruhe gegen die Ruhe eines Menschen ein, dessen Wohlbefinden sich an dem des Enkels messen läßt.

Leopolds Haushalt und der des Sohnes in Wien – sie sind nun verschiedener kaum mehr zu denken. Die Funken einer inneren Spannung, die früher das Verhältnis bestimmten, sind endgültig erloschen. In Salzburg herrscht das, was Leopold unter Besonnenheit versteht, ein Alltag, den er mit all seinen Details in den Briefen aufbewahrt. Es ist, als wäre Leopold nach all den Zeiten der Unruhe und der Konflikte wieder zu sich gekommen. Er baut sein Leben um den Enkel auf, und dieser Fuchsbau, den er übrigens vor dem Sohn geheimhält, gibt ihm Kraft. Leopold setzt sich. Er geht einen letzten Schritt zurück – zurück aus aller Lebensnervosität, allem Aufwand an Kalkulation und Eroberung der Welt. Er zieht die Kraftlinien, die ihn an seine enger gewordenen Verhältnisse binden, sehr bewußt aus, und er erbaut ihre Festigkeit auf einem steten Austausch von Nachrichten, Spitzfindigkeiten, Lebensmitteln und notwendigen Haushaltswaren, der den Kontakt mit der Tochter in St. Gilgen am Leben hält. Fische, Krebse, Enten, Hendl, Hasen und Würste werden da hin- und hergeschickt, um das leibliche Wohl zu erhöhen. Wo Leopold sich früher nach Noten, Adressen und Namen umsah, da besorgt er jetzt die Anwerbung von Bediensteten für Nannerls Haushalt, kümmert er sich um Kerzen, Hauben und Kleiderknöpfe. Der Kontakt mit der Tochter wird über Boten unablässig erhalten und gibt Leopold die Gewißheit, gebraucht und gefordert zu werden.

Um diesen familiären Haushalts- und Fuchsbau, den Leopold betreibt – während um ihn herum allmählich die Bekannten und Freunde seiner Zeit sterben und aus dem Blickwinkel der Familie geraten wie Lichter, die immer mehr in die Ferne rücken –, um diesen Bau ist es sonst still. Leopold hält sich zurück, so daß die Nachrichten, die der Sohn so selten schickt, keine schwerwiegenden Erschütterungen mehr hervorrufen.

Der Haushalt in Wien hat ein ganz anderes Tempo, das rascheste, das auf unablässige Produktivität aufgebaut ist. Es ist ein Haushalt, in dem es nur »presto, presto« hergegangen sein mag, angetrieben durch Schulden, kulminierend in der Freude über eine Freiheit, die die Musik Mozart zuweilen gewährt haben mag.

Seine Briefe an den Vater aus diesem Zeitraum sind nicht erhalten. Aber das paßt beinahe genau in das neue Bild. Ihr Inhalt kommt nur noch indirekt zur Sprache in *den* Briefen, die Leopold der Tochter schreibt. Bald hat er seit vier Wochen nichts mehr von dem Sohn gehört, dann erhält er wieder einmal eine kurze Nachricht. Monatelang bleiben die Meldungen aus, nur Durchreisende melden den Ruhm des Sohnes, berichten also etwa, wie bekannt er in Wien geworden sei, wieviel von ihm in Druck komme, daß er an einer neuen Oper (»Hochzeit des Figaro«) arbeite. Ein anderer Brief ist nur zwölf Zeilen lang, dann bleiben die Briefe wieder aus. Noch immer keinen Brief erhalten, noch immer keinen Brief, noch immer keine Nachrichten – so lauten die keineswegs wehmütigen, eher lakonischen Anmerkungen Leopolds, die ihm keinen Kommentar mehr abverlangen.

Seit dem Wiener Aufenthalt hat er eine Vorstellung vom neuen Leben und vom Haushalt des Sohnes. Freimütig hat er damals zugegeben, daß ihm in Wien alles zu unruhig hergehe, daß dieses unfaßbare Tempo sich ihm entziehe. In Salzburg bekommt er es nur noch sehr am Rande mit, und er tut alles, daß es so bleibt. Als Mozart ihn mit dem Vorschlag, zwei seiner Kinder bei ihm in Pflege zu geben, bedrängt, wehrt er erschrocken und mit Nachruck ab. Nein – er möchte mit diesen Eilereien nichts zu tun haben. Leopold benennt hier sehr deutlich seine Grenzen, und er mag dadurch anerkannt haben, daß ihm das Leben des Sohnes gleichsam über den Kopf gewachsen ist. Zwar findet sich noch ein Lob auf den Erfolg des

»Figaro«, zwar finden sich bewundernde Feststellungen über Mozarts Produktivität. Doch das alles liegt ja nicht mehr in seiner, in Leopolds Hand. Das Leben des Sohnes verläuft für ihn hinter einem sehr dicht gewebten Schleier, es dringt nur noch wie fernes Kulissen- und Operngeräusch zu ihm. Kurze Briefe, ein paar Nachrichten – Leopold geht zur Tagesordnung über. Auf diese Weise inszeniert er die letzte Station dieser Beziehung zu seinem Sohn, eine unausgesprochene Absprache, einander in Frieden zu lassen. Sie hat nichts von Resignation, sie ist die ersehnte Ruhe nach allen Turbulenzen, ein Ritardando voller Verlangen, bald ans Ende zu kommen.

Um Mozart nimmt alles den Ausdruck äußerster Gehetztheit an. Die Quellen, die darüber berichten, sind knapp, als habe das rasche Leben alles Nebensächliche aufgebraucht. Ankündigungen seiner überaus zahlreichen Konzerte, ein häufig wiederholtes Lob seiner Fähigkeiten als Pianist, Hinweise darauf, wie sehr gerade *er* unter den Virtuosen Wiens Gefallen errege – »überflüssig« – so merken die Kommentatoren an –, ihn noch weiter zu loben, ganz Wien spricht ja schon in den höchsten Tönen von ihm. Die Komposition des »Figaro« (dieses eiligen, gedrängten, überaus durchlebten, ja in das Tempo eines Gefühlskarussells gespannten tollen Tages) zieht sich nur über wenige Monate hin, sie gibt diesen Tagen einen innerlichen Halt. Unterbrochen wird sie durch die Arbeit am »Schauspieldirektor«, unterbrochen von vielfältigen Kompositionsaufgaben anderer Art, unterbrochen von Unterrichtsstunden, von Einrichtungen der Aufführungen, der Proben, der Akademien, unterbrochen von Besuchen der Freimaurerlogensitzungen – ein unablässiges Laufen, hin und her. Es scheint keine Ordnung um die Musik herum gegeben zu haben, man stellt sich diesen Haushalt als offenes Haus vor, dessen Türen auf- und zuschlagen, aus dessen Fenstern die hingetuschten Akkorde klingen. Bewegung, Unruhe, Staccato, ein unaufhörliches Nervenbeben, in überfordernder Manier. Allein die Arbeit an den Kompositionen mag eine sehr vorläufige Ordnung hergestellt haben. In ihr häuft Mozart die musikalischen Einfälle. Kaum, daß er einem einzelnen Gedanken Zeit gibt, sich auszuspinnen. Überraschungen, Neuartigkeiten und verblüffende Wendungen liebt er, und er ahnt, daß sie das Publikum vollends verwirren, es sprachlos zurücklassen, es in einen leichten Taumel versetzen, vor dem die Zuhörer schweigend zurückweichen. Sie werden sprachlos, wie etwa ein Franz Kazinczy, der nach einem solchen Konzert notiert: »Mozart dirigierte das Orchester, sein Fortepiano schlagend; aber die Freude, welche die Musik verursacht, ist so fern von jeder Sinnlichkeit, daß man nicht darüber sprechen darf. Wo gäbe es Worte, würdig, eine solche Freude zu schildern?« (Dok 241)

Kazinczy hat ja Recht. Freude – aber welcher Art? Was verursacht beim Hören der Konzerte diese unbestimmte Größe der Empfindung, die an nichts zu erinnern scheint, was man je erlebt hat und dem Hörer einen Dialog aufdrängt, den er sprechen lernt, ohne ihn begriffen zu haben? Ja, diese Freude, diese beinahe regungslose Beteiligung an einem Geschehen, das einem *endgültig* erscheint, als wäre es ohne Nebengedanken entstanden, in sich geschlossen und unaufbrauchbar – diese Art der Freude also erinnert nicht an eine andere, eine *sinnlicher* Art. Mit Ausdrücken der uns bekannten Gefühlsskala hat diese Musik nichts mehr gemein, sie beflügelt nicht, sie wirkt beflügelt, aber wie von unerreichbarer Hand. Nein, man darf darüber nicht sprechen, auch da hat Kazinczy, der Zuhörer, Recht. Die Worte fehlen hier, weil sie die Einzigartigkeit des Ausdrucks verfehlen. So bleibt vielleicht kaum etwas anderes als der fragmentarische Hinweis auf die Kunst der Überraschung, der ausgiebigen, schlafwandlerischen Überzeugung, die die musikalischen Details in diesen Konzerten für das Klavier in besonderer Weise ausüben. Aufmerksame Zuhörer haben ihre Überwältigung durch diese Neuheiten immer wieder notiert. Die Vielfalt der musikalischen Gedanken erhebt sich ja oft genug über *einem gleichbleibenden* Gang des Melos – und doch erscheint sie getrieben von der souverän gebändigten Lust, zur nächsten Überraschung *fortzueilen*. Ein Paradox – man mag sich am meisten wundern, daß all diese Gedanken sich nicht gegenseitig stören, sich nicht vom Wege abbringen, daß ihnen Zeit genug bleibt, sich zu entfalten, ohne doch zu herrschen. Dabei werden sie keineswegs quittiert, stehengelassen, fortgeschoben – im Gegenteil: all diese musikalischen Einfälle werden im Verlauf eines Stückes weitergedacht, erscheinen unvermutet an den seltsamsten Stellen, als schlügen sie das Tempo einer fortlaufenden Erinnerung. Diese Melodien entwirren sich, als habe kein menschliches Zutun zu dieser Entwirrung beigetragen, als entwickle sich die Musik nach ureigenem Verstand, sprachlos und eben dadurch ohne an bekannte Gefühle, an Trauer oder Schmerz, zu erinnern. Es scheint, als habe Mozart hier nichts hergerichtet, als wäre die Umgebung der Töne für ihn die einzige, in der er mit den Erscheinungen der Welt einen gemeinsamen Gang nähme, froh, einmal unbeschwert vorangehen zu können. Erst hier wirkt er ganz begabt, etwas zu tun, zu sprechen, zu denken. Allen anderen Verrichtungen hat er daher seine Fähigkeiten kaum widmen können. Die Musik war für ihn die Kunst, immer das Richtige zu tun, ohne Korrekturen, ohne Schuldenmachen, ohne Reue.

Mochte er von diesem musikalischen Reichtum herabblicken auf das Leben seines Haushalts, auf den Alltag der Beschäftigungen, auf die Gunst des Publikums, so dürfte er sich sicher gewesen sein, etwas zu verfehlen.

Seit er sich in Wien aufhält, spielt er mit Reiseplänen (und imitiert sein Haushalt nicht die Bewegungen einer Reise?). Nach Frankreich? Nach England? Wo ließe sich eine Anstellung finden, wo käme denn Ruhe in diese Produktivität? Die Schwierigkeiten, sich in Wien zu behaupten, nehmen nicht ab. Salieri und seine Gefolgsleute versuchen, seinen Erfolg zu verhindern, bei der ersten Aufführung des »Figaro« zischt ein gekauftes Publikum das Stück aus, erst die folgenden Auffuhrungen verlaufen ohne Störungen. Noch immer sind überall Neider, und ihre Aktionen mögen nicht zuletzt bewirkt haben, daß Mozart sich aus Wien heraussehnte.

Erst an der Wende des Jahres 1786 kommt eine passende Gelegenheit, Wien wenigstens für einige Wochen zu verlassen. Noch nie hatte in Prag ein Stück soviel Aufhebens gemacht wie der »Figaro« – die Prager Oberpostamtszeitung meldet es ohne Einschränkung. Musikfreunde laden Mozart zu einer Aufführung ein – und damit beginnen seine kurzen Reisen nach Prag und die ersten Stationen eines von Wien abgewandten Ruhms, die sein Lebensende markieren, während es um ihn in Wien allmählich immer stiller wird und das Publikum seiner früheren Konzerte ausbleibt.

15

MOZART AUF DERREISE NACH PRAG – Mozart auf der Suche nach einem neuen Publikum. Am 8. Januar 1787 bricht man auf, und diesmal reist Mozart in musikalischer Gesellschaft. Der Violinist Franz Hofer, der Klarinettist Anton Stadier, Elisabeth Quallenberg, die Ehefrau eines Hoforchester-Klarinettisten (sie begleitet die junge Sängerin, Geigerin und Pianistin Maria Crux), der Violinist Kaspar Ramlo, der Organist Freystädtler, Konstanze, der Bediente und Gaukerl, der Hund. Eine eilende Schar musikalischer Stimmen begleitet ihn nach Prag, das mag die Atmosphäre gewesen sein, in der er sich wohlgefühlt haben könnte.

Und da fallen denn auf dieser Reise auch die bürgerlichen Namen von den Begleitern ab und verwandeln sich unversehends in musikalische, in klingende, mozartische Namen. Mozart selbst ist der »Punkitinti«, sein Frau die »Schabla-Pumfa«, Hofer der »Rozka = Pumpa«, Stadler der »Natschibinitschibi«, Joseph der »Sagadarata«, der Hund »Schamanuzky«, Madame Quallenberg die »Runzifunzi«, Ramlo der »Schurimuri« und Freystädtler der »Gaulimauli«. So lauten die Reisenamen der Gesellschaft, und sie bezeugen, wie sich die Gruppe auf der Fahrt nach Prag auf eine Umgebung vorbereitet, in der alles dem Komponisten und seiner Kunst entgegenzuschallen scheint.

Auf den Bällen werden Tänze gespielt, die nach den Melodien des »Figaro« arrangiert wurden, auf den Straßen pfeifen die Spaziergänger Mozarts Melodien – endlich scheint er einen Klangraum gefunden zu haben, in dem sich Musik unter die Stimmen des Alltags mischt, ohne Widerstände, ohne Brüche. Man heißt ihn auf diese Weise herzlich willkommen, man bietet ihm ein Quartier an, man führt ihn herum, man lädt ihn ein – während es um ihn immer weiterklingt: »denn hier wird von nichts gesprochen als vom – figaro; nichts gespielt, geblasen, gesungen und gepfiffen als – figaro: keine Opera besucht als – figaro und Ewig figaro.« (IV, 10)

Schon einen Tag nach seiner Ankunft meldet die Prager Zeitung, daß »unser großer und geliebter Tonkünstler Hr. Mozard aus Wien« eingetroffen ist. So zieht ein Fürst ein, und alle Augen richten sich auf ihn, man will ihn hören, sehen, sein Spiel bewundern, im Opernhaus feiern.

Am 11. Januar ist er in Prag eingetroffen, gegen Mittag; wenige Stunden später spielt man ihm in einem kleinen Kreis von Musikfreunden seine Stücke vor, eine »wahre Unterhaltung«, wie er schreibt, denn er unterscheidet bei solchen Angelegenheiten scharf zwischen »wahren« und »falschen« Ereignissen. Am Abend ist man auf einen Ball eingeladen, auch dort spielen sie seine Lieder und Tänze, so daß er nicht einmal zum Tanzen kommt, so sehr steht ihm der Mund offen. Nichts als Höflichkeiten, nichts als Ehrungen – Mozart genießt sie zwischen tiefen Erschöpfungen, die ihn am Morgen lange ausschlafen lassen, und lebendigen Abendstunden, in denen man ihn auf dem Klavier hören will oder ihn drängt, eine Oper zu besuchen. Er soll sich seinen »Figaro« anhören, und er freut sich darauf, dieses Stück einmal inmitten eines ihm zugewandten Publikums zu genießen. »Wenn ich nicht bis dahin blind und taub werde« – so schreibt er, denn diese Zuneigung in Prag mag ihm wohl etwas unheimlich geworden sein. Fühlt er sich in die Zeit der Jugend zurückversetzt? Nehmen ihn nicht die Prager so in Empfang, wie er es sich immer wünschte und vorstellte? Er gibt eine Akademie im Prager Theater, und der Berichterstatter der Prager Zeitung meldet: »Alles was man von diesem großen Künstler erwarten konnte, hat er vollkommen erfüllt.« (Dok 251)

Beinahe einen Monat bleibt er in Prag, und er verständigt sich mit dem Theaterdirektor Bondini über die Komposition einer Oper für die nächste Saison. Ein Zeitplan entsteht, ein Zeitgerüst aus Zusammenhängen, die sich von nun an mit Prag verbinden! Der Aufenthalt hinterläßt bei Mozart den Eindruck, daß Umbrüche, jähe Wendungen noch immer möglich sind. Soll er es wagen, Wien zu verlassen? Wird man ihm in anderen Städten nicht mit größerer Sympathie begegnen? In Mozarts Brief an den Wiener Freund Gottfried von Jacquin taucht dieser Gedanke jedenfalls auf. Er unterbricht die Schilderung der rauschhaften Begeisterung, die ihm von allen Seiten entgegenschlägt, mit einer gewissen Wehmut. Es wäre ihm schon lieber, unter den Freunden in Wien bleiben zu können. Aber diese Stadt kann ihn immer weniger halten, das Publikum läuft ihm davon, das Interesse an seinen Kompositionen läßt nach.
Mozart wartet aber darauf, daß sich gerade in Wien die Kulmination seiner Lebenslinie ergibt. Wien ist der Ort seiner Fixierung, und Prag wird immer mehr zum Gegenbild, zum Ort der Befreiung. So lebt er vorerst weiter in grüblerischen Überlegungen, er schiebt den Aufbruch auf, er läßt sich nicht weiter auf die Wiener Geschäfte ein. Er will noch nicht brechen, er will den Bruch mit Wien vielmehr unterlaufen, durch Arbeit, durch Taktiken des Überzeugens. Daher schließt er einen vorläufigen Pakt, er klammert sich an die Zukunft, von der er Gewißheit und Bestätigung erwartet.

Leopold aber erreichen nicht mehr wie früher zahllose Nachrichten, die ihm noch eine Vorstellung vom Leben des Sohnes vermitteln könnten. Briefe gehen verloren, nur kurze Meldungen lassen erahnen, wie es Wolfgang ergehen mag. Das schlägt sich in Leopolds Briefen an die Tochter nieder. Sie enthalten keinen Fluß der Schilderung, kein Leitthema, an dem er sich entfalten könnte. Einzig die Meldungen über das Befinden des Leopoldl, die in stereotyper Manier die Briefe einleiten, verweisen auf die gleichsam zusammengeschrumpfte Gestalt eines solchen Themas, das in früheren Jahren sein Leben bis in die kleinste Verrichtung bestimmte. Jetzt muß er nachdenken: was gibt es überhaupt noch zu schreiben? Leopold kratzt die Nachrichten aus den geringfügigen Salzburger Geschichten zusammen, er flickt sie aneinander, und so sehen seine Briefe jetzt aus wie zusammengenähte Portionen, denen der Zusammenhang fehlt.

Es ist nicht zuviel gesagt: seit der letzten Begegnung mit dem Sohn nimmt Leopolds Leben ab. In Bewegung gehalten nur noch durch die Fürsorge um den Enkel, läßt es immer mehr Züge der Beschränkung erkennen. Leopold sieht sich auf seinen gealterten Leib verwiesen, er studiert diesen Körper, die Geschwulste, die sich an den Händen bilden, die Sehschwächen, die Kälte in den Armen, die Erschöpfung, die ihm keinen Mut mehr läßt. Sein Leben nimmt den Ausdruck des *Entzugs* an, es ist, als ginge mit den mangelnden Nachrichten aus Wien nun auch der Lebensstoff zu Ende, der zuvor die Vitalität und die Kraft seiner Briefe hervorrief. Jetzt hält er alle Aufregungen von sich fern – aber auch alle Höhepunkte. Er zeigt keinen Ärger mehr, keinen Spott, überhaupt keine Anstrengung der Gefühle. Statt dessen lebt er in Besorgungen. Er läßt für die Tochter einkaufen, Kerzen und gewässerten Stockfisch, und er notiert die hohen Rindfleischpreise, die Kälte, den schneidenden Wind, der den Holzeinkauf verteuert. So gerinnen seine Briefe zu Besorgungslitaneien und kurzen, persönlich gemeinten Stoßseufzern, zuweilen kleinlich geratende Abbreviaturen seiner großen Briefe an den Sohn. Allmählich beginnt er dann auch, Zeit zu schinden, und die Zeitmeldungen werden zu Meldungen hinausgesäumter Sätze, die er in lang werdenden Stunden hinschreibt, bis endlich die Botin erscheint, um ihm den Brief aus den Händen zu nehmen. Jetzt ist es drei Uhr am Nachmittag, jetzt beginne ich den Brief, während die Botin noch Einkäufe macht, jetzt stolpere ich von Zeile zu Zeile, jetzt rechne ich die Einkäufe zusammen, jetzt addiere ich die Preise, jetzt ist es eben ein Viertel nach 4, jetzt kommt die Botin, die den Brief mit nach St. Gilgen nehmen wird.

In diesen Mitteilungen verschließen sich die Stunden auf ganz flüchtige Weise, sie enthalten weder Vergangenheit noch Zukunft, und in den Briefen braucht Leopold an die verschiedenen Zeiten schließlich gar nicht mehr zu denken. Es gibt ja nichts mehr zu überlegen, nichts mehr zu empfehlen: das Leben ist ganz und gar Gegenwart geworden, mühsam erlebte Gegenwart aus Unterrichtsstunden und spärlichen Meldungen, die immer mehr zu versickern drohen und vom Reichtum der Vergangenheiten nichts mehr ahnen lassen.

Dieses Stocken, dieses Stehenbleiben, dieses Warten ohne Gedanken – dies alles deutet auf seinen bevorstehenden Tod. Man ahnt ihn aus seinen letzten Briefen heraus, und man erkennt, daß Leopold sich in den Verzicht fügt, ohne zu murren, ohne mit dem geringsten Wort dagegen anzugehen.

Er plant noch einmal eine kurze Reise nach München, aber mit aller Vorsicht. Die Filzschuhe, der Fußsack, etwas Heu, auch ein geschlossener Wagen werden nötig sein. Dem Rat des Arztes ist zu folgen.

Merkwürdig aber, wie Leopold diese Reise angeht. Er spricht nämlich von ihr in einem seltenen, auffälligen Vokabular. Die Vorbereitungen sind bereits getroffen, nur hat der Erzbischof noch keine Erlaubnis erteilt: »allein der Luft-Ballon steigt nicht und bleibt sitzen …« (IV, 18) Schon ergibt er sich in sein Schicksal, es wird wohl nichts werden aus der Reise. Er nimmt sich vor, Geduld zu haben und die Reise zu »verschmerzen«.

Nur ein geringer Rest von Hoffnung bleibt noch, ein Schein wie der eines »sterbenden Nachtliechts«.

Leopold umgibt diesen Ausflug nach München mit Sätzen, die den Zusammenhang von Warten, Verzicht und Aufgabe in die Nähe eines Todesbildes rücken. Seltsam ist dabei eine Verwechslung, denn er spricht vom »Schein der Hoffnung« als dem Schein eines sterbenden Nachtlichts. Was wollte er sagen? Gerade das sterbende Licht soll Hoffnung vermitteln, aber wie – anders herum – sollte sich Hoffnung gerade auf ein sterbendes Nachtlicht gründen lassen?

Im letzten Augenblick ist die Erlaubnis erwirkt. Leopold bricht nach München auf, in der Absicht, »daß diese Luftveränderung und Bewegung vertreglicher seyn werde; denn überhaupts hat der Schluß des 67ten und Eingang des 68ten Jahres meines Alters einen grossen Umsatz und Veränderung in meinem alten Körper hervorgebracht« (IV,24). In München besucht er die Oper, sonst hält er sich bei Freunden auf – zu Hause, ohne Redouten, ohne Akademien. Leopold sehnt sich schon bald wieder nach Salzburg, wo er Nannerls Meldungen erwartet. Der Aufenthalt dauert nicht einmal eine Woche, als Leopold nach Salzburg zurückkehrt, sind die Zimmer nicht geheizt. Soll er von seiner wiederhergestellten Gesundheit berichten? Nein, *etwas* fehlt ihm jetzt immer, und er bedeutet der Tochter, daß »ein alter Mann abnimmt, wie die Jugend aufnimmt«. Hoffnung? Nur noch auf das Frühlingswetter – der Blick auf sich selbst als Blick auf den alternden Körper, der schwächer wird und mager dazu. Im März erkrankt er, und erst diese Erkrankung läßt Mozart aufhorchen. Nach einigen Briefen, die auf merkwürdige Weise nicht in Leopolds Hände gelangten, weil Bediente sie verschlampten oder Boten sie verlegten, nach weiteren Wochen ohne Nachrichten schreibt er dem Vater, aufgeregt durch die Meldung, dieser sei erkrankt. Mozart hat diese Meldung, ohne zu zögern, als gewichtig empfunden. Sie setzt seine schlimmsten Ahnungen in Bewegung. Er scheint den Tod des Vaters vorauszuahnen, jedenfalls streicht er diesen Gedanken nicht aus seinen Überlegungen. Noch mehr: er sympathisiert mit diesem Gedanken in der Weise, daß er auch sein eigenes Leben auf ihn bezieht.

Die Passage, die davon berichtet, ist eine der seltsamsten in seinen Briefen. Durch sie rückt er sich auf unmerkliche Weise in die Nähe des todkranken Vaters. Er geht Schritt für Schritt zurück, er knüpft ein letztes Band, und dieses Band, das Vater und Sohn wie eine ferne Erinnerung an die Vergangenheit verbinden soll, umschließt beide als zwei Menschen, die den Tod erwarten und denen letztlich nichts mehr zu bleiben scheint als gerade diese einzige Erwartung.

Die letzte Nähe, die Mozart mit diesen Sätzen begründet, soll – noch einmal – eine Nähe sein, die gemeinsamer Erfahrung entspringt. Dazu aber muß er sich bekennen, und unversehends wird aus diesem Bekenntnis eine letzte Anpassung an den Vater, an dessen Todesgedanken, mit denen er die seinigen zusammenstimmt. So heißt es, als sei gerade im Todesblick beiden das einzige Bild einer Zukunft geblieben:

> da der Tod genau zu nemmen der wahre Endzweck unsers lebens ist, so habe ich mich seit ein Paar Jahren mit diesem wahren, besten freunde des Menschen so bekannt gemacht, daß sein Bild nicht allein nichts schreckendes mehr für mich hat, sondern recht viel beruhigendes und tröstendes! und ich danke meinem gott, daß er mir das glück gegönnt hat mir die gelegenheit sie verstehen mich zu verschaffen, ihn als den Schlüssel zu unserer wahren Glückseeligkeit kennen zu lernen. – ich lege mich nie zu bette ohne zu bedenken, daß ich vielleicht so Jung als ich bin den andern Tag nicht mehr seyn werde … (IV,41)

Ja, in diesen Sätzen spricht sich Mozarts Todesahnung, das Wissen um eine Erschöpfung, aus. Aber das ist noch nicht das Wesentliche. Denn diese Sätze wollen von einer letzten Gemeinsamkeit zwischen Vater und Sohn sprechen, sie wollen Momente der Trennung fortnehmen, sie wollen die letzten Jahre (»seit ein Paar Jahren«) in ein neues Licht noch unerkannter Gemeinsamkeit rücken, sie wollen aus diesen Jahren der beiderseitigen Sprachlosigkeit Jahre des gewissenstiefen Verständnisses machen.

Man kann beinahe sicher sein, daß Leopold *diesen* Sinn nicht aus ihnen herausgelesen haben wird. Dazu fehlte ihm wohl das Verständnis, aber auch die Fähigkeit, noch einmal zu begreifen. In Wahrheit enthalten sie ja einen geheimen Appell, den nämlich, die letzten Jahre anders zu sehen, als Jahre eines verschwiegenen Verständnisses, das freilich nur auf Antworten zu Fragen gründete, die keine Oberfläche, kein direkter Lebensausdruck, kein Schein von Konvention mehr zu umkleiden vermochte. »Sie verstehen mich« – das sind Worte Mozarts, die darauf drängen, daß der Vater ihn nun anders sehen möge, ihn und die Vergangenheit. Sie rücken ein gegenseitiges Verständnis bereit, das beider Leben noch einmal einen Gleichklang geben soll – nicht mehr den gemeinsamer Interessen, nicht mehr den des Ruhms, sondern den einer innerlichen Übereinstimmung, an die Mozart sonst nirgends in seinen Briefen jemals rührte.

Diese Todesstimmungen (bei Mozart durch den Tod des jungen Grafen Hatzfeld, eines guten Freundes, angeregt), durch die Nachrichten von Leopolds Erkrankung in die Bahnen der Sohnesliebe gelenkt, finden sich im April 1787 noch häufiger. »Ach, zu kurz ist unsers Lebens Lauf« – dies der Text zu einem Doppelkanon, den Mozart in das Stammbuch eines Freundes einträgt. Er nimmt den Tod des jungen Hatzfeld zum Anlaß intensiverer Lektüre, er stimmt sich auf eine gefaßte Haltung ein.

Es ist nicht bekannt, wie Leopold darauf reagierte. Er wird von seiner Tochter in Salzburg gepflegt, und für kurze Zeit geht es sogar noch etwas besser. Wolfgang hat ihm noch einmal geschrieben. Am 28. Mai 1787 stirbt Leopold.

Sein letzter Brief an die Tochter vom 10. Mai endet: »Dein Bruder wohnt itzt auf der Landstrasse No. 224. Er schreibt mir aber keine Ursache dazu, gar nichts! das mag ich leider errathen. Ich küsse euch von ganzem Herzen, grüsse die kinder und bin so lang noch lebe euer redlicher Vatter Mozart.«

Mozart war in diesen Monaten krank, die Nachricht vom Tod des Vaters traf ihn, nachdem er Besserung erwartet hatte, dann doch sehr plötzlich. Ein Freund der Familie benachrichtigte ihn. Über seine Reaktionen ist nichts Genaueres bekannt; außer der wiederholten Wendung, man könne sich vorstellen, wie ihm zumute sei, findet sich darüber nichts in den hastigen Briefen, die er, ganz in der Arbeit am »Don Giovanni«, entwirft. »Don Giovanni« – das Spiel des Lebenstollen gegen den Tod. Die Oper beschäftigt ihn vor der erneuten Abreise nach Prag ganz. Aber diese Wochen und Monate sind von Todesnachrichten durchzogen, die er, eine nach der anderen, schmerzhaft registriert. Er malt sie nicht im Lauten aus, er geht auf jede im stillen ein, er reimt ein paar Zeilen auf den Tod des Stars, er notiert in einem Notizbuch ein paar Sätze zum Tod des »liebsten und besten Freundes« Sigmund Barisani. »Ihm ist wohl! – aber mir – uns – und Allen die ihn genau kannten, – Uns wird es nimmer wohl werden …« (IV, 54) So interpunktiert er einen lautlosen Schmerz, mit um Vergeblichkeit wissender Geste. Der ›beste‹ Vater, die ›besten‹ Freunde, ein ›lieber‹ Narr (»ein Vogel Staar«) sterben in diesen Monaten, in denen er am »Don Giovanni« arbeitet, nicht mehr in der Innenstadt Wiens, sondern in der Vorstadt, draußen an der Landstraße 224. Es ist, als hätten ihn diese Todesfälle dem Gesichtskreis der Wiener entrückt, als hätte er sich in aller Einsamkeit auf sie eingestellt und als richte er den Blick nach Prag, weg von Wien, weg von den öffentlichen Auftritten, die immer seltener werden.

16

MOZART, IN DEN LETZTEN JAHREN seines Lebens: Musik schafft die einzige Kulisse, sein Bild aber verflüchtigt sich. Er wird in diesen Jahren – aufs Ende hin zunehmend – ein *Abwesender,* einer, der seine Umgebung nicht mehr auf sein Spiel festzulegen oder einzustimmen vermag. Es ist, als seien die Zuhörer aufgebrochen in ein anderes Land, als hätten sie ihn, der sich noch immer unbeirrt, ja in rascherer Manier der Arbeit widmet, zurückgelassen. So nehmen die Szenen den Ausdruck einer späten Stunde nach dem Festmahl an, wo der letzte wache Musikant noch Töne anschlägt, die im weiten Saal nur verhallen.

Mozart herrscht nicht mehr, und daher findet man ihn auf Bildern und Porträts nicht mehr in einer Umgebung, die sein Spiel begleiten könnte. Es gibt kein Ambiente mehr für ihn, keine Goldborten auf lila Tuch, keine Familienszene, und erst recht fehlen Farbe und das seitwärts einfallende goldene Licht, das eines der italienischen Porträts durchschoß. Am nächsten kommt seiner Abwesenheit vielmehr eine Silberstiftzeichnung Doris Stocks, die ihm 1789 in Leipzig begegnete. Auf dieser Skizze, der man eine unbedingte Wahrhaftigkeit zubilligen möchte, ist die atmosphärische Umgebung belebt, die feinen Linien des Stiftes deuten das ebenso an wie die Umrisse des Profils und der Haare, die sich in Luft aufzulösen scheinen oder mit dieser luftigen Umgebung korrespondieren. Auch der Rock fügt sich in diesen Eindruck, das Netzwerk der Striche macht aus einer stofflichen Masse eine Schuppenhaut, und der Luftzug, der von irgendwoher kommt, scheint selbst die Schleife umspielt zu haben. Wie kein anderes Porträt verdeutlicht dieses die Abwesenheit Mozarts von aller Kulisse höfischen oder bürgerlichen Zeremoniells, es nimmt ihn als Charakter ernst, abseits von jedem bestimmten Raum. Keine Farbe, kein Möbelstück, kein anderes Attribut seiner Umgebung spielt noch eine Rolle. Statt dessen ist aller Ausdruck verdichtet auf diesen irgendwohin gewandten Kopf, der nicht aufschaut, sondern sich ein Ziel einprägt, das er nur innerlich zu fassen scheint.

Nach dem Tod des Vaters schreibt Mozart einen Brief an die Schwester. Es geht um den väterlichen Nachlaß, er ist einverstanden, daß dieser Nachlaß öffentlich versteigert wird. Alles soll versteigert werden, alles, außer den Stücken, die er sich aus dem Inventar noch herauspflücken will. 579 Gegenstände werden später dann feilgeboten, viele finden keinen Käufer. So muß sich Nannerl des Spuks annehmen, der von den Kindertagen berichtet – der Porträts, der Kindergeige, der Konzertgeige. Die Versteigerung streut das Inventar dieser Familienszenerie endgültig in alle Richtungen, sie setzt das deutlichste Zeichen der Auflösung des Hausstands, der nur noch im Leben des Vaters einen Zusammenhalt hatte.

Als dieser Zusammenhalt nicht mehr existiert, werden die Gegenstände, die zum großen Teil auf den langen Reisen erworben worden waren, zu Geld gemacht. Mozart will sie nicht besitzen, und er will sie erst recht nicht sehen. Er ahnt und weiß, daß sie ihn an Zeiten erinnern, die mit der Gegenwart nichts mehr gemein haben. Er bedarf ihrer in keinem Sinne mehr, und kaum ein Detail seiner Lebensgeschichte belegt drastischer seine neue Orientierung als das hartnäckige Beharren auf der Auszahlung der Gulden, die die Versteigerung erbracht hat. Nannerl ist, wie er betont, gut versorgt, sie braucht das alles nicht. Er aber – ja, er steht angesichts dieses Todes dann

doch als Bedürftiger da, er muß an Weib und Kind erinnern, er klagt etwas von dem Geld ein, das übriggeblieben ist. Das kostet ihn Überwindung, weil es seinen Stand und sein Vermögen beleuchtet, die er ansonsten vor aller Welt (und erst recht vor der Schwester) geheimhält. Aber er drängt. »Lebe wohl«, »lebe wohl« – so beendet er die Briefe, und in diesen Abschiedsfloskeln, die er sonst nicht eben häufig verwendet, verbirgt sich seine Abwendung von Salzburg und St. Gilgen. Keine Klagen mehr, keine Forderungen! Am Ende zeigt er sich »sehr erfreut über unsern gütigen Vergleich«.
Er wird einen Wechsel erhalten, einen Wechsel – den man nicht ihm, Mozart, zusenden soll, sondern einem anderen, einem gewissen Puchberg, Michael, wohnhaft im gräflich Walseggischen Hause, auf dem Hohen Markt. Mit diesem Handelsherrn habe er alles vereinbart, da er, Mozart, bereits im Aufbruch sei, nach Prag.

So kreuzen sich die Linien, und so löst die eine allmählich das Geflecht der anderen auf. Denn in dieser Notiz, die an den Schwager geht und mit der Mozart die Regelung der Erbangelegenheiten akzeptiert, taucht Puchbergs Name zum ersten Mal auf, noch vor der Zeit der Briefe, die Mozart an diesen Mann einmal schreiben wird.
Die Briefe an Puchberg bilden gleichsam ein eigenes Konvolut; in ihnen wird Mozart seine Sorgen, seinen Kummer, seine finanzielle Lage gestehen. Hier fallen alle anderen Geständnisse nicht mehr ins Gewicht, die Sätze schrumpfen auf das notdürftigste Maß. Bis zu seinem Tod wird der Briefwechsel mit Puchberg die materielle Seite seines Lebens beleuchten, er wird diese Seite, die bisher in seine Briefe höchstens eingeflossen, jedoch vertuscht und umspielt worden war, bloßlegen. Ihrer Umkleidung entledigt, kommen die materiellen Seiten von Mozarts Existenz nach dem Tode des Vaters plötzlich ans

Licht, nicht an das der Öffentlichkeit, wohl aber an das eines drängend geführten Briefwechsels, der voll ist von Bitten um Geld. Im September 1787 deutet sich diese Überkreuzung, dieser Wandel durch einen Wechsel, an. Beinahe folgerichtig gelangt Leopolds zu Geld gemachter Nachlaß nicht an Mozarts Adresse, sondern an die im Walseggischen Haus (und man mag darüber nachdenken, daß der Hausherr und Vermieter Puchbergs Franz Graf Walsegg-Stuppach war, jener »Unbekannte«, der bei Mozart später das legendenumrankte Requiem bestellen ließ).

Nach der Erbschaftsregelung hat Mozart nur noch zweimal an die Schwester geschrieben. Anfang August 1788 zum letzten Mal. Die Briefe sind kurz, es gibt nicht mehr viel zu sagen. Was kann er noch melden und warum schreibt er ihr überhaupt noch? Einmal meldet er – nach seiner Rückkehr aus Prag – die erfolgreiche Aufführung des »Don Juan«. Der guten Nachricht fügt er eine weitere hinzu. Nach dem Tode Glucks ist eine Stelle am Kaiserhof frei geworden, und so kann er der Schwester mitteilen, worauf die Familie (besonders aber Leopold) ein Leben lang gewartet hat: »daß mich aber izt S:Mayst: der kayser in seine dienste genommen« (IV,60).

Damit hat das Warten auf die Stelle ein Ende, diese war längst überfällig, und jetzt – am Ende – erscheint es so, als käme alles zu spät. Wen interessiert es noch? Den Vater hätte es interessiert, aber der Vater ist tot; die einzige, die es interessieren könnte, in vollem Umfang, mit Einblick in die ganze Tragweite dieser Einstellung, ist die Schwester. Also teilt er *ihr* diese Nachricht mit, aber auch das in aller Kürze, denn selbst um diese (in anderen Zeiten) sehr erfreuliche Meldung rankt sich kein Freudenhoch. So weiß Mozart auch nicht viel mehr mitzuteilen als das Notwendigste: »Don Juan« und Einstellung bei Hofe, ein paar Klavierstücke will er der Schwester schicken (sie ›unterhalten‹ die musikalische Verbindung), ansonsten – nichts! Er kann ihr nicht länger schreiben, er ist in Eile, aber das ist nicht der einzige Grund. Er weiß nicht, was die Schwester noch interessieren könnte. Wien? Sie kennt dort keinen Menschen. So schiebt er die Verbindung aus seinem Gesichtskreis, und er erwartet höchstens noch von seiten der Schwester gesteigerte oder gehobene Aufmerksamkeit. Er bittet um Nachsicht. Könnte die Schwester nicht böse werden über allem? Jaja, o nein – er legt ein paar Noten bei, und schon allein diese Noten müssen sie beruhigen, besänftigen, einstimmen (in seine Musik): »nemme es mir also nicht übel wenn ich dir *selten* schreibe; – dieses soll aber dich nicht abhalten, *mir* öfters zu schreiben.« (IV,72)

So kommt er zum Ende. Alle empfehlen sich, die Schwägerin der Schwester, Mozart dem Schwager – und hin und wieder. Er ist mit diesem letzten Brief an die Schwester beinahe schon bis zur Schlußzeile gelangt, als ihm – in einem seltsamen Nachklang – noch eine Frage in den Sinn gekommen zu sein scheint. Nannerl hat ihn nach der genauen Bezeichnung seiner Hofstelle gefragt. Mozart hätte sich an sein Anstellungsdekret halten können. Dort hatte es geheißen, daß er zum »k.k.Kammer-Kompositeur« ernannt worden sei (eine Stelle, die mit 800 Gulden jährlich sehr schlecht bezahlt war und nur wenige Verpflichtungen mit sich brachte). Das soll er nun der Schwester melden – den Titel, die 800 Gulden. Er tut seine Zufriedenheit in diese Meldung, aber – noch einmal, zum letzten Mal – umschlenkert er die Wahrheit. »Don Juan« wird nun auch in Wien gegeben, die Anschlagzettel hängen aus. Auf ihnen ist aber ein anderer Titel vermerkt, ein Titel, auf den Mozarts Hoffnungen jahrelang gerichtet waren.
So leitet er über, wie er es früher gewohnt war: vom Wahren zum Wahrscheinlichen, vom »Gewissen« (›einsweilen‹) über

das »Oracl-Mäßige« (›gewis nicht zuviel‹) zum »Ungewissen«. Diese letzten Zeilen an die Schwester bilden eine Art Abgesang, er hat nie mehr an sie geschrieben:

> P:S: um dir über den Punkt in betref meines dienstes zu antworten, so hat mich der kayser zu sich in die kammer genommen, folglich förmlich *dekretirt; einsweilen* aber nur mit *800* fl: – es ist aber keiner in der kammer der *so viel* hat. – auf dem anschlag zettel, da meine Prager Oper Don Giovanni welche eben heut wieder gegeben wird aufgeführt wurde, auf welchem gewis nicht *zu viel* steht, da ihn die k:k: Theater direction herausgiebt, stunde; – die Musick ist von H:Mozart, *kapellmeister; in wirklichen diensten seiner k:k:Majestätt.* (IV,72)

In Prag war »Don Juan« ein großer Erfolg, die Wiener wollen sich später nicht so recht an dieses Stück gewöhnen. Sie mäkeln, und Mozart weiß, daß sie Gewöhnung brauchen. Die Aufführung wird hinausgeschoben, und er kommt dem mit seiner Ungeduld nicht mehr hinterher. Auch in Prag hatte es Schwierigkeiten gegeben. Die Aufführung mußte mehrmals verschoben werden. Das Werk ist nicht einfach, man benötigt viele Proben, gute und willige Sänger, niemand darf aus Laune erkranken. So schreibt Mozart in Prag an seinen »liebsten Freund« Gottfried von Jacquin einen Brief, den er immer wieder unterbrechen muß. Beginnend am 15. Oktober 1787, setzt er ihn am 21. Oktober fort, läßt ihn hegen (er kann die erfolgreiche Aufführung noch nicht melden), schreibt weiter am 25. Oktober. Er haßt diese Briefsprache, dieses Aneinanderreihen von unbedeutenden Meldungen, Verzögerungen, Schnickschnack der Eifersüchteleien, wobei sich eine der ersten Damen durch vorlaute Reden hervorgetan hat. Elf Tage an einem Brief gekritzelt – das ärgert ihn mehr als alles andere, es zeigt den Stillstand an. Lange, schreibt er, kann er sich nicht hinsetzen, »weil ich zu viel andern leuten – und zu wenig – mir selbst angehöre; – daß dies nicht mein lieblings = leben ist, brauche ich ihnen wohl nicht erst zu sagen«.

Es ist das alte Lamento, aber er kommt schwerer darüber hinweg. Die üblichen Vergnügungen, mit denen er sich sonst beruhigte oder ablenkte, haben keine Kraft mehr. Er nimmt jetzt vieles schwerer, weil selbst die Beruhigung über den Neid und die Intrigen der anderen Anstrengungen kostet. Was hält ihn noch bei sich? Am ehesten ein Brief des Freundes. Jacquin hat geschrieben, und da unterbricht Mozart sein Gekritzel, dieses Zusammenbuchstabieren des Wartens, für einen Augenblick. Der Brief Jacquins hellt seine Stimmung auf, er gräbt die Sprache des Stillstands um, nur für einen Moment, aber in diesem Moment schießen die Erinnerungen an ein Geplänkel und einen Wortwitz zusammen, die er früher bemühte, um sich seiner selbst zu vergewissern.

> aber was ist das? – - ist es möglich? – was sehen meine ohren, was hören meine augen? – – ein brief von – – – ich mag mir meine augen fast wund wischen – er ist – holl mich der teufel † gott sey bei uns † doch von ihnen; – in der that; wäre nicht der winter vor der thüre, ich würde den ofen einschlagen, da ich ihn aber dermalen schon öfters brauche, und in Zukunft noch mehr zu brauchen gedenke, so werden sie mir erlauben, daß ich die Verwunderung in etwas mässige … (VI, 55/56)

Auf diese Mäßigung hätte er früher wohl verzichtet. Sein Dank ist noch immer durchsetzt von unbedingter Teilnahme, aber diese bricht eben nur noch für Moment durch und bringt keinen Redefluß mehr in Bewegung. Mozart interpunktiert sein Vergnügen auf dem Hintergrund schwerfällig gedehnter Meldungen über die verzögerte Aufführung der Oper.

So sind in seinen Briefen die Bezüge zwischen seinen Stimmungen ernster und enger gespannt. Er entwickelt sie nicht mehr in die Breite. Meist tauchen in einem Brief die verschiedensten Stimmlagen auf, die sich hemmen, ihren vollständigen Ausdruck verhindern, aufeinander angewiesen erscheinen. Er kann sich in einem Brief nicht mehr als triumphierender Charakter behaupten, so sehr ihm – aus der Erinnerung heraus – noch daran gelegen ist. Jedes Wort hat an Deutlichkeit gewonnen, er sieht es klarer als früher, denn er wird genötigt, so klar zu sehen. Die Wiener wollen ihn nicht hören, und er zieht zwischen den Außenbezirken und der Innenstadt hin und her.
Diese Umzüge verdeutlichen seine Lage. Er hofft, daß er gebraucht wird – und er zieht in die Stadt. Alles steht still, niemand will ihn hören – und er zieht wieder nach draußen. Die Anstellung hat ein doppeltes Gesicht. Früher hatte er noch Reisepläne, von England und Frankreich war die Rede (wahrscheinlich hat ihm dieses Gemunkel sogar seine Stelle eingetragen, da man es sich in Wien nicht erlauben konnte, einen solchen Komponisten fortziehen zu lassen). Jetzt sind diese Reisepläne gehemmt, er ist vorerst an Wien gebunden – und das käme ihm schon recht. Aber das Interesse des Publikums lebt nicht mehr für ihn auf. Keine Akademien, keine Subskriptionskonzerte. Die Listen, die er herumschickt, erhält er leer zurück. So erlebt er die Stadt jetzt häufig aus einer äußeren und inneren Ferne, schon eine Fahrt hinein kostet Geld, und in der Stadt muß er sich vor den Gläubigern zeigen.
Wien verschließt sich, und eine Spange dieses Verschlusses ist das Geld, das Mozart fehlt. Das bereitet ihm Sorgen, darüber gerät er ins Grübeln.

Grübelnd, mit finanziellen Sorgen wendet er sich an Puchberg, der ebenfalls einer Freimaurerloge angehört. Mozart beginnt zögernd, er bittet um Geld, und er weiß, daß er sich mit dieser Bitte einem Menschen offenbart, den er vielleicht nicht einmal gut genug kennt. Vertrauen ist notwendig, damit so etwas nicht ins Gerede kommt. ›Wahre Freundschaft‹ reklamiert er gleich im ersten Brief an den Ordensbruder – Sie sind – so fährt er später fort – mein ›wahrer Freund‹ und Ihnen gegenüber bin ich ein ›ehrlicher Mann‹.

Es muß ihm sehr schwergefallen sein, solche Fundamente zu legen. Freunde konnten für ihn zuvor nur Menschen sein, die auf seine Musik zu horchen verstanden, Kenner, Musiker, Zuhörer mit Sachverstand; ›Ehrlichkeit‹ hielt er sonst für eine gelungene Vokabel, sich treuherzig und gesprächsbereit zu zeigen. Das alles spielt hier keine Rolle. Die Notlage zwingt ihn, sich Puchberg gegenüber zu bekennen, und er hat keinen Rand der Sprache mehr zur Verfügung, um über dieses Bekenntnis hinauslugen zu können. Daher verpflichten ihn diese Briefe auf einen neuen Ton.

Die Vokabeln des Geständnisses graben sich in sie ein, sie werfen alle Launen um und beiseite, sie lassen keinen Raum mehr, sie fordern, daß er geradeheraus, ohne Umschweife, sagt, wie es mit ihm steht.

Er ist das nicht gewohnt. Erlebt er diese Geständnisse als Schrumpfungen seiner Ausfluchtskünste? Es scheint so, denn er beginnt einen Brief mit der seltsamen Formel, daß es nun an der Zeit sei, sein »Herz aufzudecken«, ihm, Puchberg, gegenüber, dieses Herz bloßzulegen.

Das mag der Briefempfänger kaum verlangt haben. Warum holt Mozart so weit aus? Genügt es nicht, wenn er die Notlage zugibt, klarstellt, daß er bereit ist, über seine finanzielle Situation zu berichten? Es genügt ihm nicht, weil er diese Briefe und Bittgesuche als Schmach empfindet. Sie verletzen seine Souveränität, in gewisser Weise richten sie ihn. Er kann in ihnen nicht mehr spielen, nicht mehr galoppieren, nicht die mindeste Lust dazu darf ihnen beigemischt sein; sie haben etwas von der Kälte dessen, nach dem verlangt wird. Materielle Absicherung, ein wenig Ruhe vor dem Sommer. Daher gehen ihm diese Bitten bis ans Herz. Sie schnüren es ein, sie lassen keine andere Wahl.

> Ich will ohne alle Ziererey nach meiner angebohrnen Aufrichtigkeit zur sache selbst schreitten. (IV,65)

Man mag jedes Wort vor dem Hintergrund seiner bisherigen Briefe und Nachrichten lesen. Es setzt sich ihnen entgegen. Nie ist er »zur Sache selbst« gekommen, und erst recht graute ihm davor, »zur Sache« zu schreiten.

Puchberg gegenüber muß er etwas einfordern, das noch gar nicht besteht: »liebe« und »freundschaft«. Freundschaftliche Beziehungen mag es zwischen beiden gegeben haben, sie kannten sich durch die gemeinsame Mitgliedschaft im Freimaurerorden und waren durch die gebotene Verschwiegenheit an Geheimnisse gewöhnt. Aber: Liebe? Wiederum holt Mozart zu weit aus. Es darf nicht bei der Bitte um Geld bleiben. Er muß sich von vornherein vergewissern, daß Puchberg ihn versteht, daß er ihm zugetan ist, daß er empfindet, wer da bettelt. Daher werden die Briefe zu Appellen, diesem bettelnden Briefschreiber nach dem Herzen zu sehen, ihn nicht nur für das zu halten, was er doch auch sein könnte, ein Mensch, der, einmal finanziell gesehen, keine Sicherheiten anzubieten vermag.

> wegen Sicherheit glaube ich nicht daß sie einigen zweifei haben werden! – Sie wissen so ohngefähr wie ich stehe – und kennen meine *Denkungsart*! (IV,66)

Es ist fraglich, ob Puchberg wußte, wie es um Mozart stand. Mozart will nicht, daß ihm an diesem Wissen überhaupt gelegen ist. Sehen Sie nur auf mich, schauen Sie, betrachten Sie meine Verhältnisse, dann wissen Sie – so will er es ausgelegt haben. Die Denkungsart soll alle Sicherheiten ersetzen, und er hat nichts zu bieten als die Offenheit dieser Art zu leben und sich zu bekennen.

Er weiß, er ist damit sehr weit gegangen. Beinahe mußte er sich selbst schmeicheln. Kann man einen Menschen wie ihn sitzenlassen, in einer solchen Notlage (»mit nichts macht man *nichts«)*? ›Wahr‹, ›echt‹, ›ganz‹ – so hat er sich ausgelassen, er weiß es, und damit es auch ihm selbst deutlich wird, betont er es noch einmal. Ein Briefempfänger, der von Mozarts Leben nicht allzuviel gewußt haben mag, wird eine solche Passage als Floskel, höchstens als Bereitschaft zur Ehrlichkeit abgetan haben. Gegen sein Leben gewendet, nimmt sie jedoch einen Umfang an, den man außerordentlich nennen mag:

> Nun habe ich ihnen, in einer angelegenheit die mir sehr wichtig ist, mein herz *ganz* sehen lassen, folglich als ein *ächter br:* gehandelt – aber nur gegen einen *ächten br:* kann man sich *ganz* heraus lassen. – Nun sehe ich mit sehnsucht einer antwort, aber wirklich – einer *angenehmen Antwort* entgegen; – und ich weis nicht; – ich kenne sie einmal als *den Mann* der so wie *ich,* wenn er anderst kann, seinen freund, aber *wahren freund,* seinen br:, aber *ächten br:* gewis unterstützt. (IV.66)

In dieser aufschlußreichen Passage, einem Bittgang ohnegleichen, in dem sich Mozart seines Gegenübers zu vergewissern versucht, auf einer Freundschaft bestehend, die gerade durch den Bittgang erst in vollem Umfang begründet werden soll, in dieser Passage setzt er die Vokabeln des Einverständnisses in eine Bewegung, die gleichsam bis auf den Grund gehen soll. »Und ich weiß nicht« – und er weiß nicht, wem er da überhaupt schreibt, aber er muß ihn doch kennen, ja, kennen als Freund, kennen als Bruder, noch mehr: ernennen zum wahren Freund, zum echten Bruder.

So drängt er nach, so beschwört er, so gibt er zu erkennen, daß er sich alles unmöglich anders denken kann. Weiter:

> ...und bleiben sie Ewig mein freund und br:.wie ich seyn werde bis ins grab ihr wahrer, innigster freund und br:. W:A:Mozart.

Diese Innigkeit hat etwas Flehendes. Sie hascht nach dem, was sein muß, nicht anders sein kann und doch noch nicht ist. Sie schießt über die Bitte um Geld hinaus, und sie läßt am Ende auch den Musiker und Komponisten vergessen. Vergessen?

> P: S: Wenn werden wir denn wieder bey ihnen eine kleine Musique machen? -- Ich habe ein Neues Trio geschrieben! –

Das neue Trio! Der einzige Befreiungsseufzer in diesem Brief, die einzige Zukunft, der Gedankenstriche und des Ausrufungszeichens wert! –

In den Briefen an Puchberg muß er sich reduzieren. Sie erlauben keine Pausen, und sie nötigen ihm Klagen auf, die er sonst immer von sich zu weisen verstand. Das Elend, die Notlage, Zinsen und Leihgeschäfte – dadurch werden Lust und Mut herabgemindert auf schwarze Gedanken.

Puchberg schickt 100 Gulden, Puchberg schickt 200 Gulden. Aber es reicht nicht. Mozart meldet sich erneut, zehn Tage erst, nachdem er gebettelt und die Freundschaft eingeklagt hatte.

> Meine Laage ist so, daß ich unumgänglich genöthigt bin Geld aufzunehmen. – aber Gott, wem soll ich mich vertrauen? Niemanden als ihnen, mein Bester!

Mozart fürchtet um seine Ehre, und er stellt sich mit seiner ganzen Person vor die materielle Hölle: schauen Sie auf diesen Charakter! Puchberg soll *mehr* sehen als Mozart ihm zeigen kann. Er soll sich verlassen können, denn Mozart ist nicht fähig, in seinen Bittbriefen eine Freiheit und Weite vorzutäusehen, die er sich sonst erspielte. Er komponiert – mehr und eifriger als sonst. Was er früher in zwei Monaten schrieb, das schreibt er jetzt in zehn Tagen. Er weist darauf hin, aber bedeutet die Musik jetzt nicht etwas anderes? Er komponiert, um einen Kredit einzulösen. Diesem Kredit gegenüber verliert also auch die Musik ihre Freiheit. Freiheit? Wo gibt es sie überhaupt noch?

> Wen mein Wunsch in Erfüllung gehet, so kann frey Odem schöpfen, weil ich dann im Stande sein werde, mich in Ordnung zu bringen und auch *darinnen* zu erhalten … (IV, 69)

Das kann er anbieten: daß er sich mit Hilfe des geliehenen Geldes beruhigen und erhalten könnte. Aber er weiß: auch das ist »Gewäsch«, Worte verrichten hier nicht mehr viel, was soll er noch sagen, er will nicht mehr, nur »schweigen«, nur »hoffen«. Der Raum um ihn wird enger, Mozart muß seine Unbeholfenheit eingestehen. Es gibt keine Lösungen mehr, keine plötzlichen Freiheiten, nur Aufbrüche hektischer Art, die den früheren Reisen entgegengesetzt sind.

So im April 1789, als er mit dem Fürsten Lichnowsky von Wien aus abreist. Da löst sich die Sprache für Momente, er beginnt mit den Reisebriefen an Konstanze, das liebste Weibchen, dem er gerne Federn anheften würde, damit es herüberflöge, nach Budwitz oder nach Prag. Bevor er an der »Zauberflöte« schreibt, bevor er überhaupt mit diesem Stoff bekannt geworden ist, züngelt er schon in einer Sprache, die sich in den Neckereien Papagenos fortsetzen wird. »Stu-Stu«, »denkst Du wohl so oft auf mich, wie ich auf Dich?«

Er fuhrt ihr Porträt mit, er nimmt es ab und zu aus dem Kasten. Das macht Freude, das macht Leid. Vom Leid ist überhaupt in diesen Briefen auffallend häufig die Rede. Die Reise macht Flügel, sie zaubert Neues herbei, aber Mozart findet nicht mehr in die rechte Stimmung, es treibt immer etwas dazwischen, der Empfindungsstrom fließt nicht gleichmäßig, sondern stockend, und die Ursache dieser Stockungen, dieses herben Weckens und Wendens sind die Sorgen, die Puchberg-Waisen.

> Habe keine Sorgen meinetwegen, denn auf dieser Reise weiß ich nichts von Ungemach – von Verdrüßlichkeit – nichts außer deine *Abwesenheit* ...

Soll man ihm aber glauben, wenn er bekennt, daß er diesen Brief »mit thränenden Augen« geschrieben hat? Tränen, Weinen, herausgepreßte Erinnerungen erwähnt er nicht selten.
Aber die Leitmotive in den Briefen an Konstanze sind nicht nur von dieser sorgenvollen Art, obwohl doch immer sorgendurchtränkt. Das Gezirpe, das in ihnen vorherrscht, die feine Kunst der Liebelei, will leichte Bande erneuern und knüpfen. Dann inszeniert Mozart sein Behagen – gibt es Schöneres als ihr zu schreiben? Aus diesem Behagen entwickelt er sein Stammeln, gibt er Konstanze die zahlreichen Namen seiner Zuneigung, darunter schon früh erprobte, am liebsten jedoch klingende, vogellautähnliche, dazwischen Zittern und Bangen. Ist sie ihm treu? Denkt sie an ihn? Er fordert Beweise, Beweise – Briefe, Andenken. Die Namen, die er ihr gibt, sind Namen schwebender, niemals zur Ruhe kommender Empfindungen, Herztonpassagen – denn er ist immer versucht, es klopfen zu lassen und zu taktieren: ›Nu-Nu-Nu-Nu!‹ – ›O stru! O stri!‹
In solchem Tönen verdichtet sich seine übriggebliebene Seligkeit, er möchte den Brief auffressen, den er bekommen hat, er spielt mit Konstanzes Porträt, er variiert in Gedanken Kammerszenen, die denen des »Figaro« nachgestellt sein könnten. Man wird den Eindruck nicht los, daß er immer ein Verliebtsein vor jeder Bindung mitdenkt, ein Purzelbaumschlagen der Gefühle, ein Sich-Verstecken und Foppen, das an Geheim-

kabinetten sein Vergnügen gefunden hätte. Tür auf – Tür zu! Aber: »P. S. An H: und Fr: v Puchberg alles erdenkliche«!

Auf diesen Reisen verfliegen die Stunden, sie sind nicht einmal der Erwähnung wert. Freunde hier, ein Lob dort – aber es ist nicht mehr wie früher. Die innigeren Tonlagen, die er in seinen Reisebriefen sonst verbarg (oder höchstens auf sich selbst anwandte), erhalten ihm jetzt eine Vorstellung, die sich auf Konstanze fixiert: sie ist allein – er ist allein, und dazwischen ist für niemanden noch eine Sprache. Eigentlich will er ihr gar nichts berichten oder erzählen; er will die unterbrochene Nähe zu ihr immer aufs neue wiederherstellen, er will sie, Konstanze, nach Prag zaubern, nach Dresden, nach Leipzig, vielleicht nur für einen Moment, nicht für den ganzen Tag. Statt dessen aber muß er spielen, mit ihrem Porträt,

> grüss dich gott Stanzerl! – grüss dich gott, grüss dich gott; – Spizbub; – knallerballer; – Spizignas – bagatellerl – schluck und druck! – (IV,81)

So umrahmt diese Vorstellung die intimen Minuten der Tage und Nächte. Wenn Mozart Konstanzes Porträt auspackt, dann ist dies der Anlaß, sich von den anderen Menschen und dem Tageslauf der Reise fortzuklingeln. Er läßt dieses Bild nie offen herumstehen, kein fremder Blick darf darauf fallen, und er selbst könnte sich an diesen stehenden Ausdruck gewöhnen. Er hält es im Versteck, im »Arrest«, wie er sagt. Es muß heraus, am Abend fällt ein Blick darauf, bevor er ins Bett geht; so spielt er sich einen zweiten Tageslauf vor, einen wienerischen, der die Reise, unsichtbar für alle Begleiter und Freunde, einteilt. Aber manchmal sehen sie ihm auch etwas an. Er treibt sich so herum, er spielt die Orgel, er konkurriert, ein Klavierkonzert, ›nach Hause‹. Er erhält einen Brief, und er muß sich halten, um vor Vergnügen nicht laut zu werden. Solche Briefe liest er nicht in Gesellschaft, er zieht sich mit ihnen in ein Zimmer zurück, da wird das Schreiben zunächst von außen betrachtet, geküßt, umkost (der Anfang des Rituals). Dieses Schreiben bedeutet ihm Nähe und Andacht, die anderen gehören nicht hinzu, er liest mehrmals, überfliegt es immer von neuem, und es dauert seine Zeit, bis er wieder fähig ist, zu den anderen zurückzukehren. Sie sehen es ihm an, sie gratulieren ihm.

Was will er mit dieser Schwärmerei? Was sucht er in ihr? Es ist nur zu vermuten. Er sehnt sich nach einer Art von Balance. Wie du mich – so ich dich! Tu nicht zuviel – damit auch ich ruhig bleibe! Was du dir schuldig bist, bist du auch mir schuldig! Er klopft die Gewichte ab, als müßte er eine Waage im Gleichgewicht halten. Ein Luftzug kann die Stellung der Waagschalen verändern, die Frühlingsluft etwa, der nicht zu trauen ist.

Mozarts Liebelei kennt ja keine festen Stricke, kein Tauziehen, keinen Partnerernst. Die Freude, die er empfindet, wenn er an Konstanze denkt, ist eine schwindelnde Nähe, ein Anlaß von Hochgefühlen, und die erotische Spannung, die er beschwört, bedarf keiner Umkleidung, keiner Steifheit. Diese Spannung ist wie von ihm für ihn geschaffen, sie hat keine Ergänzung in hohen Gedanken, trabenden Tempi, schwärmerischen Ekstasen. Sie ist Gegenwart, sie läßt sich aufbauen wie ein Zelt, das gleich wieder zusammenfällt. So sind diese Reisebriefe keine ›Liebesbriefe‹ in einem irgendwoher bekannten Sinn. Sie bauen die Liebe nicht auf, sie muten nichts zu, sie verlangen weder Pathos noch Schwindsucht. Vielmehr *stellen* sie nur etwas *her:* die Balance des Glücks, die Erweiterung des Herzens.

Diese Balance sichert eine Intensität, die gegen andere Gewichte einzusetzen ist, die immer wieder zu entgleiten drohen: »an Hr. und fr: von Puchberg alles schöne«. Puchberg – das bedeutet ein Übermaß, das von Tag zu Tag zunimmt. Dagegen ist der Schwindel, der Mozart bei der Lektüre der

Konstanzebriefe ergreift, anderer Art: nicht bodenlos, nicht unaufhaltsam, sondern regulierbar.

Je näher er Wien kommt, um so drängender deklamiert er sein erotisches Nestmachen. In der Ferne, etwa hier in Berlin, hat er dafür nur Minuten. Wo er schreibt? Nicht auf dem Zimmer, nicht im Gasthof, sondern draußen, bei schöner Aussicht, nach dem Essen, allein. Er pflückt sein Nest zusammen, er erinnert sich nach Wien zurück – und über dieser heftigen Erinnerung wird aus dem erotischen Wispern sexuelle Unruhe und Neugierde:

> richte dein liebes schönstes nest recht sauber her, denn mein bübderl verdient es in der That, er hat sich recht gut aufgeführt und wünscht sich nichts als dein schönstes (…) zu besitzen, stelle dir den Spitzbuben vor, dieweil ich so schreibe schleicht er sich auf den Tisch und (zeigt) mir mit (fragen) ich aber nicht faul (geb) ihm einen derben Nasenstüber – der (bursch) ist aber nur (…) jetzt brennt (auch) der Schlingel noch mehr und läßt sich fast nicht bändigen. (IV, 90)

Sicher, er tritt auch auf dieser Reise nach Dresden, Leipzig, Potsdam und Berlin noch öffentlich auf. Er wird beschenkt, er erhält Kompositionsaufträge. Aber seine Freude ist gemindert, sie vermag die Sorgen nicht zu verdrängen. Die Auftritte bei Hof stehen nicht im Vordergrund, er unterzieht sich diesen Aufforderungen wie lästigen Pflichten. Am meisten interessieren ihn noch die Wettspiele mit anderen Virtuosen, an denen er sein Können abliest. Aber der Hof? Es gehört sich eben, hier und da aufzutreten, man kann diese Bitten nicht abschlagen, manchmal sind in einer geschenkten Dose auch einige Dukaten. Glücklich wird man dabei nicht. So ist es schon glaubhaft, daß er sich auf dieser Reise des Jahres 1789 häufig zurücksehnt, daß er es leid wird, freundlich zu sein, denn es tut sich ja nichts auf vor ihm, nicht einmal eine geringe Hoffnung auf Veränderungen besteht.

Viele erkennen ihn sogar nicht mehr. Er nimmt unangemeldet an einer Orchesterprobe teil, und die Musiker halten den Mann im grauen Rock für einen Schneidergesellen. Er muß sich erst erklären, dann erlaubt man ihm das Zuhören. Solche Mißverständnisse häufen sich, es gibt prägnante Beispiele. So soll ihm im Mai 1789 der junge Ludwig Tieck vor einer Theateraufführung begegnet sein. Tieck, der ein begeisterter Theaterbesucher war, erschien meist schon lange vor Beginn einer Veranstaltung in den dunklen Räumen. Das Eintreffen der Besucher, das allmähliche Inbesitznehmen der Logen und Ränge, mag ihn fasziniert haben. Damals erkannte er im Orchester einen Unbekannten. »Er war klein, rasch, beweglich und blöden Auges, eine unansehliche Figur im grauen Überrock. Er ging von einem Notenpult zum andern, und schien die aufgelegten Musikalien eifrig durchzusehen.« (Dok 477) Man kommt ins Gespräch, man unterhält sich über Mozarts Opern. Der Unbekannte gibt sich nicht zu erkennen, erst später wird Tieck klar, daß er mit Mozart gesprochen hat.
Solche Berichte sind zu häufig, als daß man sie insgesamt den Legenden zurechnen könnte. Klein, rasch, beweglich, im grauen Überrock – auch diese Beobachtungen sind mehrfach belegt. Mozart sieht keinen Grund mehr, sich darzustellen. Der graue Überrock verbirgt ihn vor der Umgebung, er ist ein Zeichen seiner Armut. Nur noch die Kompositionen sollen sprechen. Geblieben aber ist die Geste des heftigen Umtriebs, des raschen Sehens, des Eilenden.
Damit fängt er auf, was ihn umgibt, damit hüllt er sich ein. Seine Beweglichkeit, sein Zappeln, seine Sucht, alles in Bewegung zu halten, sind von vielen Beobachtern bezeugt worden.

Eine Schwester Konstanzes berichtete, daß er oft im Zimmer auf und ab gegangen sei, daß er sich schon in der Frühe beim Händewaschen nicht habe beruhigen können. Bei den Unterhaltungen habe er viel Interesse und reichlich Aufmerksamkeit gezeigt, ja, so viel wie für Reiten und Billardspiel. Es ist ein Spiel. Indem Mozart sich rührt, gerät er zu den Antipoden der Nachdenklichkeit, je mehr er sich vertieft, um so mehr zieht es ihn wieder zur Unruhe zurück. Ein Magnetfeld wird in Bewegung gehalten. »Auch sonst war er immer in Bewegung mit Händen und Füssen, spielte immer mit Etwas, z. B. mit seinem Chapeau, Taschen, Uhrband, Tischen, Stühlen gleichsam Clavier.« Mozarts Schwager Lange hat diese raschen Bewegungen als Vertiefung in die Sprache der Musik wahrgenommen. Bei angestrengter Arbeit habe Mozart sich ansonsten ganz vernachlässigt, er habe sich gelöst, frivol, in einem Maße heiter gegeben, das geradezu abstoßend gewirkt habe. »Dabei schien er doch über nichts zu brüten und zu denken.«

Nein, Mozart gibt sich nicht ›vertieft‹, nicht elegisch, indem er den musikalischen, passionierten Ausdruck dem der radebrechenden Welt entgegenhält. Zwar klingt es hier und stammelt es dort. Aber er trennt in unauffälliger Weise zwischen den beiden Elementen. Er hält sie geschieden und rein voneinander. Darüber verliert er kein Wort, er besteht darauf, daß man an ihm, dem Menschen, keine irgendwie ›inspirierte‹ Stimmung wahrnehmen soll. Er summt die Musik vielmehr in sich hinein, und da verrichtet sie in der Tat ihr Werk: sie schließt diesen Körper in sich zusammen, sie macht aus ihm einen Kristall, der auf die Lichtstrahlen von außen kaum noch reagiert. Niemand soll bis dahin schauen, und es genügt, wenn er sich dieser kristallinen, unaufschließbaren Härte sicher ist. Sie bedarf aber über der erhitzten Fläche des Lufthauchs, des Reitens, des Billardspiels, eines gewissen Leichtsinns, dessen Sinn

man gewiß nicht in moralischer Bodenlosigkeit suchen muß. Vor derartigen Kategorien blendet dieses Phänomen seine Leuchtkraft aus.
Mozart reitet, Mozart spielt – und dabei summt er in sich hinein. »Dingding – dongdong!« Auch Konstanze hat später erklärt, daß er bei der Komposition ein Spiel aus Bewegung und Nachdenklichkeit in Gang gehalten habe. Man könnte es musikalisch als einen Wechsel vom Allegro zum Adagio, zwischen denen die zügelstraffenden Momente eines Ritardandos unaufhörlich vermitteln, bezeichnen. (Um noch deutlicher zu werden, wenigstens einmal abschweifend: die erste Cherubino-Arie im »Figaro« – sie vermittelt dieses Spiel, sie lebt von der Unruhe, einer Hast, in der man plötzlich nachdenklich wird, stehenbleibt, aus dem Ritt in den Schritt, stockt, sich anschaut, erschrickt, aufschaut, nach oben, zur Seite, ach – was ist?, wo bin ich?, was für ein Schwindel!, wie rasch! – – – um all diese Ernüchterung mit triumphierender Selbstgewißheit fortzufegen.)
Bei der Komposition – berichtet Konstanze – habe Mozart nie eines Instrumentes bedurft. Er sei auf und ab gegangen, quer durchs Zimmer, dann habe er sich ihr, Konstanze, zugewandt, das Gespräch aufgenommen, geschrieben, unterbrochen, notiert …

Mozart liebt ja auch in seinen ›späten‹ Opern das Zappeln seiner Gestalten, die Eile, den Zorn, der immer so tut, als sei er von Heiterkeit geschlagen. Es muß klingeln, Mozart versetzt die Personen in Geräuschkulissen. Er liebt dieses neugierige, unersättliche Zucken und Rucken, aber er will auch nicht die hohen Momente verpassen, in denen zwei Gestalten gleichsam mit *einer* Stimme sprechen dürfen, so nahe beieinander, daß sie vor innerem Gleichklang beinahe davonfliegen könnten.

Dabei zielt er auf die äußerste Gegenwart von Freude und Vergnügen. In der Liebe zeigt man sich her, man ist nicht ganz ›da‹, eher verdreht, man kreiselt, und dieses Kreiseln wird Leben bis in die letzten Winkel einer Gesellschaft (»Così fan tutte«). Treue, Ehe, Liebe – das sind Spielarten des Tempos, graduell nicht einmal so sehr voneinander verschieden. Wie gesagt – Mozart trennt nicht mit fremden Kategorien die Zeitzeichen eines von ihm immer als ganz und gar musikalisch begriffenen Spiels. Selbst die berühmte Bitte um Vergebung, die der Graf im »Figaro« ausspricht und mit der er sich vor seiner Frau verneigt, ist eher ein Moment, in dem auch dieser zerstreute, hektische, von mangelnder Selbstgewißheit angefressene Mensch die Gelegenheit erhält, wenigstens für Sekunden ein *eigenes,* inneres Tempo zu finden.

Mozart setzt musikalische Maßstäbe, und diese sind Maßstäbe von Nähe und Ferne – des Charakters zu sich selbst und zu den anderen. Cherubino etwa hält das Tempo seiner inneren Erfahrung, für ihn gibt es nichts Äußerliches, nur das Kreiseln um die innere Lebensfülle. Dadurch wird er der steifen Gesellschaft gefährlich. Er muß sich verstecken, und er wird doch entdeckt, denn so einen kann man nicht verstecken, er klopft aus jedem Versteck hervor.

Daher bilden die Höhepunkte der Mozartschen Opern jene Szenen, in denen die Eilenden, Überhasteten, die zu früh mit sich selbst Fertigen oder die Zerstreuten gleichsam zu sich selbst gebracht werden – ohne die Rute moralischer Empörung, ohne Knüppel, der ihnen zwischen die stolpernden Beine geworfen würde. Sie müssen *mehr* werden als sie sind, und wenn es Mozart gelungen ist, sie zu diesem musikalischen Punkt zu führen, dann reden sie so, wie sie zuvor nie gesprochen haben.

Don Juan ist der in all diesen schwankenden Stimmungen Bewanderte. Er ist der mächtigste (und daher gewiß auch gefährlichste) Ausdruck einer Stimmungsvielfalt, die zwischen Oberfläche und Tiefe nicht mehr zu unterscheiden weiß. Er ist der Verführer, aber sein Medium ist die Musik, nicht die Galanterie. (Wenn er keine Stimme hat, die leicht genug wäre, seinen Gesang emporzuziehen, schickt er den Diener.) Seine Aufforderungen zum Tanz und zum Vergnügen sind ernst gemeint, aber sie ersterben ihm auch wieder im Munde, so daß er sich nach einem ›weiter‹, einem ›mehr‹ umsehen muß. Er braucht in seiner Umgebung diese mit Lebensfreude vollgepumpte Atmosphäre, daher tut er sich schwer, wenn die anderen ihn festnageln wollen. Er ist ja im tieferen Sinn gar nicht vorhanden, jedenfalls nicht in der leiblichen Gestalt, die sie suchen; wenn sie ihn zu stellen meinen, ist er bereits verschwunden, und sie erwischen höchstens noch eine Larve oder das Gewand des Dieners. Daher – und nur aus diesem Grund – stellen ihn die rächenden Engel der Gesellschaft nicht wirklich. Sie kommen am Ende nur herbei, um sein Ende zu feiern (aber können sie darüber glücklich werden?). Don Juans scheinbare Frivolität ist nichts anderes als ein Spiel mit den Stimmungen, die er hervorzaubert. Er beherrscht jede Rede, weil jede Rede Musik für ihn ist. Er spricht nicht, er singt, trällert und schluchzt, er zählt die Geliebten nicht, er muß vergessen (denn jeder Gesang tilgt die Erinnerung und füllt die Gegenwart). Wer ist ihm gewachsen? – Nicht die, die Rache nehmen wollen (wieviel Einsamkeit ist um Don Ottavio!)! Nicht die, die ihn vertreten müssen (Leporello), sondern die Eine, die aus der Begegnung mit ihm unverletzt hervorgeht, gewachsen, nicht erschrocken, nicht gehemmt, sondern so, als sei sie (nun ›eingeweiht‹) fähig, ebenfalls zu *singen* (zu bekehren, zu ermuntern). Diese einzige ist Zerlina.

17

MOZARTS HAUSHALT IN WIEN bleibt ein musikalischer. Ein dänischer Beobachter erzählt, daß er Konstanze beim Zuschneiden der Kielfedern für den Notenschreiber angetroffen, daß ein Schüler Mozarts komponiert habe und ein Knabe von vier Jahren, Rezitative singend, im Garten herumspaziert sei – ganz zu schweigen von der Kunst Mozarts am Flügel, die sich ja jeder Beschreibung entzieht.

Jedenfalls bildet diese musikalische Atmosphäre den Zusammenhalt, der vor eine Zerreißprobe gestellt ist. Schon im Juli 1789 muß sich Mozart wieder an Puchberg wenden. Dreimal schreibt er an ihn. Konstanze ist erkrankt, der Arzt empfiehlt eine Kur.

Wieder muß Mozart ganz zurück, aufs Bettelmaß, und wieder verlangt ihm das einen deklamierenden Ton der Verzweiflung ab, an dem er kaum noch sich selbst erkennt. Nein – das ist nicht mehr er, der Komponist, das ist ein anderer, der hier zum Reden, Gestehen, Drängen gezwungen ist. Gott! Welche Lage! O Gott, statt Danksagungen neue Bitten! Ach Gott! Kann man einen solchen Brief überhaupt abschicken? »Verzeihen Sie mir um Gotteswillen, verzeihen Sie mir nur!«

Da ist das Schwankende der musikalischen Sprache, dieses flüsternde, kosende Hin und Her zwischen Angst und Hoffnung, das Cherubino einmal vormachte, verflogen, an seine Stelle tritt ein anderes Schwanken – Angst und Sorge, die Arbeit an den Kompositionen ist der winzige Zipfel, den er kaum noch ergreifen kann. Die Arbeit zieht ihn nicht mehr aus der Beschränkung, denn diese Beschränkung, die sich von Minute zu Minute in anderer Gestalt zeigt, wirkt erschütternd, sie erschüttert wie ein Nervenfieber, so daß er in all den wechselnden Zuständen kaum noch hinterherkommt, keine Freiheit mehr sieht, keine Rettung, nur noch die Geschwindigkeit der Plagegeister:

> Da es ietzt doch scheint, daß es mit meinem lieben (den 15ten) Weibchen von Tag zu Tage besser geht, so würde ich doch wieder arbeiten können, wenn nicht dieser Schlag, dieser harte Schlag dazu käme; – man tröstet uns wenigstens, daß es besser gehe – obwohl sie mich gestern Abends wieder ganz bestürzt und verzweifelnd machte, so sehr litte sie wieder und ich – mit ihr (den 14ten) aber heute Nacht hat sie so gut geschlafen und befindet sich den ganzen Morgen so leicht, daß ich die beste Hoffnung habe; nun fange ich an wieder zur Arbeit aufgelegt zu seyn – aber ich sehe mich wieder auf einer anderen Seite unglücklich – freylich nur für den Augenblick! (IV, 92)

Auf diese Weise kommt keine Linie in den Bittbrief. Er muß gestehen, wie er sich fühlt, er muß seine Verzweiflung ausbreiten, aber er darf das alles nicht so vortragen, daß Puchberg Zweifel an seiner Arbeitsfähigkeit bekäme. So leidet er in mehrfachem Sinn. Eine sinnliche, elementare Ursache dieses Leidens ist Konstanzes Krankheit. Mozart hängt an seiner Frau in einem Maß, das er nicht mehr verbergen kann. Jede Schwankung ihres Zustandes bewirkt auch bei ihm eine Veränderung. Er nimmt teil, er sorgt sich. Aber das ist nicht alles, denn diese Krankheit fordert von ihm eine Reaktion, er, dem so oft geholfen worden ist, soll nun selbst helfen. Aber er kann nicht – und das drängt ihn mit dem Rücken an die Wand.

Verdrehter Moment! Konstanze braucht seine Hilfe, aber er kann ihr nicht aus eigenen Kräften helfen. Er will ihr helfen, aber die Anderen wollen ihn nicht hören. Die Musik erscheint nicht mehr als Mittel, hier einen Ausweg zu finden – und doch bietet sie für ihn den einzigen Ausweg. Also muß er arbeiten er kann aber nicht, da ihn die Lebensumstände zu sehr bedrängen und das Unglück ihm zusetzt. Die Musik ist keine Antwort mehr auf diesen verzwickten Zustand, sie gerät in Gefahr, zur ausweglosen Sprache zu verkommen. Allmählich hört Mozart in der Tat derartiges aus ihr heraus. Ist er noch ganz frei? Und nimmt nicht auf diesem Weg die Heilkraft der Musik mehr und mehr ab?

So muß er wieder »thränenden Auges« schreiben, denn Puchberg hat auf seine Bitten hin nicht geantwortet. Mozart strafft jetzt die Argumente, erstens, zweitens, drittens, so können seine inneren Schwankungen nicht allzu deutlich werden. Puchberg muß immer überzeugt bleiben, daß es sich noch lohnt, diesem Bittgänger Gulden zu schicken. Er läßt sich überzeugen, Anfang August reist Konstanze nach Baden bei Wien, um zu kuren.

Allerliebstes Weibchen! – Er könnte zufrieden sein, vorläufig. Er besucht sie, wenn es irgend geht. Aber die genesende Konstanze bringt ein neues Motiv ins Spiel, etwas Fremdes, etwas Beunruhigendes. Sie scheint sich in Baden anders zu benehmen als er es von ihr erwartet, sie verläßt den Innenraum des beiderseitigen Geturtels, sie bändelt an, sie gibt Anlässe für freche Redensarten. Mozart kann das nicht dulden, es bringt ihn um seine Ruhe. *Ihm* soll sie schreiben, an *ihn* soll sie sich wenden, wenn sie sich langweilt. »O Gott! – versuche es nur, meine Liebe! – sey lustig und vergnügt und gefällig mit mir – quäle Dich und mich nicht mit unnöthiger Eifersucht – habe Vertrauen in meine Liebe, Du hast ja doch Beweise davon!« (IV,97)

Mozarts Irritationen entzünden sich nicht nur an plumpen Eifersüchteleien. Er muß arbeiten, er muß die hohen Arzt- und Kurkosten bezahlen, und es geht ihm besser, wenn es auch

Konstanze besser geht. An ihrem Wohlbefinden kann er schließlich auch den Erfolg seiner Bemühungen ablesen. Auf diesen Zusammenhang will er sie festlegen: »alleine meine Ruhe erheischt es sowohl als unsre beiderseitige Glückseeligkeit«. Das ist exakt gesprochen. Mozart kann die Irritationen nicht auffangen (er hat ja immer in Zusammenhängen gedacht), sie bringen ihn durcheinander, sie verderben den Gleichklang, das ›Beiderseitige‹. Er ahnt, daß er an Konstanzes Lebenszeichen teilnimmt, indem diese ihn auf sich selbst verweisen. Fühlt er sich in solchen Momenten am Ende allein? Wen hat er noch zur Seite? – An die Schwester schreibt er nicht mehr, Salzburg ist keinen Satz der Erwiderung wert. Freunde gibt es kaum noch, und die Freundschaft mit Puchberg steht unter den Vorzeichen materieller Bedrohung.

Daher erschrickt er, wenn er daran denkt, daß sich Konstanze in Baden *allein* zu Spaziergängen aufmacht. Sie ist allein! – und wer ist in ihrer Nähe, welche Augen verfolgen sie, wem wendet sie sich zu? *Er* ist allein! – und in seiner Nähe ist nichts Freundliches, er muß eilen, um zu arbeiten, unter den Augen der Prüfer, Neider, Anstifter, Gläubiger.

So hält er sich an Konstanze, und dieser Halt ist nach allem der letzte, zu dem er noch fähig ist. Müßte ich nicht in Wien sein, wäre ich bei Dir! Nur wenn wir zusammen die Oper hören, kann ich mich freuen! Sonst ist alles nur Arbeit, aber lassen wir das Klagen, adieu!

Ende 1789 kann er sich noch an zwei Projekte klammern. Der König von Preußen wünscht leichte Quartette, daneben beschäftigt die Arbeit an »Così fan tutte«. Diese Projekte tauchen dann wie die einzigen Inseln der Zukunftsvorstellungen in dem bitteren Brief an Puchberg auf, in dem er das ganze Ausmaß seiner Lage erläutern muß. Nur Ihnen, nur Ihnen, Puchberg, kann ich das alles gestehen, und nur Sie sollen etwas von meinen neuen Arbeiten hören, Kostproben, nur Sie und Haydn vielleicht noch – wer sonst? Erschrecken Sie nicht, ich muß Sie bitten – wen sonst? 400 Gulden, erschrecken Sie aber nicht!

Selbst diese 400 Gulden sind knapp bemessen. Der Arzt drängt auf Bezahlung, die Medizin ist noch nicht abgegolten. Krankheiten, Geldnot, Auftragsarbeiten – das bezeichnet ein Dreieck des Unglücks, einen Kreislauf feindseliger, widerspenstiger Elemente, die zueinander auch noch in Rivalität stehen, von denen das eine das andere nicht zu befreien vermag. Mozart sieht sich in dieses Dreieck hineingepreßt, und er läuft gleichsam von einem Winkel zum anderen, hilfesuchend, ohne große Hoffnung auf Veränderungen.

Geringe Hoffnung richtet sich höchstens noch auf eine zweite Stelle am Hof. Nach dem Tod Josephs II. wäre daran zu denken, Mozart formuliert ein Bittgesuch. Der Gedanke, diese Stelle zu erhalten, deutet einen Sprung aus dem Dreieck heraus an, skizziert die letzte Möglichkeit, sich aus eigenen Kräften in Wien zu behaupten. Während des Hoffens muß Puchberg weiter aushelfen, von Woche zu Woche, von Monat zu Monat. Die Bittbriefe umkreisen den Stillstand; in ihnen wendet sich Mozart nach allen Seiten, langsam und schmerzhaft – Vergangenheit, Gegenwart und Zukunft erscheinen unterbelichtet durch den Schatten des um sein Glück Betrogenen:

> Nun stehe ich vor der Pforte meines Glückes – verliere es auf ewig, wenn ich diesmal nicht Gebrauch davon machen kann. Meine gegenwärtigen Umständen sind aber – daß ich, bey all meinen angenehmen Aussichten, ohne der Hülfe eines biederen Freundes, meine Hoffnung zu meinem ferneren Glücke ganz für verlohren geben muß; – (IV, 104)

So nimmt ihm der Kreislauf die Luft. Die Pforte ist eng, und selbst durch sie kann er nur schlüpfen, wenn Puchberg hilft. Mozart kommt mit dem Gedanken, wie er sich seine Zukunft vorzustellen hat, nicht zurecht. Das »Gegenwärtige« ist ein Nichts, was soll er noch sagen? Er möchte darüber hinaus. Daher bricht er ab, mitten im Geständnis, daher moduliert er den Satz über das »Gegenwärtige« hinaus zum ferneren Glück, zu den angenehmen Aussichten, zur Hoffnung – die freilich, freilich, ohne die rechtzeitige Erledigung des »Gegenwärtigen« nicht sein können.

Der Gegenwartsverlassene – von seiner Trauer gibt dieser Brief an Puchberg einen ersten schmerzhaften Eindruck. Trauer entsteht aus der Unfähigkeit, die Zeiten noch zusammenzudenken, sie nagt an dem Rest, der ihm noch geblieben ist. Ohne Frage – Mozarts Kräfte werden geringer, er bemerkt Schwächungen seines körperlichen Zustandes. Aber noch ist nicht die Zeit, das alles zuzugeben und sich daran zu hängen. Lieber hält er sich ans fernere Glück, auf das er Puchberg einen Gesang der lautesten Operngebärden vormacht. Welch ein Glück, welch ein Empfinden, welch eine Seligkeit – wie angenehm … wären bloß die Tränen nicht!

> Sie wissen, sind gewis ganz überzeugt, daß wenn ich, wie ich dermalen gewis zu hoffen habe, in meinem Gesuche glücklich bin, Sie ganz gewis nicht verlohren haben – mit welchem Vergnügen werde ich Ihnen dann meine Schulden abzahlen! – mit welchem Vergnügen Ihnen danken! – und mich überdies ewig als Ihren Schuldner anerkennen! – welch eine angenehme Empfindung, wenn man endlich seinen Zweck erreicht hat! – welch eine seelige Empfindung, wenn man dazu geholfen hat – meine Thränen lassen mich das Bild nicht ganz ausmalen … (IV, 104)

Tränen – aber es müssen nicht immer Tränen der Trauer, eher könnten es Tränen des Zwiespalts sein. Auch bei dieser Passage wagt man nicht zu entscheiden, was er durch seine Tränen auszumalen gehindert wird. Er spricht sich ja beinahe cherubinoselig in die Vorstellung einer schöneren Zukunft hinein, in der er alle Schuld und alle Schulden vergelten könnte. Das wäre die Freiheit, wäre das Glück! Er lockt solche Begriffe herbei, er weidet sich an ihnen, aber sie sind doch zu hoch geknüpft. Seine Tränen teilen gleichsam etwas von dieser unerreichbaren Höhe mit, es sind Freudentränen im Kummer, keineswegs eindeutiger Art, sondern durch schwankende, zwiespältige Empfindungen ausgelöst.

Übrigens scheint er in Gegenwart Puchbergs geschwiegen zu haben. Die Sorgen gehören den Briefen an, er kann sie aufschreiben, mühevoll, aber er kann sie nicht heraussagen. Die körperlichen Schmerzen kommen hinzu. Einmal weist er darauf hin, daß sie ihm seine »laage noch fühlbarer machen«. Er hält diese Schmerzen und seine Lage also zusammen, und mit dieser Verbindung wird er etwas Wahres getroffen haben. Der Kreislauf! Die Lage weckt die Schmerzen, und die Schmerzen lassen ihn an nichts anderes mehr denken als an seine Lage, sie sind gleichsam das kaum noch zu überspielende Gewissen, sie fressen sich in die Gedanken, lassen nichts mehr entkommen, *binden* ihn. Die enge Pforte, die andauernden Schmerzen – die Gegenwart vermittelt ein Bild der Gefangenschaft, deren Bekenntnis in die Puchbergbriefe eingeht.

> Mir ist sehr leid, daß ich nicht ausgehen darf um mit Ihnen selbst sprechen zu können, alleine meine Zahn = und Kopfschmerzen sind noch zu groß, und ich fühle überhaupt noch eine starke Alteration. (IV, 106)

Seit dem Frühjahr 1790 gibt er diese Schmerzen zu. Rheumatische Schmerzen, Zahn- und Kopfschmerzen, eine Erkältung, eine Erhitzung – dazu die Bitten um Geld: »krank und voll kummer und sorge« (IV,111).

Die Krankheiten bieten aber auch eine Gelegenheit, sein Fernbleiben zu entschuldigen. Ein Kranker kann sich nicht auf den Weg machen, ein Kranker ist auf Briefe angewiesen, und es müssen keine langen Briefe sein. Mit ein paar Andeutungen ist in einem solchen Krankheitsfall alles gesagt. Ein Kranker darf bitten, man darf ihm diese Bitten nicht übelnehmen.

Im Sommer reist Konstanze wieder nach Baden zur Kur. Mozart bleibt in ihrer Nähe; so gibt man weniger Geld aus, so grübelt man nicht. Aber er faßt noch einmal einen Entschluß, er plant noch einmal eine Reise. Mit dem Schwager und einem Diener bricht er zur Kaiserkrönung Leopolds II. nach Frankfurt auf. Große Festlichkeiten sind zu erwarten, Gelegenheiten, etwas Geld zu erwerben. Denn die Sorgen eilen ihm nach, er muß sich andauernd erinnern. Schon der erste Frankfurter Brief an seine Frau (28. September 1790) gesteht sie ein. Anfang Oktober wird wohl eine Schuldverschreibung über 1000 Gulden unterzeichnet werden, die Reise steht unter diesem ungünstigen Zukunftsstern. So bleiben auch in der Ferne die geringen Freuden an Sorgen gefesselt. Auf sie muß er immer wieder zu sprechen kommen – Konstanze wie Puchberg gegenüber. Nach außen muß er eine Rolle vergnügter Gelassenheit spielen, im Innern bleibt das Grübeln.

Diese Verschiebung im Umgang mit der Gesellschaft hin zur aufgenötigten vergnügten Pose, bei der sich nichts in seinem Innern mehr belebt, hat ihn erschreckt. Das alles verlangt Anstrengungen von ihm, denen er niemals ausgesetzt zu sein wünschte. Kälte – Leere, sie halten sein Erschrecken fest.

> wenn die leute in mein herz sehen könnten, so müsste ich mich fast schämen. – es ist alles kalt für mich – eiskalt – Ja, wenn du bey mir wärest, da würde ich vieleicht an dem artigen betragen der leute gegen mich mehr vergnügen finden, – so ist es aber leer … (IV, 114)

Diese letzten ausführlicheren Reisebriefe kreisen um seinen Schuldenberg, ja manchmal scheint es sogar so, als habe Mozart diese Reise nach Frankfurt nur gemacht, um der Abwicklung der Schuldgeschäfte vorläufig zu entgehen. Jedenfalls trägt er sie Konstanze auf – sie soll alles richten, während er in Frankfurt Konzerte geben will, um später seine Unterschrift unter den Schuldbrief setzen zu können. Aber er kann diesen Sorgenberg nicht abtragen, erst recht nicht mit den Frankfurter Konzerten, die er abseits von den großen Feierlichkeiten durchführen muß. Affairen, Sorgen und Arbeit – Mozart beschwert sich, daß er nun – entgegen aller Gewohnheit – sogar Stücke schreiben muß, die nicht zu einem Ende zu bringen sind, bei deren Niederschrift er stockt und unterbrechen muß. Er muß sich zwingen. Er lebt zurückgezogen, er zeigt sich kaum. Seine Akademie fällt »in betreff des Geldes« mager aus.

Er verläßt Frankfurt, er reist über Mainz, wo er noch einmal vor dem Kurfürsten und dem Reichsvizekanzler spielt, weiter nach Mannheim, wo man den »Figaro« aufführt, über Augsburg nach München.

Die Stationen sind ihm bekannt – es sind die Stationen seiner früheren Reisen. Aber erinnert noch etwas daran? Alle Vorzeichen haben sich verkehrt, die Reisen haben ihren beweglichen Sinn verloren. Er sehnt sich noch immer – wie früher – nach einer gut bezahlten Stelle, aber er ist jetzt nur noch ein Virtuose, dem man applaudiert und der seinen Weg gemacht haben sollte. So lösen diese Reisestationen nichts mehr in ihm aus, die Schuldenklammer, die ihn an Wien bindet, läßt sich nicht vergessen. Daher führt er nur noch einige Gespräche mit den alten Freunden – warum hält er sich überhaupt noch auf? Diesem oder jenem zu Gefallen!

Die Reise dauert nicht einmal zwei Monate. Früher hätte er sich Zeit gelassen, hätte er Verbindungen erneuert, Konzerte gegeben, sich unterhalten. Daran ist nicht mehr zu denken. Er hat keine Zeit mehr, die Unterhaltungen bereiten ihm ein schlechtes Gewissen, Verbindungen braucht er nicht zu erneuern, das macht höchstens Wehmut, umschauen kann er sich nicht mehr, sein Blick ist festgelegt. So bleibt er seltsam abwesend, wie einer, der sich dann in Eile nach Hause trollt, wo ihn ja Schlimmeres erwartet.

18

IM MAI SEINES LETZTEN JAHRES hat er den Schullehrer Stoll, der in Baden lebte, darum gebeten, dort für Konstanze eine kleine Wohnung zu besorgen. Anfang Juni. war sie dann wieder draußen, und er hat sie in den kommenden Wochen dreimal besucht. In ihrer Nähe fühlt er sich wohl, er denkt sich aufgehoben für eine Weile, und er braucht nicht herumzulaufen, um die »Geschäfte« zu ordnen.

Wenn er ihr schreibt, füllt er die Zeilen mit seinen Gedankensprüngen und den leichten Bändern, die den Kontakt zu ihr umspielen sollen. Er denkt sich nach Baden hinüber, jeder Satz soll in diesem Sinn »überspringen«, sie begleiten, wenn sie spazierengeht, ihr etwas ins Ohr sagen, was nur für sie gedacht ist.

Er selbst gibt sich leise, auch lautlos. Die Kreise, die er in Wien zieht, sollen nicht ins Gewicht fallen, er will sie nicht ausführlicher ausmalen. So scheint er beinahe auf Zehenspitzen gegangen zu sein, ein Verlassener, der einmal in der Wohnung dieses Freundes, einmal in der eines anderen schläft, weil es ihm in der eigenen zu kalt und leer geworden ist.

Konstanzes Briefe erneuern den Horizont, auf den sich sein Blick richtet; sie machen ein »unbeschreibliches Vergnügen«, sofort denkt er daran, sie zu besuchen. »Nur Schade, daß ich weder das Klavier noch den Vogel mitnehmen kann!« Hat sie guten Appetit, nimmt sie sich in acht? Wie kann man sie betören, aus der Ferne? Indem man zu ihr spricht, die Entfernung vergessen macht, die Luft zerteilt mit hinübergeworfenen Bitten, denn jeder Brief macht einen Vogelflug nach Baden, und Mozart schreibt so, als habe er immer daran gedacht, daß ein Brief nicht empfangen, nicht gelesen, sondern aufgeschnappt und zerpflückt werden muß.

> fang du auch auf in der luft -- es fliegen 2999 und ein 1/2 bussel von mir, die aufs aufschnappen warten. – Nun sag ich dir etwas ins ohr. –––– du nun mir. –– nun machen wir das Maul auf und zu ––– immer mehr – und mehr –– endlich sagen wir; – es ist wegen Plumpi – Strumpi –– du kannst dir nun dabey denken was du willst. (IV, 135)

Auf diese Weise werden die Briefe zu schwebenden Noten, mit denen er jedoch eine sachte Lenkung seiner Absichten nicht verbergen kann. Denn Mozart spricht sich hier mit Geschick ins Herz, er bereitet etwas vor, und er führt es durch. »Fang auf!« – so ergeht die Aufforderung, und damit ist Konstanzes Bild gleichsam zum Stehen gebracht. Ja, sie steht nun in seinen Gedanken vor ihm, sie ist bereit, ihm zuzuhören, mit diesem »fang auf« zieht er sie aus der Badener Kulisse heraus, hält er sie am Rockzipfel, daß sie sich umschaut und stehenbleibt. Jetzt stehen sie einander gegenüber, jetzt sagt er ihr etwas ins Ohr – wie nahe sie sich jetzt schon sind! Nun braucht sie ihm nur noch zu erwidern, das Spiel zu entfalten, »du nun mir«, jetzt sind sie sich so nah, daß niemand mehr sprechen wird von »mir« und »dir« – *»wir«* tun jetzt vielmehr alles zusammen, wir sind alles in diesem Augenblick, wir flüstern nur noch belangloses Zeug, Worte haben da keinen Sinn mehr, wir – und »du« kannst dir denken, was du willst. Mit dieser Formel nimmt er Abschied von seiner schönen Vorstellung, gibt er ihr wieder die Freiheit zurück, ja, sie wendet sich schon um, das Bild fällt zusammen, »adieu«.

Aber wie macht er es, wenn er dann doch einmal von sich selbst erzählen muß? Schwebende Noten noch immer – er gibt sich selbst ein Stelldichein nach dem andern. Gestern war ich bei X, und er wollte später zu mir kommen. Ich wartete, wartete – aber er kam nicht. Wohin dann mit mir? Ich ging essen, allein, und ich hatte keine Seele zum Trost, ich saß zu einer viel zu späten Stunde da eben nur mit mir am Tisch, und es fehlten Gespräche und Stimmen. Wohin mit mir? Ich ging wieder nach Hause, und da wartete ich dann, und da war ich, nebenbei gesagt, wieder allein mit mir. X ließ sich schließlich entschuldigen, aber es waren fadenscheinige Ausreden, auch Löbel saß nicht im Kaffeehaus, wo ich ihn vermutet hatte. Ich, mit mir allein, ging also in die Oper, wo ich mich, muß ich es sagen, nicht unterhielt, und endlich wieder in den Gasthof, um doch ein wenig zu reden. Heute ist Freundschaftstafel bei den Rehbergischen, ich muß also hin, eigentlich bin ich aber auch dort allein mit mir: »nun fahre ich auf Morgen weg von hier und zu Dir hinaus!«

Selten hat er sich sonst so hilflos gegeben. Nichts gibt ihm Ruhe, die Gedanken kreuzen sich zu sehr, in Wien kommt nichts in Ordnung, und Konstanzes Abwesenheit kann auf diese Weise nicht vergessen werden. Sie bittet ihn um etwas Geld, und er kann es ihr nicht abschlagen. Also wendet er sich wieder an Puchberg, um ein weniges, das er ihr schicken kann.

> fang auf – fang auf – bis – bis – bs – bs – lauter busserln fliegen in der luft für dich – – – *bs* – da trottelt noch eins nach – (IV, 142)

Konstanze erwartet zu dieser Zeit ihr sechstes Kind, nur eins ist von den anderen noch am Leben. Mozart hat diesen Kindern in seinen Briefen kaum irgendeine Aufmerksamkeit geschenkt. Sie mögen das Inventar seiner Wohnungen belebt haben, Vergnügen gemacht – ein Anlaß allzu großer Sorgen waren sie nicht. Mit einem frühen Tod der Kinder mußte damals gerechnet werden, außerdem war Mozart nicht daran gelegen, von seinen Kindern etwas zu erwarten. Dagegen Konstanze! Um sie sorgt er sich. Manchmal denkt man, daß er die Schwangerschaft nur erwähnt, weil sie ihn um die Gesundheit seiner Frau, kaum aber um die des Kindes fürchten läßt, »nicht so *unordentlich*! – sonst ist mir bange. – ein bischen bange ist mir schon. *Adieu*. –«

Während dieser Juni- und Juli wochen des Jahres 1791 arbeitet er an der »Zauberflöte«. Aber davon ist wie meist nicht viel die Rede. Mozart repetiert seine Einsamkeitsideen, schildert, wo er gegessen, bei wem er geschlafen, mit welchen Mäusen er sich während seiner Schlaflosigkeiten unterhalten hat. Nirgendwo sind diese Meldungen seines vorsichtigen, behutsamen Gangs, der so tut, als dürfte er nicht laut daherkommen, um die Gesundheit seiner Frau nicht zu gefährden, nirgendwo sind diese Nachrichten Anzeichen eines Vergnügens. Mozart *unterdrückt* alle Stimmungen, die vom Zwiegespräch fortführen könnten, auch die, die große Sorgen machen und seine Luftpost an Konstanze gleichsam unter einen dunklen Himmel verbannen. Denn man merkt es ja: seine Ziellosigkeit, sein Tippeln und Stolpern hat schwerwiegende Ursachen, solche finanzieller Art.

Deshalb schickt er seine Briefe wie mit zum Boden gesenkten Kopf, Leichtigkeit verlangend, aber doch an die Schwerkraft der Lebensverhältnisse gebunden. In diesem Augenblick kommt er zu Hause an, von Baden herein; aber er war zuvor schon bei Puchberg, ja auch bei Montecuculi, der war nicht zu Hause, ich gehe wieder hin, noch heute, ich suche auch X wieder auf. An diesem Treiben hat er aber im tieferen Sinn keinen Anteil. Er wendet sich innerlich ab, daher schreibt er Konstanze so, daß nur noch zwei Stimmen zu sprechen scheinen, die seine, die ihre. Dazwischen aber liegt Warten, »wenn nur meine Sachen in Ordnung wären!« Wenn ich nur nicht unverrichteter Sachen wegen einen Brief an Dich hätte aufschieben müssen!

In derartige Andeutungen mischt sich die Bedrückung. Geschäfte, Geschäfte! Je länger Konstanze in Baden bleibt, um so offener wird Mozarts Ton. Allmählich nehmen die dunkleren, beinahe heiseren Stimmen zu: »meine Geschäfte hoffe ich werden auch so viel möglich gut gehen – ganz ruhig kann ich noch nicht seyn – bis es nicht zu Ende ist – doch hoffe ich es bald zu enden.«

Insgeheim gibt es also eine Korrespondenz zwischen ihrem Kuraufenthalt und seinen Laufarbeiten in Wien. Er muß ihr Geld schicken, um den Aufenthalt zu bezahlen. Hier sind vorerst drei Gulden, hier sind 25 Gulden, »ich habe bis ietzt gewartet, weil ich hoffte Dir mehr Geld schicken zu können!« (IV, 146)

Auf diese Weise lassen sich die Luftpostbänder nicht lockern; im luftigen Raum – da fliegt es, da schallt's, da treibt man sich um, tänzelnd, leicht und mit rudernden Armen; doch dazwischen ist ein Erwachen, das Warten, das Stehen, das Sitzen, zwischen den Plagegeistern, ja an deren Seite. Diese Ebenen *reiben* sich immer mehr, aber er will ja von Konstanze fernhalten, was ihn selbst längst ereilt hat. »Sey nicht melancholisch, ich bitte Dich!« – so beginnt er seinen Brief vom 5. Juli 1791; und ohne Einleitung, ohne Vorbereitung bricht es aus ihm heraus. Die Grenze ist *überschritten*. Er fährt fort, ganz deutlich werdend:

> ich hoffe Du wirst das Geld erhalten haben – für Deinen Fuß ist es doch besser und bist noch im Baade, weil Du da besser ausgehen kannst – ich hoffe Dich Samstag umarmen zu können, vielleicht eher, Sobald mein Geschäft zu Ende ist, so bin ich bey Dir – denn ich habe mir vorgenommen, in Deiner Umarmung auszuruhen; – ich werd' es auch brauchen – denn die

innerliche Sorge, Bekümmerniß und das damit verbundene Laufen mattet einen doch ein wenig ab. (IV, 147)

Mozarts Sprache verwandelt sich, zum letzten Mal. Sie wird in dem hier angedeuteten Sinn *innerlich,* sie sucht eine unbedrohte Linie zwischen den Extremen. Nun sagt er Konstanze auch das, was er fühlt, über die Scherze hinaus. Er will ihre Sorgen übernehmen, eine Last tragen, damit ihr Zwiegespräch sich erhalten kann, damit es nur dabei bleibt.

Nun kannst du mir aber kein grösseres Vergnügen machen, als wenn du vergnügt und lustig bist – denn wenn ich nur *gewis weis* daß *dir* nichts abgeht – dann ist mir alle meine Mühe lieb und angenehm; – denn die fataleste und verwirrteste laage in der ich mich immer befinden könnte, wird nur zur kleinigkeit wenn ich weis, daß du *Gesund* und *lustig* bist. (IV, 149)

So verschiebt er sein Sprechen: Konstanze weist er den *musikalischen* Umkreis des Klingens zu, sie soll erhalten und besitzen, was ihm immer mehr abgeht, und in der Nähe zu ihr mag er empfinden, was er aus sich nicht mehr sein kann.

Er belädt sich, und er muß *sie* berauschen: »Stu! – Knaller paller – schnip – schnap – schnur ...« Hört Sie es richtig? Setzt Sie es fort? – Schreiben kann ich nur kurz, denn ich muß ihn, den X., in Wien gefangenhalten, ich darf ihn nicht entkommen lassen, das verstehst du, nicht wahr? Mozart hütet ein Etwas, aber das Etwas hat Macht über ihn. Er ist der Wächter und der Gefangene – so sind die beiden Extreme verteilt; wo bleiben da die musikalischen Elemente, wo ist Lust und Vergnügen? Zwischen den Extremen zerreibt sich auch die Kraft der Musik, er gesteht es, und dieses Geständnis ist das am weitesten ausholende, das er je gemacht hat, denn es deutet auf seinen Tod.

Nun wünsche ich nichts als daß meine Sachen schon in Ordnung wären, nur um wieder bey Dir zu seyn,

> Du kannst nicht glauben wie mir die ganze Zeit her die Zeit lang um Dich war! – ich kann Dir meine Empfindung nicht erklären, es ist eine gewisse Leere – die mir halt wehe thut, – ein gewisses Sehnen, welches nie befriediget wird, folglich nie aufhört – immer fortdauert, ja von Tag zu Tag wächst; – wenn ich denke wie lustig und kindisch wir in Baaden beysammen waren – und welch traurige, langweilige Stunden ich hier verlebe – es freuet mich auch meine Arbeit nicht, weil, gewohnt bisweilen auszusetzen und mit Dir ein paar Worte zu sprechen, dieses Vergnügen nun leider eine Unmöglichkeit ist – gehe ich ans Klavier und singe etwas aus der Oper, so muß ich gleich aufhören – es macht mir zu viel Empfindung – Basta! (IV, 150)

Die Saiten zerspringen gleichsam, die Sprachen zerfallen, weit über das früher übliche Maß hinaus. Die *Störungen,* die von ihm Besitz ergriffen haben, lassen sich nicht mehr verleugnen, denn es ist nichts mehr im Fluß, eine Sprache existiert neben der anderen, und der musikalische Bezug zwischen ihnen geht allmählich verloren. Die Kindersprache, die er ja mit aller Intensität seit der Jugend entwickelt hat, bleibt beschränkt, sie ist kein Ausdruck weltzugewandten Vergnügens mehr, sondern ein nach Innen verlegtes Sprechen in der Abwesenheit.

Mit diesem Geständnis ist Mozart am Ende einer Entwicklung angekommen, die seit dem Jahr 1787 deutlicher wurde. Was früher durch das musikalische Element seines Denkens und Empfindens in Schwebe gehalten und mit allen Künsten aufeinander bezogen wurde, bricht immer mehr auseinander. Am Ende stehen die früher miteinander vermittelten Sprachen als tonlose Deklamationen da: die Kindersprache, die Sprache der finanziellen Abhängigkeit (der ›Geschäfte‹), die Sprache des verbindenden Tons (die Überleitungen in den

Briefen), die Sprache der Musik. Die Bewegung, die dieses Sprachengewirr unterhielt, ist unterbrochen, und Mozart belegt das mit dem Hinweis darauf, daß der rasche, bewegliche, abwechslungsreiche Hintergrund der Komposition nun fehle. Das liegt nicht nur an Konstanzes Abwesenheit. Ihr Aufenthalt in Baden ist vielmehr auch ein Ausdruck der Beschränkung, er fordert einen Kreislauf heraus, der dem Kreislauf kompositorischer Neugierde genau entgegengesetzt ist, er wird zum Sinnbild der Trennung, die Mozart aus eigenen Kräften nicht überwinden kann.

Hier ist ein Punkt erreicht, den Mozart nicht mehr überschreiten wird, er markiert die quälendste Erinnerung, denn in den letzten Monaten belebt sich die Szene um ihn in auffallender Weise. Im August fährt man nach Prag, um den »Don Juan« zu hören und an der Erstaufführung der neuen Oper, »La Clemenza di Tito«, die er während der Fahrt entworfen haben soll, teilzunehmen. Ende September wird die »Zauberflöte« zum ersten Mal in Wien gegeben. Im Herbst reist Konstanze noch einmal zur Kur, und er schreibt ihr seine letzten Briefe.

Sie entwickeln sich auf dem Hintergrund der neuesten Erfolge. »Eben komme ich von der Oper; – Sie war eben so voll wie allzeit. Sie haben das Duett, weißt Du, das Duett, ›Mann und Weib‹, haben sie wiederholt, auch das Glöckchenspiel im ersten Akt. Am meisten freut mich jetzt der *stille Beifall.* Aus Prag gibt es gute Nachrichten, der ›Tito‹ erhielt viel Applaus.«
Daher schlendert er jetzt etwas freier, daher macht er Konstanze in diesen Herbstbriefen noch einmal einen weiten Spaziergang vor, er geht aus, setzt sich wieder in Bewegung, empfindet auch wohl einen inneren Ausgleich, streckt sich, spielt Billard, trinkt schwarzen Kaffee, raucht eine Pfeife, geht beim

Stubentor hinaus, macht seinen Lieblingsspaziergang, erreicht das Theater. Jetzt ist er beim Nachtessen – es schlägt gerade 11 Uhr – schläfst Du schon? St! St! St!

Anderntags kommt er wieder aus der Oper, er muß beinahe jeden Tag hin, das Theater ist voll. Er vergnügt sich, er gibt zu, daß er sich einige Delikatessen geleistet habe, Fisch und Wein, sein Appetit ist plötzlich wieder stark, er schreibt auch wieder an einer Komposition, vielleicht an einem Requiem, das ein Unbekannter bei ihm bestellt hat, am liebsten aber schleicht er sich in die Oper – schleiche ich mich, ducke ich mich in eine Loge, gehe in eine andere, oder ich schleiche sehr heimlich hinter die Bühne, um dort das Glockenspiel selbst zu spielen, dingding, dongdong, du weißt, wie es mir gefällt, und Schikaneder hat es verwirrt, ich mache ja gern so einen Spaß und einen Narren aus den Menschen, du weißt es, man muß aber nahe heran an die Musik, wenn man gut hören will, ganz nahe ans Orchester – auch unseren Sohn habe ich mitgenommen, damit er staunen kann, auch Deiner Mama hat die Oper gefallen, wem gefällt sie auch nicht, daß Du mir aber zwei Tage nicht geschrieben, das ist unverzeihlich, ich werde bald kommen, Dich zu sehen, Dich zu küssen, lebe wohl, liebe –

und jetzt? – St! St! St! – Stu' Stu' Stri' – Stille, stille! Stille, stille – stille, stille ...